JN187569

「社会による子育て」実践ハンドブック

教育・福祉・地域で支える子どもの育ち

森 茂起 編著

岩崎学術出版社

まえがき

このハンドブックは，子どもの成長を支援する専門職の方々のために作られた。ただし，支援者と子どもの一対一の関係の中で相談や治療を行うのではなく，集団として子どもと関わる専門職の方々を想定している。具体的には，学校，幼稚園，保育所，児童養護施設，情緒障害児短期治療施設，あるいはそれらを支援する教育委員会，児童相談所などで働く方々である。さらには，学童保育，地域の児童館，子どもの集団活動を企画運営する地域のサークル，NPO団体などで活動する方々の参考にもなるだろう。

社会には，「子どもを育てて大人として社会に送り出す（＝受け入れる）」という役割とそのための機能がある。その機能を果たすために，さまざまの専門職があり，協働してその役割を担っていると考えられる。冒頭に数え上げたさまざまの職場や活動領域は，教育，福祉，地域活動など，それぞれ活動する専門領域が異なっている。職業名で言えば，教師，保育士，施設職員，福祉士，公務員など，異なった名称が与えられる。しかし，「社会で子どもを育てる」という大きな営みの一部を担っているという点では，同じ専門業務に携わっているといえる。そうした方々の共通の課題を扱ったハンドブックを目指して本書は書かれている。

実際，現在子どもたちと関わっている方々が直面している課題は，どの現場であっても共通する部分が多い。その傾向は近年ますます強くなっていて，どんな現場でどんな子ども集団と関わっていても，苦労したり，頭を抱えたりする問題には共通性がある。「子どもを社会が育てる」上で現在社会が直面している課題というものがあって，その同じ課題に，学校，幼稚園，保育所，児童養護施設，あるいは児童館，サークル，NPO団体などがそれぞれの窓口から直面しているのである。

共通する課題の背景を，必要な環境の不足という面と，阻害的環境の増加という2つの視点から捉えてみよう。

第1に，必要な環境の不足の側面である。子どもが健康に育つためには，物

理的環境から人的（社会的）環境まで幅広い要素からなる環境が必要である。その必要な環境が乏しくなっているように思われる。特に人間関係の資源が乏しくなっている。子どもが社会の中で育つのは当然であって、いつの時代も、近隣の人間関係など、多くの人間関係の中で子どもは育ってきたはずである（もちろんそれらに恵まれない悲運の下で苦しんだ子どもはいつの時代にもあった）。しかし、地域社会の力が低下し、家庭が閉鎖的になる中で、子どもの成長を促進する環境が貧しくなってしまった。多くの組織が意図的に社会の子育てに向けて努力を重ねているのはその変化への対応のためである。

　第2に、子どもの育ちを阻害するものが多くなっていることである。家庭内の虐待やネグレクトから家庭外の暴力やいじめ、あるいは犯罪、事故、災害といった突発的事件まで、子どもの健やかな成長を阻害する要因が多発し、その防止対策、回復対策が必要になっている。これらもまた、かつてから存在したものともいえるが、その規模が大きくなり、組織的対策を必要とするようになった面と、また研究や実践の進展によって、それらの問題の深刻さが明らかになってきたという面がある。

　この2つの傾向は、子どもを取り巻くあらゆる環境に広がっているので、子どもの集団に接する場であれば、どこでも同じ問題に直面する。子どもを取り巻く問題が深刻化しているという共通認識が、私たちがこのハンドブックを制作しようと思い立った動機である。

　本書の執筆者の多くは、児童養護施設に何らかの形で関わってきた経験をもっている。そのため、本ハンドブックの企画は、児童養護施設の職員のためのハンドブックとして始まった。しかし、企画が発展するにつれ、児童養護施設が直面している課題の多くは、学校をはじめとする多くの子ども集団の課題でもあり、また、児童養護施設の実践は、他の領域の実践との協働なしには成り立たないことが意識されるようになった。そして、「社会が子どもを育てる」という概念で子育てを捉え直し、その大きな枠の中で、児童養護施設の課題も扱った方が適切であるという考えに至った。

　ただし、私たちが直面する課題や危機のみが私たちを本書の企画に駆り立てたのではない。このハンドブックの内容をまとめることができたのは、子どもの問題を理解し、支援するための学問が急速に発展して、多くの問題を共通した視点

から捉え，理解を共有することが可能になったからである。これは私たちを勇気づけてくれる事柄である。

　具体的に言うと，子どもの成長を促進するアタッチメントの作用，阻害するトラウマの作用，生得的な素因に関係する発達障害などの研究は，この20年ほどで急速に発展した。またそれらの研究に基づいて，成長の促進や回復などのための実践方法も発展してきた。また，子どもの成長を考える中で，「子どもの人権」という視点が共有され，人権擁護の観点からの支援方法も工夫されてきた。本書は，こうした研究や実践の蓄積をふまえて，日常的に子どもと関わる中で留意すべき点，実践計画を立てる際に取り入れてほしい視点を，核心に絞って，できるだけわかりやすくまとめている。本ガイドブックの示す有効な支援の指針に基づきながら，読者が各実践現場にあわせた支援の方法を築かれることを願っている。

著者一同

目　次

まえがき　3

1 ◆「社会で子どもを育てる」ために

1-1　子どもの人権 ……………………………………………… 15

Ⅰ　はじめに　15
Ⅱ　「子どもの人権」とは　15
Ⅲ　「子どもの人権」意識の浸透　16
Ⅳ　「子どもの人権」擁護を目指して　18
Ⅴ　人権擁護のための教育と福祉　21
Ⅵ　おわりに　23

1-2　「社会で子どもを育てる」こと ……………………………… 25

Ⅰ　はじめに　25
Ⅱ　子どもの「社会化」　25
Ⅲ　社会で子どもを育てる，社会で子どもが育つ　26
Ⅳ　社会で子どもを育てるための専門性　28
Ⅴ　「自信を高める」ことの重要性　30
Ⅵ　おわりに　31

2 ◆ 子どもを理解し支援するための基礎的視点

2-1　子どもの成長の基本 ………………………………………… 35

Ⅰ　はじめに　35
Ⅱ　基本的信頼感・安全感　36
Ⅲ　自律性・情動調整　37
Ⅳ　自主性・意欲　38
Ⅴ　勤勉性・有能感　39
Ⅵ　アイデンティティ　40
Ⅶ　成長目標達成の難しさ　41
　　1. 安全感と自律性　41／2. 自律性と自主性　42／3. 自主性と勤勉性　43
Ⅷ　おわりに　43

2-2　行動理論 ……………………………………………………… 45

Ⅰ　はじめに　45

目 次 7

Ⅱ　科学的な指導とは　45

Ⅲ　強化の中止　47

Ⅳ　好ましい行動の強化　48

Ⅴ　罰の利用　49

Ⅵ　スモールステップの原理　50

Ⅶ　何で強化するか（強化子）　52

Ⅷ　おわりに　53

2－3　アタッチメント………………………………………………… 54

Ⅰ　はじめに　54

Ⅱ　子どもは養育者との関係の中で育つ　54

Ⅲ　アタッチメントとは何か　55

　　1. 生存のために動機づけられる本能的欲求　55／2. アタッチメントと探索　55／3. 「愛着」と「アタッチメント」　56／4. 優先度の高い欲求　57

Ⅳ　アタッチメントの発達と個人差　57

　　1. 誰にとっても必要なアタッチメント欲求をどう満たすか　57／2. 個人差のパターン　58

Ⅴ　虐待を受けた子どもが抱えやすいアタッチメントの問題　59

　　1. 未組織型アタッチメント　59／2. アタッチメントの病理　60

Ⅵ　援助のための大切な視点　62

　　1. 子どもにとっての適応方略という理解　62／2. 安心感の提供　62／3. 複数の養育者との安全な関係　62

Ⅶ　おわりに　63

2－4　トラウマ…………………………………………………………… 64

Ⅰ　はじめに　64

Ⅱ　PTSD（心的外傷後ストレス障害）とは何か　64

Ⅲ　トラウマによって起こる症状　65

　　1. 中核症状　65／2. 子どものトラウマの特徴　67

Ⅳ　トラウマ症状のアセスメント　69

Ⅴ　援助・介入　71

　　1. 安定したアタッチメント対象の提供　77／2. 感情・対人関係の調整スキルを向上させること　77／3. 過去のトラウマ的出来事の表出と意味づけ　78／4. 社会へのつなぎ　79

Ⅵ　おわりに　80

2－5　発達障害…………………………………………………………… 82

Ⅰ　はじめに　82

Ⅱ　発達障害のある子どものミカタ　83

Ⅲ　発達障害への実際の支援　84

　　1. 学習理論（行動理論）の応用　84 ／ 2. 支援の原則：SPELL　86 ／ 3. 行動的技法の幅を広げる試み　89

Ⅳ　おわりに　90

2－6　性教育 ･･ 91

Ⅰ　はじめに　91

Ⅱ　性教育の現代的課題　91

　　1. 軽くなった "いのち" と他者の存在　91 ／ 2. 性の情報の氾濫と関係の希薄化　92

Ⅲ　児童養護施設等での性的虐待の連鎖　93

Ⅳ　自立と性　94

Ⅴ　発達課題や知的な課題をもつ子どもへの性教育　94

Ⅵ　おわりに　95

2－7　解　離 ･･ 96

Ⅰ　はじめに　96

Ⅱ　解離の基礎　97

Ⅲ　対応方針　99

　　1. 混乱している面　99 ／ 2. 生き延び策の側面　100

Ⅳ　安全感・安心感とエンパワメント　102

Ⅴ　身体感覚の回復　103

Ⅵ　おわりに　104

3 ◆ 子ども支援の実践

3－1　子どもの育つ環境 ･･･ 107

Ⅰ　はじめに　107

Ⅱ　養育環境（生活の場）　108

Ⅲ　心が育つ環境　111

Ⅳ　おわりに　112

3－2　アタッチメントに向けた支援 ･･･････････････････････････････ 114

Ⅰ　はじめに　114

Ⅱ　児童福祉施設や里親における支援　114

　　1. 基本的な考え方　114 ／ 2. アタッチメントに焦点を当てた支援とトラウマ反応　115 ／ 3. 養育者としての専門職の役割　115

目　次　9

Ⅲ　生活を通した支援　117

Ⅳ　支援の具体的方法　117

　　1．目標としての敏感性　117／2．敏感性を高める応答方法　118／3．不安時の関わり　118／4．身体活動を伴う楽しい遊び　118／5．適切な解釈に基づいた応答　119／6．チーム援助と担当性　120

Ⅴ　学童期の支援　121

Ⅵ　実親・里親支援にアタッチメントの視点を活かす　122

Ⅶ　おわりに　122

3－3　グループアプローチ　124

Ⅰ　はじめに　124

Ⅱ　子育ての核となるグループアプローチ　124

Ⅲ　グループとしての子育て専門家　125

Ⅳ　子どもへのグループアプローチ　126

　　1．コミュニティーアプローチとしての生活　126／2．援助技法としてのグループアプローチ　127／3．実践例　128

Ⅴ　おわりに　129

3－4　学校における支援　131

Ⅰ　はじめに　131

Ⅱ　子どもの育ちにおける学校の役割　131

Ⅲ　個別性を把握するための子どものアセスメントと支援　132

　　1．心の発達段階　133／2．アタッチメント　133／3．生育歴，養育環境　134／4．対人関係能力　134／5．学力　136／6．身体的発達・身体能力　137／7．その他の個性（性格，興味関心，創造性，美意識，自然への感性など）　137

Ⅳ　クラスの環境作り　139

　　1．教員と子どもの信頼関係作り　139／2．集団のアセスメント　139／3．グループに対する教員の関わり方　140

Ⅴ　保護者や養育者への関わり　140

Ⅵ　チームとしての学校組織　141

　　1．専門性の尊重と協力　141／2．クレーム対応　141

Ⅶ　おわりに　142

3－5　性に関する援助　144

Ⅰ　はじめに　144

Ⅱ　性教育　145

　　1．性教育の内容構成　145／2．性教育の方法　145

Ⅲ　日常生活における性の扱い　147

1. 日常的配慮 147 ／ 2. 具体的応答法 148 ／ 3. 性的な行動（性化行動）への対応 148 ／ 4. 新しい文化づくり 149

IV 発達障害や知的障害のある子どもに対する性教育 149
V 性的問題が発生した際の対処 149

1. 聴き取り 150 ／ 2. 組織としての対応 151

VI おわりに 152

3－6　子育てに問題を抱える親の理解と援助 …………………… 153

I はじめに 153
II 親自身が子ども時代に受けてきたケアが子どもへのケアの仕方に影響する 154
III 親の評価と援助の要素 157

1. 環境要因への援助 157 ／ 2. 現在の家族関係の調整・家族療法 157 ／ 3. 親子関係の表象（心の中のモデル）に対するアプローチ 157 ／ 4. 養育行動への援助 159 ／ 5. 精神障害への援助 159

IV 親への働きかけの実際 160

1. 親との関係作り 160 ／ 2. 自分の養育行動を変える動機づけ 160 ／ 3. 親のスキル訓練 162 ／ 4. 認知行動療法を用いた認知的再構成と再発防止計画 162 ／ 5. 親の被害体験の整理 165 ／ 6. 合併する問題への対応 165

V おわりに 165

3－7　地域における予防：乳幼児と親のための支援 ………………… 167

I はじめに 167
II リスクに応じた支援についての基本的な考え方 168

1. リスク要因と保護要因 168 ／ 2. ハイリスク支援とローリスク支援 168

III 地域での子育て支援 169

1. 社会での子育てという視点 169 ／ 2. 妊娠期から出産直後のサポート 169 ／ 3. 親子が集える子育てひろば 170

IV 親子の関係性支援 170
V 安定したアタッチメントを育むために必要な関わり 171

1. 安心感の輪に沿った観察 172 ／ 2. 子どもの欲求や気持ちの推測 172 ／ 3. 適切な応答 173

VI おわりに 175

4 ◆ 危機介入・危機対応

4－1　児童虐待 ……………………………………………………… 179

I はじめに 179

目　次　11

　Ⅱ　虐待のリスク要因　**180**
　Ⅲ　通告と児童相談所を通じての介入・分離　**182**
　Ⅳ　親への対応：親として取り組む責任の明示　**183**
　Ⅴ　子どもへの対応　**185**
　　　1．安全感，安心感の確保　186／2．説明と情報収集　186／3．長期的支援への移
　　　行　188
　Ⅵ　虐待の再発防止　**188**
　Ⅶ　意識しておくべき専門家側の課題　**189**
　Ⅷ　おわりに　**189**

4－2　ドメスティック・バイオレンス ………………………………………191

　Ⅰ　はじめに　**191**
　Ⅱ　配偶者間暴力の定義と現状　**191**
　Ⅲ　暴力が被害者に与える影響　**192**
　　　1．パートナーへの心身のダメージ　192／2．被害女性が逃げられなくなる心理
　　　193
　Ⅳ　子どもや母子関係に与える影響　**193**
　　　1．DVと児童虐待の関係　193／2．DV家庭の子どもに見られる症状・特徴　194
　Ⅴ　援　助　**195**
　　　1．援助のポイント　195／2．母子関係や子どもへの支援　197
　Ⅵ　加害男性への介入　**199**
　Ⅶ　おわりに　**201**

4－3　災害・事故など突然の危機 ……………………………………… 203

　Ⅰ　はじめに　**203**
　Ⅱ　危機介入・危機対応の意義　**204**
　Ⅲ　危機における大人の役割　**205**
　Ⅳ　危機からの回復過程　**206**
　　　1．発生時　206／2．急性期　207／3．余波期　207／4．長期的過程　208
　Ⅴ　喪失体験からの回復　**208**
　Ⅵ　予防対策　**209**
　Ⅶ　組織内に原因がある場合の対策　**209**
　Ⅷ　おわりに　**210**

5 ◆ 援助者・援助チームのあり方

5－1　子どもへの接し方の練習 ………………………………………213

Ⅰ　はじめに　213

Ⅱ　よい関係を作る基本的な考え　213

Ⅲ　子どもをコントロールできない職員・教員は失格か？　214

Ⅳ　関わり方の基本　214

Ⅴ　関係構築のための関わり方とその練習　215

　　　1. 非言語によるコミュニケーション　215／2. 言語的コミュニケーション　215／3. 年少児の場合　218

Ⅵ　おわりに　220

5－2　援助者のメンタルヘルス：二次的外傷性ストレス ················221

Ⅰ　はじめに　221

Ⅱ　子どものもつ問題性と処遇の困難さ　221

Ⅲ　二次的外傷性ストレス・二次受傷　222

Ⅳ　バーンアウト（燃え尽き）現象　222

Ⅴ　逆転移（外傷性逆転移）　223

Ⅵ　メンタルヘルス向上のために　224

　　　1. チーム，組織としての対応　224／2. セルフケア　224／3. 心理職の活用　225／4. 心理職自身のメンタルヘルス　225

Ⅶ　おわりに　226

5－3　ケース会議・スーパービジョン・コンサルテーション ········　227

Ⅰ　はじめに　227

Ⅱ　ケース会議　228

Ⅲ　コンサルテーション　229

Ⅳ　スーパービジョン　230

Ⅴ　おわりに　231

5－4　チーム援助：学校教育と児童福祉の連携 ·······················233

Ⅰ　はじめに　233

Ⅱ　チーム援助の事例　233

Ⅲ　チーム援助の方針　235

　　　1. チーム援助の構成員　235／2. 相互尊重の精神　236／3. 関係者会議の招集方法　236／4. 開始時期と継続性　237／5. 会議の内容　237

Ⅳ　守秘義務の扱い　239

Ⅴ　おわりに　240

あとがき　243

索　引　246

第1部 「校則にとらわれる子どもたち」

1−1

子どもの人権

Ⅰ　はじめに

　子どもに人権があるかと聞かれて「ない」と答える人はいないはずである。子どもも大人も「人権」という観点から見てまったく同等であることは，少なくとも考え方としては，誰もが疑わない。しかし，実態をみると，子どもの人権が守られているとは到底いえない状況である。「不適切な養育（虐待，ネグレクト）」によって，安全で健康な生活を脅かされている子どもが相当数に上るのがその証拠である。「子どもの人権が守られる」という理想と現実の間の乖離をなくすことは，子どもの養育や教育が目指さなければならない基本的目標である。ここでは，まず「子どもの人権」について整理してから，目標の実現に向けての実践的課題を考えてみよう。

Ⅱ　「子どもの人権」とは

　人権は human rights の訳である。ここに含まれる right にあたる日本語は「権利」である。しかし，「正しい」の意が含まれる right に対し，「権利」には，「利する」というニュアンスがあるため，「子どもに権利を与えるとわがままになる」といった筋違いの誤解が生まれることがある。このことについて，明治期に right の訳として存在した「権理」のほうが「正当な」の意味にふさわしかったのではないか，つまり，「子どもの権利」は，「子どもにとって正しいこと」であるという指摘がある[1]。

　「子どもに人権がある」という考え方が生まれたのは，比較的最近の出来事で

ある。そもそも世界のすべての人は平等で同じ権利をもつことをうたった「世界人権宣言」が国連によって出されたのが1948年であって，まだそれから60年少ししかたっていない。子どもの権利については，1959年に「児童の権利宣言」が出された。「子どもの権利」は，すべての人がもつ人権の枠組みだけでは守ることができない性質があると考えられたのである。宣言から20周年にあたる1979年は，「国際児童年」とうたわれ，世界中の人が子どもの権利について考える機会になった。子どもの権利に関する実効性のある条約が必要であると考えられ，長い検討を経て，「子どもの権利条約 Convention on the Rights of the Child」（児童の権利に関する条約）が，1989年国連で採択，1990年に国際条約として発効した。日本が批准したのは1994年だった。

　子どもの権利条約にうたわれている権利は，「生きる権利」「成長する権利」「守られる権利」「参加する権利」の4つで整理されている。「人権」は，「これがないと人間らしく生きていくことができないもので，誰もが条件なしに人間として守られるべき諸権利」[2] であるが，子どもは，その権利が守られるために，「育つ」「守られる」「参加する」ことが保証されなければならない。そしてそれを保証するのは大人であり，社会である。子どもの権利の実現が大人の手にゆだねられているということは，環境や，所属する集団に歪みがあると，容易に人権を侵害される事態が発生することを意味する。

> ポイント：子どもの人権への意識は，それを守ろうとする長い努力の結果，世界で共有された。

Ⅲ　「子どもの人権」意識の浸透

　子どもの「虐待」が社会問題となり，「あってはならない」ことと考えられるようになったのは，今から130年ほど前の19世紀末である。当時の西欧社会における人権意識の向上と連動して，子どもには守られる権利があるという感覚が次第に共有されてきた。では，それまでの人はどのように考えていたのだろうか。それまでの人が子どもに対して総じて残酷であったということはないし，不幸な境遇の子どもに対して心から同情し，共感し，子どもをそこから救い出そうとした人がいたはずである。しかし，「かわいそうな子どもがいる」という事態を，「子

どもの人権が侵害されている」，だから「そのような状況の全体をなくすべきである」と考えた人はいなかったのである。かわいそうな子どもがいることは，世の常であり，仕方のないことと感じながら，しかし自分のできる範囲で子どものために役立とう，というのが善意ある人の感覚だったのだろう。逆に，心ない人は，子どもを酷使し，腹が立ったら折檻し，必要がなければ捨ててもかまわないと思っていたのだろう。

　今から一世代ほど前の時代にこのようなことがあったのを聞いた。あるきょうだいが父親の死によって母方祖父母に引き取られた。その祖父母は，それまでは，粗野なところはあれ，普通の祖父母として子どもと接していた。ところが引き取ると態度が豹変し，きょうだいの一方は「うちの子」としてちやほやし，他方にはことあるごとに「お前を育てる義務はない」「食わせるのがもったいない」とくり返し，加えて祖父は身体的暴力をふるうようになった。もちろん今日であれば「虐待」として介入しなければならない事例である。ここで注目したいのは，この祖父母に「子どもの人権」という感覚がないことである。彼らにとって子どもは，家の跡継ぎとして役立つか，あるいは邪魔者かのいずれかで，すべての子どもに，育ち，守られる権利があるという意識は存在しない。育てる義務のない子どもを育てなければならない苛立ちを当の子どもにぶつけながら，それを当然のことと感じているのである。

　「子どもの人権」という意識は，他国に先んじて近代化への道を歩み始めた西洋社会で生まれ，次第に欧米以外の地域にも広がっていった。そこで起こった「子どもの人権」意識の浸透は2つの視点から捉えることができる。1つは国家内での浸透であり，2つ目は，より多くの国家への浸透である。

　日本では，近代化の歩みのなかで，すでに明治期から子どもの人権擁護への取り組みが行われてきたが，「社会的養護」の概念で子どもの「成長する権利」を保証したのは，1947年に成立した「児童福祉法」である。ようやく「子どもの人権」が公に共有されたのである。しかし，法的に子どもの人権が認められたとしても，すぐに国内で子どもの人権への意識が徹底され，守られるわけではない。人権意識の上で，市民の間には大きな格差があり，子どもの人権を守る意識がないために起こる問題，子どもの人権を侵害する行為が起こり続ける。先の例は戦後30年以降の出来事だし，今でも子どもの人権侵害は起こり続けている。

　「子どもの人権」意識の世界への浸透という意味で画期的な出来事は，先に述

べた子どもの人権条約である。一部の先進諸国にのみ存在した「子どもの人権」という理念が，地球上のすべての国家が共有すべき理念として位置づけられ，その実現に向けての努力が義務づけられた。これは，ある国家が国内法の観点から「合法的」に子どもの人権を侵害していた場合，あるいは国内法が機能せずに人権が侵害されていたときに，超国家組織である国連によってその事態の改善に向けた対策をとることを可能にする。国という立法単位を超えて子どもの人権保護のための対策が立てられ，実行に移されるのである。

世界と国家の関係について今述べたことを，より小さな集団に当てはめると，国家と家族の関係にも同じことがいえる。家族には明文化された法律はないが，慣習として家族が共有している価値観やしきたりがある。それは家族成員にとって，法律と同じように，時には法律以上に，守らなくてはならない決まり事である。破った場合は厳しい罰則を受けることさえある。家族が共有する価値観に基づいて子どもの人権が侵害されているとき，その子どもの人権を守るのは，社会の役割となる。先の例で，家族は家族の価値観に基づいて子どもに暴力をふるっているわけで，外部の社会が国の法律に基づいて介入しなければ，子どもの人権は侵害されたままである。この事例では興味深いことに次のような言葉が祖母から出ていた。子どもがある程度の年齢になってから，祖母は将来財産がその子に分与されるのが納得できないと言った。それに子どもが反論すると，祖母は「現行法ではそうかもしれないが」という言葉を用いた。この祖母の観念では，現行法，つまり戦後の相続法よりも，自らの価値観のほうが上位に位置するのである。このような例を考えても，児童福祉法の理念がすべての市民に浸透するには時間を要することが改めて感じられる。

> ポイント：子どもの人権への意識が社会のすみずみに浸透するには，さらなる努力が必要である。

Ⅳ　「子どもの人権」擁護を目指して

「子どもの人権」が理念として認識されながら，十分守られているとはいえない現状を考えると，子どもの養育，教育に関わる私たちの責務は，人権擁護の実現に向けて進み続けることである。子どもの人権を実現するためには，侵害がな

いか常に注視しながら，その実現に向けて常に努力していかなければならない。

　不適切な養育は生きる権利，成長する権利，守られる権利の侵害であり，参加する権利も間接的に侵害する。そうした侵害の被害からの回復を援助するのが，養育，教育の務めである。

　つまり，専門的養育や教育には，「侵害からの回復」という課題があるのである。これを確認した上で次に「専門的養育や教育の場が人権の侵害を行わない」という課題について考えてみたい。侵害があってはらないのは言うまでもないが，現実には，そうした場で侵害が行われることがありうるからである。特に，子どもが所属する集団の利害が子どもの人権に優先される形で起こりやすい。

　先に紹介した例は，子どもの利益より，家族という集団の利益が優先されるために起こった事態だった。家族，あるいは家族によって営まれる家庭は，何らかの目的をもって形成されるものではなく，個人や集団の意図に先立って存在する第1次集団である。児童養護施設，学校，幼稚園，保育所などは，家族と違い，そもそも子どもの利益を図るために作られていなければならない。もし子どもの人権がその場で侵害されるならば，本来の目的に反することになる。

> **ポイント：子どものための組織，集団は，子どもの人権を守ることを目的とする。**

　しかし現実は今述べたほど単純ではない。つまり，それらの組織が「子どもの最大の利益」のためだけに動いていないからである。その理由をさらに2つに分けて考えることができるだろう。

　第1に，学校，幼稚園という教育のための組織，児童養護施設，保育所という福祉のための組織は，そもそも必ずしも子どもの利益を図る目的だけで動いていない。つまり，子ども個人のためではなく，子どもが属する社会，家族などの集団の利益のために動いている。学校には子どもの能力を伸ばし，子どもの幸福を目指すと同時に，子どもが出て行く社会のための人材養成という目的がある。

　子どもの成長には，個人の幸福の追求と社会などの集団への貢献という2つの側面があり，その2つは決して矛盾するものではない。両者は互いに補い合って，個人の幸福の追求が社会の望むところであり，社会への貢献が個人の幸福であるという相互関係を目指すのが本来である。しかし，この相互関係やバランスが崩れ，集団への貢献が，集団の価値のための過度の奉仕という形になると，それら

の組織自体が子どもの人権を侵害する危険がある。

　学校の進学率向上が目的になるとき，子ども個人の適性は無視されるかもしれない。クラブの成績追求のために体罰が発生するかもしれない。親の都合や施設の利潤を優先して不適切な保育所が運営されるかもしれない。子どもの幸福よりは，家族の願望を背景に学校が選ばれるかもしれない。

　ただし，誤解が生じるといけないので付け加えるが，時に聞かれるような，「親の都合で保育所を利用するのは不適切」という批判にここで賛同しているわけではない。むしろ，すべての親がよい保育所あるいは幼稚園を利用できることが子どもの福祉のために望ましい。それどころか，「社会による子育て」の観点からすれば，一定以上の質の養育環境の保証のために，「保育の義務化」が本来必要ではないだろうか。保育所は，社会の力で子どもによい成育環境を提供するための組織であり，質の良い保育の利用は，子どもの成育にとって望ましいことである。

　第2に，たとえ子どもの幸福のために組織が設立され運営されていたとしても発生しうる問題がある。それは，あらゆる組織や集団に働く，組織や集団を維持しようとする力が引き起こす問題である。学校，施設といった組織を構成するメンバーは，本来子どもを養育，教育するという目的でもって集まっている。職員たちは，子どもの健康な成長のために1つの集団となったわけである。ところが，いったん集団として形成されると，集団を崩壊させるような危機を避けて，集団を維持していこうとする力が働く。集団が個人のような働きをもって，「自己防衛」するのである。健全な場合は，集団の維持と個人の人権は両立している。個人の人権を守るためにその集団が必要なのだから，集団が維持されるほうが個人の人権も守られるのは当然である。

　例えば，あるリーダーの力で集団が維持される場合がある。集団が健康な場合，リーダーシップによって，子どもの健康な養育が実現されるのだから問題はない。ところが，リーダーの力が強くなり，他のメンバーの依存が強くなると，その状態を維持することが，個人の利益より大切になる。リーダーに反対することはもちろん，不快感をもつことも許されないような雰囲気となる。あるいは，集団が被害感を共有して，外部からの批判を恐れて凝集する場合がある。外からの改善のための働きかけは，集団への攻撃，無用な介入と受け取られる。このように集団の維持が第1の目標になっているとき，その中では必ず人権の侵害が起こって

いる。このような歪んだ集団と健康な集団を見分けることは難しく，健康であった集団が，誰も気づかないまま人権を侵害する方向に動く恐れがある。

施設の職員集団にこのような状態が発生することもあるし，子どもの生活単位である「ホーム」に発生することもある。ホーム主任があまりにも強い支配力をもつこともあれば，ホームで結束して，他のホームを批判することもある。職員の意識としては，「子どものため」と思っていても，こうした集団維持の力が強く働いていると，子どものさまざまの思いは生かされない。

個人の人権と集団の維持が両立するような，職員集団，教員集団，そして子ども集団を形成することは，本書の目的の根幹に位置する。そのためには，集団は常に変わっていかねばならない。子どもは常に成長し，新しい経験から学んで変化している。メンバーが変化しているにもかかわらず集団を同じ形で維持しようとすると，必ず無理が生じ，その無理を押して維持しようとすると，力での支配や，不必要な規律などに頼ることになる。「集団を変わらず維持する」という方針は，個人の人権を阻害する危険性が高い。メンバーや環境の変化に柔軟に対応して集団が変化していくことが望ましい姿である。

> ポイント：組織，集団は人権を守る場であるために，常に変化しなければならない。

V　人権擁護のための教育と福祉

子どもの人権を守り，実現するためには，人権侵害を直接防止する「福祉」と，実現のために次世代を育て，教えていく「教育」という2つの領域が，車の両輪となって動かねばならない。児童福祉法に基づいて設けられている児童相談所，あるいは児童養護施設をはじめとする児童福祉施設，教育を担う学校などがその主体となる。つまり，本書が扱っている子どもの集団は，子どもの人権を守るための活動がなされる場である。

教育の場は，その場で実際に人権が守られることで人権擁護のモデルを体験させる場である。その意味で，「人権教育」は，他者の人権を「守る」ことを子どもたちに教えるのみであってはならず，自分の人権が「守られる」ことへの理解も育てなければならない。子ども虐待についての知識や考え方を教育の場で伝え

ることも人権教育のために重要である。子どもは「守られる」存在であって，守られていないとすれば間違っているという理解を子どもたちに伝えるのである。学校でこれを伝える際，子どもたちの中に，現在実際に虐待を受けている子どもがありうることを念頭に，伝える必要がある。

　ここで本項の最初に述べた，子どもの人権を教えることは「権利ばかり主張する」子どもを作るのではないかという危惧が問題になる。例えば，児童相談所や児童養護施設には，子どもに人権意識を伝えるための冊子が用意されており，それに基づいて虐待についても子どもに説明するが，その結果，職員が子どもを叱ると「虐待だ」と子どもが言うので困るという話を聞いたことがある。こうした現象に遭遇すると，権利を強調すると子どもが履き違えるのではないかと心配して，説明があいまいになりやすい。

　では，どのように伝えれば，「人権意識」「権利意識」を正しく伝えられるのだろうか。1つには，集団の中で大人たちが「守ろうとする努力」をしていることを実際に経験して，子どもたちが「経験から学ぶ」ことである。「守られていること」ではなく，「守ろうとする努力」と言ったのは，人権が守られるという事態は，実は理想であって，多かれ少なかれ侵害される危険を常に伴っているのが現場だからである。実際，人権が守られていない事態が世の中に多数存在するために，「経験から学ぶ」子どもたちが，「守らなくていい」「守られない」という感覚を受け取っていくのである。養護施設で暮らす子どもは，守られていない経験を過去にもっているので，とりわけそうした感覚をもっていることが多い。したがって，理想としての「人権」を唱えるだけでは，自分には関係のないことと感じるか，あるいは自分に引き付けて受け取って権利主張を始めることになる。守ろうとする大人の努力を常に見せていくことが重要である。

　こう考えたとき，子どもの権利の中で，「生きる権利」「守られる権利」だけでなく，「成長する権利」「参加する権利」が重視されなければならない。これらに関わる出来事は，日々の生活で頻繁に現れ，それらへの対応を通じて子どもたちが「経験から学ぶ」ことができるからである。そしてこれらの権利は，「権利」の実現という言葉から連想されやすい，「子どもの欲求を満たす」ことで実現されるわけではない。「成長」には，辛いこと，しんどいこと，めんどくさいことに取り組むことではじめて実現するような内容が多数含まれる。それらを実現できるように適切に導くのは，養育者，教育者の責任である。「参加」も，気楽

で楽しいことばかりではない。社会への参加にはそれ相応の苦労を伴うので，子どもが挫折することなく次第に豊かに参加していけるように導くのが，養育者，教育者の責任である。

　基本的な姿勢として，まず，子どもの成長を喜ぶ姿勢を前面に出すことが望ましい。どんな小さなことであれ，子どもに成長がみられたときに，それを指摘し，それを喜ぶことは，子どもに「成長を歓迎されている」という基本的な理解をもたらす。すなわち「成長する権利」を守られているという感覚である。

　「参加」については，子どもが学校にせよ，施設にせよ，さまざまの活動に参加すること，しかもお仕着せではなく，意思決定の過程に参加することが大切である。すでに決められた活動としてではなく，子どもたちが選ぶことのできる選択肢をできるだけ設けて提案すると，自分の意思を表明する機会を増やすことができる。それらの機会を積み重ねることで，子どもは自分の意思で参加していくことの面白さを感じていく。施設にせよ学校にせよ，そこで行われるさまざまの活動の中に，「自分の意思が反映されている」と感じることは，子どもにとって大いなる喜びである。その過程には，他者の意志との調整をする作業が自ずと含まれる。すべての子どもの意志をそのまま実現することは不可能だし，仮に実現しようとすると，結果として，実現する子と実現しない子の格差が開く恐れがある。個々の意思を実現できる個別の活動を設けることと，相互調整によって合意を形成する機会を設けることの両者が必要である。

VI　おわりに

　子どもの人権を守ることの重要性と，集団の中でそれを守る際の留意点を述べてきた。「自立支援」という言葉があるが，実は1人だけの「自立」というものはありえず，他者との関係の中で，自分と他者の意志の両方を生かしながら，適切な形を探っていかねばならない。これを「互立」と表現することがある。社会へ出てから，1人だけの「自立」ではなく，他者とともに「互立」していく力を身につけるためには，大人になるまでの成長過程で，多くの「参加」を通して，互いの要求を調整し，「正しい right」権利を実現する経験を積み重ねる必要がある。「成長する権利」「参加する権利」も視野に入れた子どもの人権の実現が，子育ての目標である。

参考文献

木附千晶，福田雅章子（2016）子どもの力を伸ばす子どもの権利条約ハンドブック．自由国民社．

キャロライン・キャッスル／池田香代子訳（2003）すべての子どもたちのために―子どもの権利条約．ほるぷ出版．

庄司順一，宮島　清，鈴木　力編（2011）施設養護実践とその内容（社会的養護シリーズ）．福村出版．

（森　茂起）

1−2

「社会で子どもを育てる」こと

Ⅰ　はじめに

　現在「少子化」という現象が日本に起こっており，国から地方公共団体まで，あらゆるレベルでその対策が検討され，実行されている。この「少子化」という現象が，日本だけの傾向ではないことはよく知られている。出生率の低下はすべての工業化社会に起こっており，各国がその対策を行っている。例えば，フランスやスウェーデンの実践は，成功事例として，日本の対策においてよく引用されている。

　こうした外国における「子育て事情」を参照することは，日本の子育てを考える上で重要である。ただ，ここで言う参照は，例えば，かつて『スポック博士の育児書』がベストセラーとなったように，先進国の優れた子育て法を輸入しようということではない。そういう「輸入の時代」は，近代化が先に進んだ国から遅れている国が学ぶという，近代化モデルのうちの出来事だった。しかし，現在多くの国が抱え，対策を行っている「子育て困難」や「少子化」といった問題は，社会が近代化した結果多くの国や地域が直面するようになった，共通の問題である。いわば，近代化モデル自体が直面している問題なのである。

Ⅱ　子どもの「社会化」

　子どもをめぐる事情は現在多くの国が共有しており，ともに考えて行くべき課題である。スウェーデンのミュルダール夫妻は，すでに 1934 年に，『人口問題の危機』を出版して，人口減少に歯止めをかけるために必要な総合的な社会改革を

提言した。そこに含まれた重要な理念が,「子どもの社会化」[1] であった。夫妻はそこで,子どもは家族のものではなく,社会の成員であることを前提に,子育ては家族と社会が共同して行うべきことを提言した。もともと保守的な家族観をもっていたスウェーデンにおいて,息の長い意識変革への働きかけによって,この理念が社会に浸透していった。その結果,子どもを育てやすくする幅広い政策が展開され,出生率の低下に歯止めがかかったのである。

　ミュルダール夫妻が提唱した通り,子どもは社会のものであり,社会が子育てをしなければならない。家庭が重要な子育ての場であることは言うまでもないが,家族と社会の子育て機能が常に共同して子どもを育てていくことが望ましい。とすれば,家庭や家族の子育て力が不足している場合は,それだけ社会の力が重要になる。

　子どもは,成人に達する前から社会の成員であり,子どもの育ちに何か問題があれば,それは親にとっての問題であるだけでなく,社会の抱える問題である。将来の社会を考えれば,子どもはまさにそれを支える成員である。現在の子どもの状態が,将来の社会を決定するのである。しつけと称して体罰を行っている親に児童相談所のワーカーが関わると,「うちの子どものことだからかまわないでほしい」という趣旨の発言があることがある。これに対して,「あなたの子どもは将来の社会を支える人材です。私たちはすべての子どもが健康に育つために働いているのです」と伝えることが望ましい。子どもは社会のものという考えを基礎的な原理として共有することが必要である。

> ポイント：子どもははじめから社会の一員である。

Ⅲ　社会で子どもを育てる,社会で子どもが育つ

　「社会が子どもを育てる」という視点で述べてきたが,実はこれは子どもの育ちの一側面に過ぎない。子どもは「育てられる」だけではなく,「育つ」存在であり,適切な環境を与えられれば,自分でよいものを吸収して育っていく力をもっている。だから,「育てる」だけでなく,子どもが「育つ」環境を整えることが社会の仕事になる。この視点から言えば,町づくりや環境問題の解決など,より広い分野の政策や活動のすべてが,子どものよい育ちに関係している。

1-2 「社会で子どもを育てる」こと　27

　現在，地球環境をめぐる問題がさまざま発生している。少子化ではなく人口増加が心配される人口問題，エネルギー問題，地球温暖化問題，これらは私たちの暮らす社会や世界にさまざまの心配事が発生していることを意味する。世の中に心配事があるということは，子どもたちの目から見れば，自分の生きる将来に不安を覚える種があることを意味する。戦後の高度成長期には，将来ますます生活が豊かになり便利になるという感覚が社会全体にあった。その期間にもさまざまの問題が存在したが，将来はよい方向に進むと信じることのできた全般的環境は，子どもに夢を与えるものであった。それに比べると，現在は，社会自体が子どもが不安を感じやすい環境になっているといえる。その中で，子どもが夢を描けるような成育環境をどうすればもたらせるのかを考えていかねばならない。子育てに従事する専門家である以前に，一市民としてどのように環境問題と関わっていくかも，子どもによいモデルを提供するという意味で「子育ち環境」の重要な側面である。

　安全な街づくりも子どもが育つ環境を整える上で重要な課題である。交通安全，犯罪予防，防災対策など，さまざまの安全対策が子どもの環境に関係している。知的好奇心を刺激するような環境も子どもにとって重要である。知的好奇心を刺激する環境の多くは，学校や家庭を通して子どもに提供されているが，学校になじめない子ども，家庭環境に恵まれない子どもは，知的好奇心を刺激されることが少なくなる。そうした場合に誰がどこで補うかが問われる。子どもに提供するのが好ましくない刺激を減らす対策も重要である。この観点から見て，日本の生活環境はよく整えられているとはとうてい言えない。

　子どもにとってよい環境という視点から見ると，さまざまの問題が浮かび上がるだろう。本書の読者である「子育て専門家」には，子どもの育ち環境の改善という観点から取り組むことのできる仕事がさまざまあるであろうし，実際そうした仕事に取り組んでいることであろう。子どもを中心に置いて，育つ環境という視点から子どもの生活を見直してみると，改善できる要素が見つかるはずである。

> **ポイント：子育てを，子どもの育つ環境を整えるという観点から見直してみよう。**

IV 社会で子どもを育てるための専門性

　子どもを育てる専門家は，さまざまの形や立場で働いている。それらの人々が，「社会で子どもを育てる」専門家として協働していくために，アイデンティティと知識の共有が必要である。

　まず，アイデンティティの共有である。社会で子どもを育てる，あるいは育ち環境を子どもに提供する専門家は，「職種」から見ると多岐にわたっている。専門領域で言えば，教育，福祉，保健にまたがり，専門職という見方からすれば，教員，保育師，心理士，医師，看護師にまたがる。また，学校などの公の組織から，NPO，NGO，あるいは子ども対象のスポーツや趣味のクラブなど，さまざまの形態の組織が子どもを育て，子どもが育つ環境を提供している。しかし，ここにあげた人々が，「子どもを育てる専門職」という大きなアイデンティティを共有することは少なく，例えば「教員」「保育師」といった専門職名を自らのアイデンティティと意識しているのが普通である。各職種の専門性は，専門者間の協働を時に阻害することもある。

　例えば，子どもの発達に関する悩みを抱えた親が専門機関を訪れると，医療，教育，福祉といった相談窓口で，異なった意見を聞かされ戸惑ってしまうことがある。もし1つの相談窓口にそれらの専門家がおり，相互に意見を調整して，統一した考え方を親に伝えることができれば，どれだけ助かるだろうか。

　そうした協働の課題から，英語圏の一部（例えばカナダやイギリス）の福祉領域に，ソーシャル・ペダゴジー social pedagogy[注1] という理念を導入しようとする動きがある。この言葉は，ヨーロッパ大陸を中心として使用されている言葉で，学校の教科教育あるいは家庭教育と対照させて，社会で子どもを教え，育てる専門領域を意味する。直訳するなら，「社会教育（学）」となるが，日本語の「社会教育」は，例えばある教育委員会のホームページで，「公民館や少年自然の家など公的な施設での講座，青少年教育向け事業，大学等で行われる公開講座，民間で行われる通信教育，カルチャースクール」[注2] が例としてあげられているように，どちらかというと補完的，補助的で限定的な活動を指すことが多い。しかし，ここで言うソーシャル・ペダゴジーは，家庭内で子どもを「育て」，「教える」のと並行して，社会が子どもを「育て」，「教え」，子どもを社会に送り出すまで

の実践を表す言葉である。その意味で，学校における教科教育や専門教育とも区別される。乳幼児期の子育てに始まり，自立して社会に出ていくまでの子どもの人間教育全般の中で，社会が担う役割を表すのである。

　ソーシャル・ペダゴジーという言葉は，子どもの育ちは，親によってだけではなく，社会の多くの大人の手によって行われねばならないという本書の基本的考え方をよく表している。家庭の力がどれだけ豊かであっても，子どもには幅広い大人との関わりが必要であり，外の社会との触れ合いが乏しくなると子どもの育ちに偏りが生じる。現在,少子化や子育て困難の解消が重要な課題となっており，さまざまの子育て支援活動が行われているが，社会による子育ては，少子化がなくとも子育て困難がなくとも，必要なのである。

　この大前提を踏まえた上で，家庭における養育・教育がその役割を十分果たせないときに，特にソーシャル・ペダゴジーの役割が大きくなる。その意味で，この言葉には，子どもの育ちの不平等，格差の解消を目指す社会福祉的な観点が含まれている。

　一般的子育て論と社会福祉的観点のいずれの意味からも，「子どもの成長を支援する専門職の方々」を，「ソーシャル・ペダゴジーに携わっている方々」と言い換えてもよい。そして，本書が想定している読者は，まさにその方々であり，そうした方々が仕事や活動を，「社会による子育て」の一部を担うものと意識して，他の部分で同じ仕事や活動に携わっている専門家といっそう協働，連携することが望ましい。

> ポイント：子どもの成長を支援する専門職というアイデンティティを共有しよう。

注1）歴史的には，19世紀に始まり，その後の発展を経て，とくに，第2次世界大戦後に現在のような考え方として形成され，ヨーロッパ大陸に浸透していった概念である。ドイツ語ではSozialpädagogik，フランス語ではpédagogie socialeである。ヨーロッパ大陸に比べると，英語圏では，まだ耳新しい言葉であり，近年関心が高まり，イギリス，カナダなどを中心に導入しようとする試みがある。日本には，青少年活動などの部分を中心に関心をもつ専門家があり，著作も紹介されているが，社会的養護に関する部分はほとんど紹介されていないのが実情である。フランツ・ハンブルガー（2013）を参照。
注2）広島市教育委員会ホームページより。

V 「自信を高める」ことの重要性

　では，そうした専門家が共同して取り組む子育ては何を目指せばよいだろうか。ここでは，さまざまの領域に共通する子育ての目標を，「子どもの自信を高めること」と考えておきたい。心理学的に言えば，自己効力感（外界の事柄に対し，自分が何らかの働きかけをすることが可能であるという感覚）の向上や，エンパワメントといった言葉で表現できる。

　「子どもの自信を高める」という言葉だけをとれば，「当たり前のこと」，あるいは「多くの目標の１つ」と捉えられるかもしれない。しかし，子どもが抱える問題の背景にある主題のひとつひとつを１本の糸で表現すると，すべての糸につながる「結び目」にこの「子どもの自信」があり，それぞれの糸への働きかけはすべてこの結び目につながっていると考えることができる。

　例えば，本書が独立した章で扱っている主題で言えば，「アタッチメント」は「自信」の基盤であり，アタッチメントが不安定であれば，「自分は大丈夫」という感覚が育ちにくい。あるいは，「トラウマ」から見ると，トラウマ的な体験は，「自分を守ることができる」「自分で対処できる」という「自己効力感」を阻害し，絶望感や無力感をもたらす恐れがある。自信を高めるという目標を共有して子どもに関わり，その目標で前進すれば，「アタッチメント」の観点からも「トラウマ」の観点からも，よい結果をもたらすだろう。子ども集団と関わるにあたっても，集団活動が個々の子どもの自信を高めるようにするにはどうすればよいかという視点から見ていくと，方向性が見えやすい。

　この観点から考えると，「子育て専門家の自信」を高めることも重要な課題である。そもそも本書は，子育て専門家が自信をもって子どもと関わっていけることを目指して書かれたものと言ってよい。自信をもてるようになるプロセスは，実は決して簡単でも単純でもなく，さまざまの体験を通して少しずつ積み上げることで実現するものである。「自信をもて」「自信をもとう」という言葉だけで実現するものではなく，アタッチメントの形成を通して人への信頼感が育ったり，自信をなくす体験について振り返って克服したり，具体的な技術を身につけたり，人から評価されたり，さまざまの出来事を通して進んでいくものである。そうした経験のすべてに基づいて，子どもが自信をつけていくための支援を提供できる

だろう。

> ポイント：子どもにとっても自分にとっても自信を高めることにつながっているか確認しよう。

VI　おわりに

　このように，専門職は，自分自身の経験の蓄積と並行して子どもに経験を提供していくことが重要である。ただし，そこには，自分の経験を子どもに適用することでよい子育てにつながるという「同一化」の側面と，自分と子どもとの違いを理解することでよい子育てにつながるという「差異化」の側面とがある。後者に無自覚だと，自分の経験を無条件に子どもに当てはめて対応してしまう恐れがある。そうした対応は家庭内の子育てでも専門的な子育てでも数多く存在し，有効に作用することも少なくないのだが，時には子どもの実態とのずれが生じる。子育てのレベルアップのためには，子どもの状態の正確なアセスメント（見極め）と，自らの経験の「一般性と個別性」の理解に基づき，結果を吟味し，確認しながら進む，「実証的」「科学的」専門性が必要である。本書が扱うのは，そのために役立つ知識や技術である。

参考文献

フランツ・ハンブルガー（2013）社会福祉国家の中の社会教育：ドイツ社会教育入門．大串隆吉（訳）有信堂高文社．

篠田武司（2012）ワーク・ファミリー・バランスからみるスウェーデン・モデルの理念．レグランド塚口淑子（編）「スウェーデン・モデル」は有効か──持続可能な社会へむけて．pp.197-221，ノルディック出版．

安川悦子，髙月教惠編（2014）子どもの養育の社会化──パラダイム・チェンジのために．御茶の水書房．

（森　茂起）

2 子どもを理解し支援するための基礎的視点

2−1

子どもの成長の基本

Ⅰ　はじめに

　子どもの成長過程を理解することは，子どもへの援助の基本である。

　子どもの成長には，体の成長，心の成長があり，それにともなって，子ども同士の人間関係，子どもと大人の人間関係の成長がある。心の成長の中にも，知能の成長，感情の成長，考える力の成長と，いくつもの側面がある。それらの成長はいずれも，子どもの人間関係の成長に関係する。

　ここでは，成長過程を理解するために，アイデンティティの形成に焦点を当てて説明する。アイデンティティの形成は，子どもから大人に成長するまでの過程でゆっくりと進んでいくものである。アイデンティティが確立されている状態とは，まず，自分が思っている自分というものと，社会や他者が見ている自分というものが，大きく食い違わない形で安定している状態である。そして，その自分が，社会で大人として生きていく力があるという自信に裏づけられている状態である。この内容からわかるように，アイデンティティが完全に確立されるということはありえず，多かれ少なかれ揺れ動きながら，大きく崩れることはない状態を保っていく過程が重要である。その意味で，大人になってもアイデンティティの確立過程は止まることはなく，一生続いていく。そもそも一度安定したように見えても，社会から受ける視線も，社会の中で生きていく能力も年齢によって変化していくので，決して1つの安定状態にとどまることはできない。

　「社会が子どもを育てる」という本書のテーマは，社会で生きていく自信がおよそ形成されるところまで子どもを導いて，社会に送り出す仕事ということになる。そして，その自信は，実際の自分と違った形で，無理に社会の期待に合わせ

ている状態ではなく，自分の理解する自分と，社会からの見方が大きく違いない状態でなければならない。はっきり気づいているにせよしないにせよ，内心に大きな不安を抱えながら，何とか期待に合わせているという状態は，この目的の達成とみなすことはできない。

　エリクソンという心理学者は，アイデンティティの形成がなされるまでに必要な子どもの成長を，いくつかの課題に分けて理解した。その課題は，およそ何歳頃にどの課題が重要になるかという形で，年齢に沿って変化するが，実はどの課題もいつも存在していて，並行して達成されていくと考えたほうがよい。つまり，例えば3〜4歳では○○ができ，5〜7歳では○○ができ……といった説明は，少しは当たっているが，心の発達をこのような「段階モデル」で理解しすぎると，さまざまの不都合が生じる。子どもによって達成過程は多様なのにもかかわらず，標準モデルに当てはめて理解すると，「この子は標準内，この子は標準外」といった区別が生じてしまうからである。その子なりの達成の仕方を理解して，その中で困難な部分に支援していくという個別的理解が必要である。

　以上の注意を踏まえた上で，獲得目標をあげていく。子どもが成長過程で身につけていくべき，育てていくべき，中心課題と思われるものである。しかし，そのいずれも，何歳かで完成に達するということはなく，つねに成長し続ける課題である。いったんよい達成度に達した後に後退することもある（退行という現象）。いずれも，直線的な成長ではなく，時に後退したり，崩れたり，再び回復したりしながら進んでいく。また，どの目標にも，知能（認知能力）の成長，感情・情緒の成長，人間関係・社会性の成長，身体の成長など，心身の要素のすべてが関係している。

Ⅱ　基本的信頼感・安全感

　子どもが成長する上で基本となる感覚である。自分は大きな危機が降りかからないように守られているという感覚，およびそのような感覚を支えてくれる人間や環境に対する信頼感である。別項の「アタッチメント」がある程度以上に安定して形成されることによって獲得される感覚ともいえる。人格の基本のまとまりが生まれることでもある。

　小さな子どもは，さまざまの情動や感情の間を目まぐるしく動いているのが普

通である。「今泣いていたと思ったらもう笑っている」という昔から聞かれる言葉はその状態をよく表している。そしてはじめは，それぞれの状態に共通して続いている「自分」（心理学的には「自己」と呼ばれるのが普通である）というものを感じていない。しかし他者の表情を読みとり，自らの感情を示すという情緒的交流をするうちに，他者の世話によって心地よくなることを知るようになり，他者とあるときに安全であるという感覚を知るとともに，他者から見られている自分という存在がわかるようになる。

　このように，安全感を感じることと他者とともにある自分を感じること，一貫した自分を感じることは，並行して進む。それは，他者への信頼感でもあるが，この世界全体への信頼感でもあり，自分への信頼感でもある。このように，安全感，信頼感，自己感といったものは，幼児期初期に生まれるものだが，成長とともに生涯にわたって形を変えていく。

Ⅲ　自律性・情動調整

　こうして安定化していく自分（自己）の成長とともに，自分の状態を自分で調整する力が生まれてくる。情動調整が養育者にとって最も問題になるのは，怒りの調整の場合である。不快な情動が起こったときにすぐ養育者に向けて発散せずに，顔を見てためらい，少しでも我慢する様子があれば，それは情動の調整を始めていることになる。自分の中に起こることを，外に自動的に発散するのではなく，自分の中にとどめることが始まる。自分の中にとどめるうちにそれが治まり，注意を別の方向に向けることができるかもしれない。あるいは，自動的発散ではなく，適切な形に変えて外に表現することができるかもしれない。情動を自分の中で処理するということは，自分でまかなえる範囲を広げていくことを意味する。それが「自律」という言葉の意味である。自分で自分を律するということで自分がまとまりをもった存在であるという感覚がさらに育っていく。怒っていても笑っていても，同じ自分が時によって違う感情を体験しているのであって，自分でそれを（ある程度は）変えることができる，という感覚が，一貫した自己の能力への自信に導く。

　調整能力が育つには適正な範囲の水準の情動経験が必要である。環境が苛酷だったり，うまく情動を扱うことを助けてもらえないと，過剰な不快な情動が続

く結果となる。子どもの対応能力を超えてしまい，自分で自分を律することができないことになる。一貫した自分のまとまりを感じることができない体験である。そういうときの子どもと大人の関係には，独特の不快な感情が生まれる。養育者にとっては，自分の手に負えないという敗北感であり，子どもにとっては駄目な自分を見られているという感覚である。そういう感情は，「恥ずかしい」と表現できるような質のものである。

　成功するにせよ失敗するにせよ，この体験が最も典型的に表れる場面が，トイレットトレーニングである。排泄のすべてを養育者にゆだねていた時期を過ぎ，子どもは，「がまん」をすること，適当なときに排泄をすることを学んでいく。この課題は，養育者と子どもの適切な相互調整の経験の中で達成されていく。その相互調整の過程は普通「しつけ」と呼ばれる。しつけが放棄されると調整能力は達成されないし，逆に不必要に厳しいしつけもそれに結びつかない。もし我慢することを覚えたように見えても，強制的に行われている場合，環境が変わると調整能力が崩れる危険が残る。そして失敗すると「恥ずかしい」という強い感情が生まれる。

　自分で自分を調整できなくて恥ずかしい，そういう自分を見られたり知られたりして恥ずかしいという感覚は，どんな年齢でも発生する。恥の体験なしに過ごしたいという要求は，人間の非常に強い動機，願望の1つである。

Ⅳ　自主性・意欲

　幼児期には何らかの意志をもって行動し，実際に意志したことを成し遂げる能力が大幅に伸びる。自我の芽生えと呼ばれる時期にあたり，自分の意志を通す傾向から，第1次反抗期とも呼ばれる。養育者としては困ることもあるが，自己主張の試みによって，「自分のしたいことをする」意欲が培われる。この自主性，意欲は，養育者との人間関係の中でも，遊びの中でも培われる。先の自己調整とは違って，これは他者や外の物へ働きかける能力である。自己主張をする，何かを自分でするという行為には，「喜び」を伴う。親（養育者）がしてしまうことを嫌がり，「自分でする」と反抗するとき，自分ですることは子どもの大きな喜びとなる。「自分でする」ことが楽しいという感覚，これがこの課題の重要な要素である。自主性，意欲が培われる大きな機会は，遊びの中にある。自分で工夫

し，自分で考えて遊びを展開する中で，子どもは自主性がもたらす喜びを体験し，次にもっと面白いことをしたいという意欲が生まれる。逆に言えば，遊びの楽しさを十分体験しないと，意欲の乏しい，自主性の乏しい子どもになる危険がある。

　自主性の力が大きく伸びる時期は，言語能力と行動能力（歩く，走る，手で操作するなど）が大きく伸びる時期に重なっている。逆にそういう能力が伸びるので，自主性が育つともいえる。言葉を使えるということは，体を使わなくても，言葉で意志を伝え，自分の願望を実現できるということである。大人に対してでも，子ども同士でも，言葉によってよい関係を形成し，維持することができるようになる。もちろん逆に，言葉で人を攻撃する力もつくことになる。

　自主性の範囲が大きくなるということは，自分がした行為に対して，叱責や罰を受ける機会が増えることにもなる。先の恥と違って，自分が悪かったという罪悪感を生み出す出来事である。不必要に罰ばかり受けるような環境にあると，子どもは過剰な罪悪感をもつことになり，その結果，行動が抑制される。逆に反発や怒りをくり返し体験するために，攻撃的な形で自己主張をするようになる可能性もある。よい言動を支持し，悪い言動をうまく修正することで，望ましい形の自主性が形成されていく。それは，楽しいことをしたい，何かを達成したいという意欲として表れてくる。いわゆるやる気のある子どもの基盤が形成されるわけである。

V　勤勉性・有能感

　学童期（特に中学年）に，練習して「上手になる」ことへの関心が高まる。学校での学習であれ，遊びであれ，心の成長にとって大切なのは，上手になること自体よりも，上手になる体験を通して自信を身につけることである。できなかったことができるようになることで自分の能力への自信が培われる。何かに「取り組む」姿勢は，先の「自主性」のときに必要だった興味や関心だけでは身につけることができない。難しくなると別の関心ごとに移る行動は幼児期によく見られる。難しくても，つまらなくても反復練習することではじめて，一段上の技量を身につけることができる。その結果，喜びとともに，「やればできる」自分への自信が高まる。

　この時期に失敗経験が多く，自信より劣等感が優位を占めると，その後の人生

において種々の活動に取り組む力が弱くなる。技術を身につける過程には，競争を伴うことが多く，適切な競争が練習への意欲を高める側面がある。しかし，本来重要なのは，技術を高めること自体から生まれる喜びであって，勝つことが目的化すると，負けた場合に意欲をそがれることになる。また，勝ち負けという結果にだけ関心が向かい，技術の向上からの喜びを感じにくくなる。競争にはモチベーションを高める効果があるが，同時に劣等感を形成する働きをもっていることに注意せねばならない。競争以外の要素を重視して，モチベーションを高める工夫をしなければならない。

　能力のある自分という像を自己の一部として形成することは，社会で役立つ自己を形成する基盤となる。学童期に身につけるさまざまの技術は，のちの「有能な自分」の基礎となるものばかりである。だからこそ義務教育として教えているわけである。現在の複雑な社会では，学童期に身につけたものですぐに社会人として働くことは難しい。しかし，義務教育が小学校までだった時代には，この段階で仕事に就き，そのまま職業人として育っていった。読み，書き，計算の技術をもち，社会や自然の出来事への基礎的知識をもてば，社会で生きていけるのであり，後は各職業に独自に必要な技術を仕事の中で身につければよかった。この時期に身につける有能感が，社会人としての，あるいはアイデンティティの基盤になっていることを意味している。

　逆にここで「やればできる」ことを経験できないと劣等感を抱え，社会に出ていく上での自信を得ることができない。劣等感が強くなると，その感覚から逃れるために，新しい課題に取り組むのを避けたり，技術を要しない別の形での自信を求めて，人に対して支配的になったり暴力的なったりする危険がある。前者の場合はひきこもり傾向にもつながる。

Ⅵ　アイデンティティ

　社会人としてのアイデンティティは十代で達成できるものではないので，本書の扱う範囲を越える。しかしその基盤はすでに子ども時代から徐々に築かれていく。エリクソンの「段階モデル」は，１つの段階を終えて次の段階に移行するという見方ではなく，すべての段階の課題が常に並行して存在すると考えるところに特徴がある。「自分は誰か」というアイデンティティ形成の課題は，子ども時

2－1　子どもの成長の基本　41

代から存在し，次第に積み上げて形成された「自分」の上に，青年期になって本格的に形成される。

　アイデンティティは，１人の心の中だけで形成されるものではなく，社会の中での自分の位置や役割，自分と社会の関係を理解することと，その関係がある程度安定したものになってはじめて安定したアイデンティティとなる。つまり，子ども時代からの集団との関わりがすべてその基盤となる。いつも，集団の中で孤立したり，摩擦を経験したりしていると，安定したアイデンティティの形成は困難である。そうした場合，アイデンティティがまとまらず「拡散」する場合もあるが，「社会から排除された自分」「社会に対抗する自分」などの「否定的アイデンティティ」を形成し，犯罪的傾向に向かう危険もある。社会による子どもの養育の重要な柱は，社会的インクルージョン（包摂）である。つまり，社会の一員として育つことが目標である。健康なアイデンティティは社会的インクルージョンがあってはじめて個人の心に形成されるものである。

　以上の５つの獲得目標は，成長過程で，主たる養育者を中心として，子どもに関わるその他の大人，そして子ども同士と，すべての人間関係を通じて得られる。しかし，今日の子どもの環境を考えると，これらの目標のいずれもが獲得されにくく，阻害されることが多い。子どもたちには，これらの目標達成の上で不利な条件が数多くあると考えて，達成を促進する工夫を重ねることが必要である。

Ⅶ　成長目標達成の難しさ

　実際の養育の中でこれらの目標を達成する際に難しい問題は，同時にいくつもの課題を扱わねばならないことである。実際には３つ以上の目標が同時に問題となるだろうが，２つの場合を考えて，複数の目標が絡み合うことによる難しさの一端を示してみよう。アイデンティティは全体の総合ともいえる課題なので，アイデンティティ以外の課題が複数並行する場合を，それに対応する方針も含めて考えてみる。

1．安全感と自律性
　成育史の困難を抱える多くの子どもは，「安全感」が不足している。それを和らげるためには，まずは基本となるアタッチメントを形成していかねばならない。

しかし同時に，生活習慣の学習というしつけも行なっていかねばならない。

ここで難しいのは，しつけにはどうしてもストレスが伴い，また叱ることも多くなりやすいことである。「安全感」の乏しい子どもは，それが阻害されるのを感じて，養育者を避けたり，敵意を感じたりしやすい。逆に，「安全感」の形成を重視しようとすると，ありのままを受け入れることになり，規律を守らせる面が弱くなる。他児から，「なぜあの子だけ許されるのか」といった不満も出る。

これに対する基本的方針は，「安全感重視の場面と規律重視の場面の区別」と「褒めることでしつける工夫」である。例えば，子どもが落ち着かない場合に，落ち着きのなさの背景にある不安を和らげるべき場面なのか，しつけをすべき場面なのかを区別することが必要である。前者の場合は不安を低減することが重要だが，後者の場合は我慢を覚えることが重要である。加えて，我慢を覚えさせる場合も，叱るより誉めることでしつけをする工夫が必要である。つまり，しつけをすることで安全感を低下させることがないようにするのである。我慢できているときに誉めることが，しつけの基本である。あるいは誉めるかわりに，お礼を言うほうがなじむ場合もある。失敗に対して叱責することがあれば，平常のときに声かけする，関わってあげるといった配慮によって安全感を補うようにする。

ポイント：誉めること，お礼を言うことを大切に。

2．自律性と自主性

しつけに努めていると，子どもが自主的に好きな活動に取り組む意欲が抑えられる傾向がある。集団生活の中では，全体の秩序のためにその傾向が強くなりやすい。第1次反抗期で発生する行動が抑えられ続けると，自主性や意欲の乏しい子どもか，逆に極端な反抗の形で行動を起こす子どもに育つ恐れがある。

集団生活は，全体で決まったことをする時間が多くなりがちであるため，自分の好きなことをする喜びを与える工夫が必要になる。まずは子どもがよく遊べる環境づくりが基本となる。加えて，自主性の乏しい子どもには，「選択肢」を与えることで，意志の表現を促進することができる。つまり「Aにする？　それともBにする？」と，いつも2つ以上の提案をして自分で選ばせるのである。遊びでも，服装でも，おやつでも，生活場面のいろいろな場面で使える問いかけである。

ポイント：自分で決断する，自分で選ぶ機会を与える。

3．自主性と勤勉性

学童期以降になると，技術の習得が重要な課題になる。練習によって何かが上手になっていく体験をとおして，子どもは課題に取り組む勤勉性を身につける。教科学習も練習の重要な機会となる。しかし，教科は，決まったものが与えられ，しかも実際のところ子どもの能力を超えることが多いため，強制的となり，自主的に取り組む姿勢が失われていきやすい。「いやな勉強をさせられる」体験が重なると自発性が失われ，目標に到達しないだけでなく，「やる気のない」子どもになる恐れがある。

到達可能な目標を示してやり，それができたら「よくできた」と評価していくことを積み重ねることで，「やる気」を引き出しながら，長期的な達成の喜びも体験することができる。その子なりに「できた」という体験をもたせることが目標である。担任教員の工夫の下で，子どもに適した学習課題を与えることが必要である。

また，勤勉性の課題でも，遊びが重要な媒体となる。なわとび，ケン玉，囲碁将棋，トランプ，かるた，あるいはさまざまのスポーツなど，遊びには技術を必要とするものが多数ある。それらが「上手になっていく」過程で，子どもは練習の面白さや価値を体験できる。教科学習よりも遊びのほうが勤勉性の獲得に役立っている場合が多いかもしれない。

ポイント：上達の喜びを体験させる。

Ⅷ　おわりに

ここでは，エリクソンの理論を参照して子どもの成長過程を理解した。最終的に，一個の人間としての個性を持ちながら社会の中で安定してその個性を発揮していけるようになるまでの過程が子どもの育ちであり，その過程を支え，導き，共にするのが子育てである。なんらかの困難が発生している場合，その過程のど

こに課題があるか見定めて対応を考えることが欠かせない。そして，成長過程の最終目標は，社会の中で生きていくことへの自信である。エリクソンは，自己理解に基づくその自信のことを「アイデンティティ」と呼んだ。自分はこういう人間であるという理解を，自信とともに持つことは簡単ではない。養育者も含むすべての人に共通する目標であることを理解して子どもの育ちを支えたいものである。

参考文献

エリクソン，E. ／西平　直訳（2011）アイデンティティとライフサイクル．誠信書房．
小野寺敦子（2009）手にとるように発達心理学がわかる本．かんき出版．

（森　茂起）

2－2

行 動 理 論

Ⅰ　はじめに

　「心理学」「基礎心理学」「心理学概論」など，名前は何であれ，一般的な心理学の講義には必ず「学習心理学」の章がある。「教育心理学」にも「学習」の章が必ずある。ここで述べるのはおおむね「学習心理学」に属する内容だが，「行動主義」と名づけられる心理学の流れに属するので，ここでは「行動理論」というタイトルを用いる。この理論に基づけば，「学習」とは，新しい行動を身につけることである。ただし，行動と言っても，外から観察できるあらゆる行動を指すので，日常語の「行動」が指すような全身を使う大きな動きとか，何らかの意思をもってする行動だけではなく，指先の小さな動きや目の動きのようなものも「行動」である。ここでは行動理論に基づく姿勢と方針を述べる。

Ⅱ　科学的な指導とは

　行動理論を子どもの養育，教育，指導に生かすのは極めて重要である。行動理論から見て適切ではない指導は，指導者の意図が何であれ有効ではない。しかし，行動理論を実際に有効に用いるのは，基本的な部分であっても，意外と難しい。きちんと「科学的」に考えて用いなければならないが，この「科学的に考える」という姿勢を子どもの養育や指導の中でしっかり保つことが難しいのである。

　行動理論の基礎中の基礎は，「強化」という考え方である。子どもの望ましい行動に対して，子どもがそれをより多く行うように，子どもにとって嬉しい何か（科学的には「快をもたらす」と言った方がよいが），つまり「強化子」を与える

のが「強化」である。簡単に言えば，褒美を与えることがその典型である。逆に，子どもにとって嫌な（「不快をもたらす」）「強化子」を与えるのが「罰」である。「強化」には，嫌なものを取り除く「負の強化」——例えば「〇〇点以上とったのでゲーム禁止を解く」——があり，「罰」には，嬉しいものを取り除く「負の罰」——例えばけんかをしたのでおやつはなし——もある。

　これらは，日常的な養育や指導において常に使われているものばかりである。逆に言えば，子どもの日常環境には「強化」と「罰」がいたるところにあり，その作用で，ある行動が増えたり，別の行動が減ったりしている。そうした「強化」と「罰」の全体を，もっと系統的に「科学的」に用いて，養育，指導の効果を高めるのが行動理論の応用である。

　実は，いわゆる常識に従って養育をしていると，行動理論からみて目的に叶っていない関わりが多数行われているものである。例えばいわゆる「試し行為」というものがある。子どもが，養育者や教師が，どこまで関わってくれるか，どこまで許してくれるか，を確かめるために，困った行為をわざとする現象である。その時間過ごさなければならない教室などの空間から出て行って，大人が追いかけてくるのを待っている子どもがある。大人が追いかけると，子どもは大人が自分に関心をもっていること，見捨てられてはいないことを，確認することになる。大人は普通，子どもが何も問題を起こしていないとその子から関心をそらしがちである。大人が見ていないと，子どもはまた，自分のことに関心があるのか確かめるために，外に出ていく。これがくり返される。このとき起こっているのは，外に出ていくと「注目」という子どもにとって「快」となる行為を大人がとるということである。言い換えると，出ていくことを強化しているのである。たとえそのあとで強く叱って「罰」を与えたつもりでも，罰よりも先に「注目」を与えており，罰よりも無視されることのほうが「不快」が強いので，強化の働きのほうが勝ってしまう。強化や罰の効果は，行為から時間的に接近しているほど大きいことは，行動理論が教えているので，追いかけられる快の方が，後の罰より効果が強く，追いかければ追いかけるほど子どもは出ていくことになる。

　このように，目的と方法が行動理論に即していないために，逆効果になっているような関わりはずいぶんある。こうしたときに，科学的に考えて，間違った方法を修正するのが行動理論の正しい利用法の1つである。

> ポイント：科学的に考えて，逆効果を避ける。

Ⅲ　強化の中止

　行動理論から考えると，子どもの行動の多くは（すべてではないが），何かによって「強化」されているために起こっている。簡単に言うなら，それをしたほうが子どもにとって心地よい，嬉しいのでしている。今紹介した，「外に出ていく」行動もその例である。ゲームに没頭することがしばしば問題になるが，これもゲームによって「よい気分を味わえる」，あるいは「いやなことを忘れられる」といった，心地よいことがあるので続けているわけである。

　だとすれば，「強化」を取り除くことが，その行動をやめさせるための基本である。何が強化になっているかを見つけてそれをなくすことである。「注目」が強化になっていると思われたら，注目するのをやめることになる。やめることによって行動に変化が生じたなら，確かにそれが強化になっていたことがわかる。ただしここで問題となるのは，「消去過程での一時的増加」と呼ばれる現象である。今まであった強化が与えられなくなった子どもは，その行動をすぐに中止するのではなく，かえって頻繁に行うようになる。「少し騒いだだけでは注目されないので，もっと騒いでみる」という心理である。ここで悪化した問題行動に大人が耐えられないと，根負けして注目する（叱責する）ことになってしまう。この場合，子どもは，「少し騒いでも注目されないときは，もっと騒ぐとよい」ことを学習してしまう。つまり，問題行動は悪化することになる。これもまた「非科学的」な対応の一例である。行動の一時的悪化は，その対応が間違っていない証拠であると考え，「注目しない」対応を続けなければならない。ただし，集団生活の環境の中では，問題行動の一時的エスカレートが他の子どもへの迷惑，悪影響を大きくし，放置できない水準になってしまうかもしれない。そのために，また注目してしまうことになる。この場合，強化の中止による消去だけでは対応できないので，「好ましい行動への注目」という別の対応を同時に行っていかねばならない。これについては，次の項目で述べる。

　ゲームに没頭する行動のように，そこから得られる心地よさ（強化）をなくすことが難しい行動もある。ゲームをしても面白くないという状態になれば自然に

減っていくはずで，いわゆる「飽きる」現象や，成長によって「卒業する」現象はその例であるが，それを待っていればいつになるかわからないのが現実である。こうした行動には，ゲームやインターネットの場合のように，「依存性」があることが問題を厄介なものにする。

依存傾向のある問題は，まず「予防」が重要である。依存にまでいたらないように，はじめから制限をかけるのである。「1日何分以内」といった形が多いであろう。また，「いやなことを忘れられる」という場合，「いやなこと」をなくす対策によって，「強化」の効果を減らすことが必要である。いやなことをなくす対策の中身は，その内容によって異なるので，別項で扱う内容である。例えば，過去にあったいやな体験を思い出してしまうということであれば，「トラウマ治療」の課題になるし，いじめなどの対人関係の問題を抱えているなら，その解決を図らねばならない。ここで確認したいのは，「いやなことを忘れられる」という強化をなくさずに，ゲーム禁止という指導だけを行っても効果が薄いこと，子どもとの関係を悪化させて，別の問題を生むことである。

Ⅳ　好ましい行動の強化

消去のための強化の中止は重要な対策だが，それだけでは目標に到達できない場合が多い。多くの場合，好ましくない行動への強化を中止するだけではなく，よい行動への強化を行っていく必要がある。先の例であれば，子どものよい行動に対して注目することで，外に飛び出さずによい行動で注目される方向に導くのである。この場合，「外に出ていない」ことを1つの「よい行動」と考え，そこに注目することが考えられる。外に出ていないときに，子どもに話しかける，別の行動を褒めるなどである。注目することが強化の働きをしているなら，大人から見て好ましい状態のときにできるだけ多く「注目する」ことで，子どもの行動は好ましい方向に変わっていくだろう。

「強化」は一般に，「褒めること」と考えられやすく，実際重要な対応法の1つだが，適切な強化は子どもによって異なることに注意しなければならない。今の例のように，「注目する」ことがよいとするなら，声をかけることや雑談することが十分強化となる。褒めることが思ったような効果をもたらさない場合もある。例えば，虐待やネグレクトを受けて人への信頼感を失っている子どもは，褒めら

れることに警戒するかもしれない。褒められて心地よいという体験を過去にもっていないために，居心地の悪さを感じるのである。褒めるという常識的な対応をしてもよい表情をしないために，指導の意欲をそがれて子どもとの関わりが減ってしまうことがある。大人から見て，いわゆる「かわいくない」と見えてしまう場合である。強く褒めるのではなく，穏やかに注目することから始めて，次第に人との関わりを「心地よく」感じるようになり，褒める関わりを次第に受け入れられるよう導くのがよいかもしれない。

　年齢が高くなるにつれ，「褒める」という行為に必然的に含まれる上下関係がふさわしくなくなる面がある。思春期になって，褒めても素直に受け入れない場合である。その場合，「褒める」よりも「礼を言う」方が適切である。手伝いをして「偉いね」ではなく，「ありがとう」の言葉のほうがよい。思春期だけでなくどの年齢にあっても，子どもとの関係は本質的に対等なものになることが望ましいので，「礼を言う」関わりはぜひ増やしたいものである。

　また，強化の方法を考える際に「子どもが頻繁にしていること」が1つの目安になる。それは，子どもにとって，その理由は何であれ，心地のよいことと考えられるので，それをやめさせることが「負の罰」になり，それをさせることが「強化」になる。例えば，上で問題行動の例として使ったゲームは，それを禁止する（減らす）ことを罰として用い，許すことを強化として用いることができる。

> ポイント：なにが強化になるか，子どもの個性に合わせて，結果を確認しながら進める。

V　罰の利用

　罰は日常の指導の中できわめて頻繁に用いられている。しかし，罰にはさまざまの副作用があるため，その使用には注意が必要である。恐怖や怒りを誘発すること，大人との関係全般に不安を引き起こすこと，信頼関係に悪影響が及ぶこと，行動全般を抑制する傾向があること，他の問題行動を誘発すること，などである。また，罰は，見つかったときだけに加えることになりやすいので，見つからないときに行動から得られる心地よさがあれば，効果は薄い。例えば，他の子の持ち物をとる子がいたとする。それを見咎めて注意したとしても，見えないところで

続いていれば，子どもにとっては，注意される（罰を受ける）効果より，取って面白いという効果が勝るかもしれない。それをなくそうとすれば，監視し続けたり，他の子からの情報（告げ口）を求めることになり，いずれにしても関係を難しくする。加えて，見つけたときだけ叱るという対応は，「見つからないようにする」という不適切な別の行動を増加させてしまう。しかも，見つけることが遅れた場合（例えば２日後に発覚して叱る），２日前の行為への効果より，直前に「見つかった」ことへの罰としての効果が強くなり，「次には見つからないようにしよう」という方向に向かわせることになる。これは，強化や罰には「時間的接近」が重要であることから生じる必然的結果である。

罰は，このような問題点を意識して，効果を見極めながら実施する必要がある。簡単に言えば，「いつも言っているのに治らない」という状況にあるとすれば，その叱責は効果を上げていないだけでなく，お互いの不信感を強める結果になっていると考えられる。その場合，一度立ち止まって，他の方法を工夫する必要がある。罰が必要な場合は，心地よいものを中止する「負の罰」のほうが，恐怖や不安による副作用が少なく好ましい。「おやつなし」「遊び時間なし」といったものである。

「褒めて育てる」という方法が奨励されることが多いが，それは叱ってはいけないということではない。罰にも教育効果があることは否定できない。信頼感のもとで叱られた体験が，生涯残るような大きな教育的効果をもつこともある。ただし，それが効果的であるためには，その養育者との関係が全体として良好であり，「信頼感」が形成されているなどの条件が整っていなければならない。

> ポイント：罰は，その副作用が生じていないことを確かめながら，適切な方法で用いる。

VI　スモールステップの原理

強化が有効に働くには，「何を強化するか」というプログラムが重要である。最も重要な原理は，「今現在できていること」，あるいは「実現可能なこと」に対して強化することである。すでにできるときがあるが頻度が少ないことに対して強化して，頻度を上げていくことが最も基本的な考え方である。「外に出てしまう」子どもの例では，「外に出ていない」ときに注目するという対応が考えられたが，

それは外に出ていないときがあるから可能な方法である。今できていることで望ましいことは何かを探し，それに対して強化することになる。

しかし，できていることの促進にとどまらず，まだ達成できていない目標に向かって指導したいことは多い。その場合，目標までのプロセスを細分化し，「スモールステップ」で進むことが基本となる。暴力が激しい子どもについて，まったく暴力性のないおだやかな状態を目標に置くことは正しいが，それを一気に達成することは不可能である。まず，対人暴力があるなら，「人に当たらず物に当たる」ことを目標にできる。殴りたくなったときに抑えて，横の椅子を蹴って自分の部屋に入ったとすれば，その行為について「前だったらあそこで殴っていたところを我慢できたのは偉い」と「褒める（評価する）」ことができる。次に，物にも当たらず，たとえ乱暴な言葉であっても，言葉で伝えること，その次によくわかる言葉で気持ちを伝えること，と目標に段階を設けることができる。

勉強であれば，机の前に座っている時間，こなす問題，テストの点数と，さまざまの事柄を目標にできるが，いずれにしても実現可能な目標を選択して，一歩一歩進むことが必要である。目標の選択は，本人と相談し，本人自身が主体的に選択することが望ましい。「怒らないのは無理だけど，殴りたくなったら物に当たるようにする」，あるいは「20分間は集中して勉強する」といった目標を自分で選択できればよい。そしてそれが実現できれば「強化」する。そのとき，最終的目標からすれば小さな一歩であるために，「強化」が弱くなる傾向があるので気をつけたい。気をつけておかないと，「殴らないでおれたのだから，物にも当たらないように」と言ってしまうかもしれない。これではせっかくの効果を台無しにしてしまう。小さな一歩であっても，全面的に強化する，もし褒めるとすれば全面的に褒めることが肝心である。また，できていることを見逃して，強化しないままになってはならない。人には当たらなくなってきたときに，それが当たり前と受け取ってしまい，注目も褒めることもし忘れることがある。その結果，また暴力に後退することがある。「気づいてもらえないのなら我慢しても仕方がない」という状態である。はじめのステップが日常的に達成される状態になれば，その状態を評価した上で，次の目標を相談の上で設定する形で，次のステップに取り組む必要がある。それが，子どもにとっても養育者にとっても，前進している充実感をもたらす。こうした手順を，「スモールステップの原理」を理解して系統的に行っていくのである。

> ポイント：目標までの道をスモールステップに分けて，一段一段目標に近づ
> いていく。

Ⅶ　何で強化するか（強化子）

　すでに，「褒める」「注目する」「評価する」「好きなことをする」など，さまざまの強化の方法が登場した。「心地よいこと」の何を強化子として選ぶかは状況により子どもにより異なる。一般的に，おやつ，小遣いなどの物質的なもの，評価，注目のような人間関係上のもの，そして，達成感，満足感といった子ども自身の中に生じる感情が強化になる。はじめは物質的なもので強化することで身につけた行動も，最後には自分自身の満足感で続けるようになることが望ましい。例えば，ほうびが楽しみで始めた漢字ドリルによって漢字を覚えるうちに，漢字に興味が出て，自分の中から意欲が出てくるといった状況である。心理学用語を用いるなら，「外発的動機」から「内発的動機」に移行するのである。

　トークンエコノミーと呼ばれる技法がある。シールなどを使って，できるたびに表につけ，一定の数たまったときに褒美等の強化を行う方法である。特に年齢の小さな子どもには有効であり，シールを付けること自体が強い強化になる場合もある。またこの方法を使うことで，毎日の状況を把握し，子どもとの間で確認することができるので，「注目される」という強化も同時に加わることが多い。この場合も，シールによって実現した習慣を，いかに継続していくかが課題である。シールをつけていた間だけ片づけができていたが，やめると戻ったということがあるが，それは別の強化に切り替えて持続していく工夫がなかったためである。評価の回数は減っても，「シール終わってもちゃんとできているね」と「評価」「注目」で強化していくことが必要であり，最終的には，習慣化して自分で片づけたくなることが目標である。

　強化は，はじめは毎回，毎日，など連続的に行い，できるようになれば，頻度を下げて維持していくことになる。強化は，一度行動が獲得されると，強化の頻度を下げても行動が維持されるという特徴をもっている。頻度の下げ方は，「毎日」を，「2日に一度」「3日に一度」と一定の割合で下げていく方法と，「不定期に時々強化するが平均的には2日に一度」，次には「平均3日に一度」と変動しながら

下げていく方法がある。指導の上手な人は，はじめは常に注目しながら，できた後も注目は続け，しかしその頻度を下げていくプロセスを，自然な形で行っていると考えられる。

> ポイント：強化の方法を変えていくことで，好ましい行動を定着させ，自発
> 的にそれを行うところまで導く。

Ⅷ　おわりに

　以上述べたことからわかるように，行動理論を応用するには，まずしっかりとした観察が必要である。観察は，実施の前から，実施中を通して常に必要である。逆に，行動理論の応用を意識的に行うことで，観察力が高まるという効果がある。よく観察し，よく考え，しっかりとした計画を立てた上で子どもと関わり，結果を評価しながら進むことが，科学的な姿勢である。

参考文献

平澤紀子(2010)子ども観察力＆支援力養成ガイド 応用行動分析学から学ぶ.学研プラス.
実森正子，中島定彦（2000）学習の心理─行動のメカニズムを探る.サイエンス社.

（森　茂起）

2−3

アタッチメント

Ⅰ　はじめに

　親子の関わりには，世話，しつけ，遊びなど幅広い側面が含まれており，どれもが重要である。とりわけ，安全で安心できる親子の関係性を通して，子どもが養育者に健全なアタッチメントを形成できることが，子どもの発達やメンタルヘルスに長期的で重要な影響をもつことが発達心理学の研究で示されている。本章では，まずアタッチメントとは何かを説明し，その個人差や問題，援助のための視点について述べる。

Ⅱ　子どもは養育者との関係の中で育つ

　第2次世界大戦直後のイギリスでは，多数の孤児を保護するために，施設で衣食住が提供された。また，病気などで入院する子どもを治療するために，病院では親の面会を制限していた。ところが，そうした環境では，子どもの感情面だけでなく，体や運動の発達が滞るといった心身にわたる悪影響が認められた。当時の考えは，子どもにとって一番大切な欲求はミルクでお腹を満たすことであり，養育者との結びつきはミルクをくれるからだというものであったが，養育者との関係の大切さは，それが「ない」状況で初めて明らかになったといえる。イギリスの児童精神科医であったボウルビィは，子どもにとって特定の養育者がいない状況を「母性的養育の剥奪」と呼んだ。そして，子どもが養育者との間に情緒的絆を結ぶことは生存や発達に不可欠な本能欲求であると考え，こうした絆を「アタッチメント」と呼んだ。

2−3 アタッチメント　55

> ポイント：1人ひとりの子どもと気持ちを添えて関わる養育は，ミルクと同
> じくらい，子どもの発達に不可欠である。

Ⅲ　アタッチメントとは何か

1．生存のために動機づけられる本能的欲求

　アタッチメント欲求が，食欲などの生理的欲求と同じくらい重要なのは，それが
生存に関わる欲求だからである。人類の進化の歴史からみて，自分で自分を守る術
をほとんどもたないまま産まれてくる人間の子どもにとって，例えば，外敵から身
を守るといった危機的状況において，自分より強くて大きな存在にくっつくことが
最も有用だった。そういう意味で，子どもは大人にアタッチメント欲求を向ける。
子どもは大人に，危険から保護し，不安を落ち着かせてもらうことを求めている。
大人になると，自分で危機に対処し不安を落ち着かせる術は増えてくるが，それで
も，ストレス時にはアタッチメント欲求が高まり，パートナーなど大人同士がアタッ
チメント対象になる。アタッチメント欲求は生涯にわたる本能的欲求なのである。

> ポイント：アタッチメントは生涯にわたる本能的欲求。
> 　子どもにとっては，養育者がアタッチメント対象であり，大人にとっては，
> 大人同士がアタッチメント対象となる。

2．アタッチメントと探索

　アタッチメント欲求は，恐怖や不安といったマイナスの感情が高まったときに
活性化され，子どもは養育者にくっつくことで安心感を得ようとする。安心感が
あると，外界への関心や好奇心が高まり，「探索欲求」が優勢になる。子どもに
とって探索活動は，外の世界に関わることで身体的・知的発達を促す大切な機会
である。ところが，探索をして疲れたり不安が高まると，探索どころではなくな
り，安心感を得たいというアタッチメント欲求が最優先となる。アタッチメント
と探索の関係をわかりやすく図示したのが，次頁の「安心感の輪」である。輪の
上半分は探索欲求が優勢な状態を，下半分はアタッチメント欲求が優勢な状態を
表している。この図は，アメリカで開発された「サークル・オブ・セキュリティ」

56　2　子どもを理解し支援するための基礎的視点

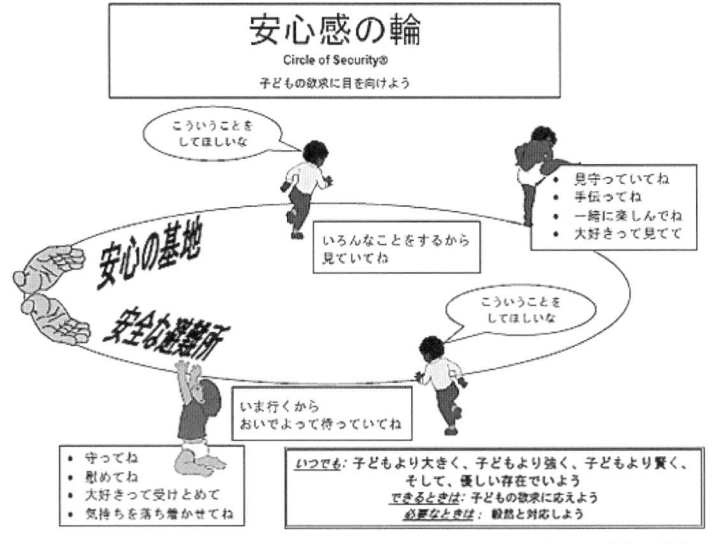

web page: Circleofsecurity.org © 2000 Cooper, Hoffman, Marvin & Powell（北川・安藤・岩本訳，2013）

図1　安心の輪

という親子関係支援プログラムで用いられているものであり。このプログラムについては，「地域における予防」の章で詳しく説明する。

> ポイント：気持ちが落ち着いているから，活動に集中できる。

3.「愛着」と「アタッチメント」

　「アタッチメント」という言葉は「愛着」と訳されることが多く，愛情深いやりとりをする親子を指して「愛着がよい」というような言い方をすることがある。ところが，これは必ずしも適切な表現ではない。確かに，親子が楽しい時間を共有することは望ましいことだが，それは子どもが「不安でない」心の状態で初めて可能になることである。「アタッチメント（attachment）」という言葉は「付着，くっつく」という意味の英語である。「不安なときに，養育者にくっつくことで不安を取り除く」ことがアタッチメントの本質的な意味である。ネガティブな感情をニュートラルにする機能である。必ずしもプラスの感情を含まない。一方，日本語の「愛着」という言葉は，「慣れ親しんだものに特別の思い入れがある」という意味で，例えば「昔からのぬいぐるみに愛着がある」という使い方をする。好きといったプラスの感情と結びついた言葉

なので，親子間でもプラスの感情を伴うやりとりを連想させるのだろう。アタッチメントの正確な意味を共有するために，日本の発達心理学者（数井・遠藤，2007）は片仮名で「アタッチメント」と表現しており，本書もこれにならっている。

4．優先度の高い欲求

　愛情とアタッチメントを区別して理解することはなぜ必要なのだろうか？実際に，子どもが不安なときに慰めるなど，子どものアタッチメント欲求に適切に応えられる養育者は，愛情深く子どもと関わることもできるケースが多いだろう。しかし，その両方ができればいいのだが，どうしても養育者に余裕がない場合，まずはアタッチメント欲求を満たすことが大切である。

　例えば，発症率が高い産後うつの養育者には，子どもと一緒に楽しく遊ぶことができなくても，子どもが不安なときに関わることを優先すればよいと伝えることができる。施設などでも，子どもと十分関わるだけの人的・時間的余裕がないことが多いだろう。そうした状況でも，子どもの気持ちが混乱しているときにこそ，大人が子どもの気持ちに寄り添う関わりを優先することが必要である。

> ポイント：子どもの気持ちが混乱しているときにこそ，養育者が寄り添う。問題行動をした子どもには，そうしたくなった気持ちを受け止めることと，適切な振る舞い方を伝えることの両方が大切である。

Ⅳ　アタッチメントの発達と個人差

1．誰にとっても必要なアタッチメント欲求をどう満たすか

　不安なときに養育者にくっつきたいというアタッチメント欲求は，誰にとっても切実な普遍的欲求である。乳児の場合，空腹や寒さなどの内的要因や，暗闇，見知らぬ人や場所といった外的要因によって，アタッチメント欲求が高まる経験を日々何度もくり返す。養育者がどう応答してくれるのかも経験する。そうした経験を積み重ねて，子どもは，見通しの力が育ってくる頃には，自分の養育環境でアタッチメント欲求をもっとも効果的に満たすための方略を学習するようになり，それがアタッチメントの個人差となる。

58　2　子どもを理解し支援するための基礎的視点

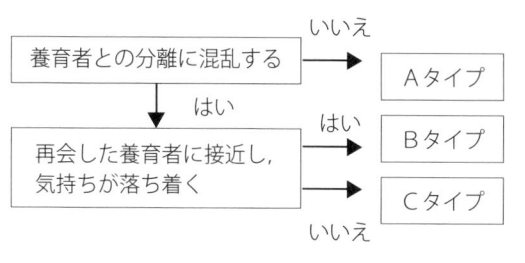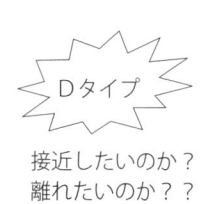

図1　アタッチメントの4パターン

表1　乳児のアタッチメント行動とアタッチメント方略

パターン		アタッチメント行動	アタッチメント方略
組織化型	Bタイプ 安定型	養育者といると安心して探索する。養育者との分離に混乱し，再会すると落ち着きを取り戻す。	必要なときには養育者の保護が得られるとの自信があり，欲求を率直に表現する。
	Cタイプ アンビバレント型	養育者との分離に混乱し，再会時には接近を求めながらも激しい怒りを伴った抵抗的態度を向ける。	探索より接近要求を強調する方略をもつ。アタッチメント欲求を最大限に訴えることで，応答に一貫性が低い養育者をひきつけようとしている。
	Aタイプ 回避型	養育者との分離にさほど混乱・困惑を示さない。再会時も，慰めを求めて養育者に接近しない。	慰めを求めて近づくより探索を強調する方略をもつ。アタッチメント欲求の表現を最小限にすることで，可能な限り養育者の近くにいようとしている。
未組織型	Dタイプ 無秩序型	養育者との再会時，接近と回避という本来両立しない行動が同時的・継時的に見られる。突然すくんでしまうこともある。	養育者からの保護や慰めが必要なストレス下で，これまで組織化されていた行動が突如崩壊する。

2．個人差のパターン

　アタッチメントの個人差を知るためには，ストレスフルな場面で子どもが養育者をどう利用するかを観察することが有効である。ストレンジ・シチュエーション法と呼ばれるアタッチメントの評価方法では，1歳の子どもが見知らぬ場所で，養育者と離れたり（分離）養育者が戻ってきたり（再会）したときに示す行動を観察する。そして子どものアタッチメントパターンを次の4つに分類する（図1，表1）。

　子どもの精神的健康を考える上で，もっとも重要な区分は，養育者をもっとも効果的にひきつけるための方略を子どもがもてているか（A・B・Cタイプ），もてていないか（Dタイプ）である。DタイプについてはVで述べる。ここでは，A・B・

Cタイプの子どもが示すアタッチメント行動を，アタッチメント方略の個人差から説明しよう。

ストレス時に養育者との関係を利用して落ち着きを取り戻すことができるため，Bタイプがもっとも安心感が高く「安定型」と呼ばれる。AタイプやCタイプは，敏感性の高い慰めを養育者から得にくいため，それぞれに方略を駆使しながら少しでも養育者をひきつけようとしているが，不安は十分に軽減されない。

Aタイプの子どもは，アタッチメント欲求を向けるとかえって養育者が離れていくため，欲求表出を最小化する方略をもつ。例えば，自分が泣くと養育者が嫌な顔をしたり怒ったりするため，不安でも泣かずに平気なふりをしたまま養育者のそばにいようとする。行動としては養育者への接近を避けているようにみえるため，「回避型」と呼ばれている。

Cタイプの子どもは，アタッチメント欲求に養育者が応えてくれたり応えてくれなかったり一貫しないため，不安なときにアタッチメント欲求の表出を最大化する方略をもつ。養育者に泣いてしがみつきながらも気持ちが落ち着かないという両価的な態度を示すことから，「アンビバレント型」と呼ばれている。

乳児期に身に付けたアタッチメントパターンは，養育環境が大きく変わらない限り大きくなっても変わりにくいと言われている。子どもの場合，その年齢の子どもにとってストレスフルであろう場面で，頼りにできるはずの大人をどう利用するかを観察することで，アタッチメントの個人差を推測することができる。大人を頼らずに自分で対処しがちなAタイプの子どもや，大人への依存が強くて不安が収まりにくいCタイプの子どもは，大きなストレスを乗り越える力が弱いかもしれない。こうした子どもたちを支援するときは，困ったときに大人の助けを本当に信じていいのだと彼らが思い直せるような体験をもてるようにすることである。これについては，Ⅵで述べる。

> ポイント：アタッチメント欲求は誰にとっても切実だからこそ，自分を取り巻く環境に応じてそれを満たすための方略が，アタッチメントの個人差になる。

Ⅴ　虐待を受けた子どもが抱えやすいアタッチメントの問題

1．未組織型アタッチメント

ストレンジ・シチュエーション法で，極めて混乱した行動を示す子どもたちが

いる。ストレスフルな状況で，両手は抱っこを求めながらも足は後ずさりをする，あるいは固まってしまうなど，養育者にくっつきたいのか離れたいのか，アタッチメント方略をもてないでいることが特徴であり，「無秩序型（Dタイプ）」と呼ばれている。こうした子どもの背景には，養育者が子どもを脅かす虐待的環境が多いことがわかった。例えば，養育者から身体的暴力を受けている場合，怯えた子どもはアタッチメント欲求が高まり，養育者にくっつきたいと動機づけられる。ところが，その養育者が恐怖の源でもあり，そこから逃れたい動機も高まる。これは子どもには解決できないジレンマで，アタッチメント方略を子どもは組織化できない。そのため，未組織型アタッチメントとも呼ばれている。養育者が未解決のトラウマを抱えていたりして，養育者自身が脅えてしまう場合も，子どもは怯え，同様のジレンマを経験する。

　成長に応じて，子どもは自分にできる方法で，そうした状況を統制しようとしはじめる。例えば，養育者の世話を焼く，頼りにならない養育者を叱りつけるといった親子の役割が逆転した行動をとるようになるのである。乳児期にDタイプであった子どもは，後に解離性障害などに陥るリスクが高いと言われている。

2．アタッチメントの病理

　DSM-5 や ICD-10 のような国際的な診断基準に含まれるアタッチメントの病理は，"特定のアタッチメント対象がいない"という「アタッチメント障害」(a.)のみである。一方，臨床場面で実際に多いのは，特定のアタッチメント対象がいるものの，その対象との関係に問題があるという場合である。そうした場合も含めた診断基準（a. 〜 c.）を，アメリカでアタッチメント障害の治療と研究に関わるジーナーが次のように提唱している。

1）アタッチメント障害

　もっとも深刻なアタッチメントの病理は，子どもにとって特定のアタッチメント対象がいないという状態である。ボウルビィが目のあたりにした孤児院のように，子どもに個別的に関わる特定の養育者がいない環境で，子どもは誰に対してもアタッチメント行動を向けない「反応性アタッチメント障害」や，誰彼かまわずアタッチメント行動を向ける「脱抑制型対人交流障害」に陥りやすくなる。特定のアタッチメント対象がいない状況とは，病気やけがといった極めてストレスが高いはずの場面において，誰にも助けを求めなかったり，あるいは逆に，初対

面の大人にでもくっついたりする場合であり，アタッチメント未成立障害とも呼ばれている。

2）安全基地行動の歪み

子どもに特定のアタッチメント対象がいて，その対象との関係が不健全な場合，安全基地行動の歪み（阻害されたアタッチメント）と捉えることができる。本来，子どもは養育者を安心の基地として探索するものであるが，その養育者といると，危険な行動をとることが多い，しがみついてまったく探索しようとしない，子どもが養育者の不機嫌を恐れるかのように従順で迎合的になる，子どもが自分の不安より養育者の不安を慰めることを優先する（役割逆転），などの場合，安全基地の歪みが生じているといえる。

こうした状態は，子ども自身の問題ではなく，アタッチメントの問題と認識することが大切である。また，子どもは複数いる養育者との関係ごとにアタッチメントを形成するために，例えば，母親とのアタッチメントは安定しているのに，父親とのアタッチメントは問題を抱えているというような事態がある。子どもと特定の養育者との関係を評価する必要がある。

3）中断されたアタッチメント

誰にとっても大切な人を失うのは辛いことである。特に子どもにとってアタッチメント対象の存在はとても重要なので，アタッチメント対象を喪失した結果，悲嘆反応が強く出ることがある。アタッチメント対象を喪失した場合，その対象との関係が健全であったことや，他のアタッチメント対象と健全な関係があることが子どもをダメージから守る保護要因になる。施設で過ごす子どもの場合，たとえ子どもにとって不健全な養育環境であってもそこから引き離されるとき，あるいは，乳児院から児童養護施設に移行するときに，アタッチメント対象喪失体験を緩和するような配慮が必要だろう。担当者が交代する施設などでは，子どもが担当者交代の見通しをもてるような工夫が有用である。

ポイント：アタッチメントの問題
- 特定の対象がいない（誰にもくっつかない，あるいは，誰にでもくっつく）
- 特定の対象がいるが，関係に問題がある安全基地行動の歪曲
- 対象喪失によるアタッチメントの中断

VI　援助のための大切な視点

1．子どもにとっての適応方略という理解

　子どもが不健全なアタッチメント行動をとる背景を，その子どもにとってはこれまでの養育環境で適応するために必要があって身につけた方略と理解することが大切である。例えば，誰からの援助も必要としないかのように振る舞う子どもは，アタッチメント欲求を向けると養育者から拒絶される経験に基づいて回避型アタッチメント方略を身につけたのかもしれない。自傷や他害などの行動化をする子どもは，養育者から自分の気持ちを整えてもらう経験が希薄で，自分を圧倒するほどの混乱した感情を，そうした行動でしか表しようがなかったのかもしれない。

2．安心感の提供

　不健全なアタッチメント行動の背景にある傷つきを理解するとともに，人との関係で信頼に満ちた見通しをもてるような修正体験を提供することが大切である。辛いときにこそ，ひとりぼっちではなく，誰かがそばにいてくれて，子どもの感情を受け止めて整えてくれるという体験である。特に，虐待的環境などで，一度不健全なアタッチメントパターンを身につけた子どもは，アタッチメント欲求を歪んだ形で表出するため，大人にとっても，子どもの気持ちを受け止めることが簡単ではない。例えば，「誰の助けもいらない！」と援助の手を払いのける子どもを前に，そうした行動の背後にある本当の欲求に大人は思いを馳せ，子どもの気持ちを大人が推測して言葉にしながら関わることで，子どもは自分で自分の感情をより適切に扱う力を身につけていく。

3．複数の養育者との安全な関係

　子どもがアタッチメントを形成する相手は血縁者に限らない。子どもの養育に，ある程度継続的に関わる養育者（父，母，祖父母，保育者など）に対して，子どもはアタッチメントを形成する。そして，複数の養育者のうち，1人でも多くと安定したアタッチメントを形成できることが，子どもの発達にプラスに働くと言われている。複数の養育者の存在は，母親が孤立して育児を担って追い詰められるような問題も防ぐだろう。

また，子ども時代のアタッチメントが不健全であったのに，大人になったときには健全なアタッチメントを獲得した人たちは，人生のどこかのタイミングで親身に関わってくれた大人と出会えたことが報告されている。保育者や教師など，子どもに関わる大人は，自分は子どものアタッチメント対象であり，自分との関わりを通して，人は頼れる存在かどうかという見通しを子どもが築いていくのだという認識が大切である。

> ポイント：援助を行うときの基本
> ・子どもの問題行動の背景に思いを馳せる。
> ・過去の経験に基づく歪んだ見通しを健全な見通しに変える経験を提供する。
> ・複数の養育者1人ひとりと信頼に満ちた関係を育む。

VII　おわりに

本章で述べた原理原則に基づいて，それぞれの現場で対象者が見せる行動理解に役立ててほしい。例えば，学校や施設で問題行動を起こす子どもに対して，あるいは，支援関係を作りにくい養育者に対して，行動はメッセージであると考えると，行動の背後にある欲求や，そうした行動で表現する必然をどのように了解できるだろうか。アタッチメントは生涯にわたる普遍的な欲求である。支援者自身のアタッチメントについても振り返ってほしい。人はある程度誰でも，困ったときに自分で抱え込みやすい傾向（アタッチメント欲求の最小化方略）や，誰かに頼らずにおれない傾向（最大化方略）がある。支援者は自分自身のそうした傾向を自覚し，「必要なときに誰かを頼ること」と「自分で取り組むこと」のバランスを見つめなおしてほしい。困ったときに頼れる「安心の基地」は誰にとっても大切である。

参考文献

数井みゆき，遠藤利彦（2005）アタッチメント：生涯にわたる絆．ミネルヴァ書房．
数井みゆき，遠藤俊彦（2007）アタッチメントと臨床領域．ミネルヴァ書房．

（北川　恵）

2-4

トラウマ

Ⅰ　はじめに

　トラウマという言葉をよく耳にするようになっている。日常場面では，軽い「傷つき」までこの言葉で表現していることがあるため，専門的用語としての「トラウマ」に対する誤解が生じることがある。ここでは，専門用語で言うトラウマという現象の基本を理解した上で，子どものトラウマについて整理し，養育や教育における支援につなげたい。

Ⅱ　PTSD（心的外傷後ストレス障害）とは何か

　トラウマという現象を理解するには，PTSD という障害がどのような状態かを理解するのが早道である。PTSD がトラウマのすべてではないが，トラウマの最も中核となる性質をよく表しているからである。

　一般に心身の不快をもたらす要因をストレスという。ストレスは，出来事や環境条件，それを個人が受けとめる仕方，その結果起こる反応という３段階で理解できる（３段階モデルの図）。ストレスを引き起こす出来事にはさまざまあるが，そのうち，通常の出来事を超えた衝撃を与える出来事をトラウマ的出来事と呼ぶ。その出来事の衝撃が個人の対処能力を超えて，体験が過ぎ去った後にも心身の不調が継続的に残る場合，そのストレスをトラウマティック・ストレスと呼ぶ。一般に，「トラウマ」という言葉を使うときに，トラウマ的出来事を指す場合もあれば，個人が受けた衝撃を指す場合もあれば，あとに残る影響を指す場合もある。このような意味の幅が，理解を混乱させることがある。つまりは，トラウマとは，

トラウマティック・ストレスのことであり，それは後にまで影響を残す特殊なストレスなのである。具体的には，児童虐待などの暴力，自然災害，事故，戦争などによって引き起こされるストレスがこれにあたる。

こうした体験をすると，それを何度も思い出したり（再体験），不安や警戒心が強い状態が続いたり（過覚醒），またトラウマ体験に関連する場所や人を避けようとしたり（回避），そうしたものと対面したときに感情的な反応や行動が抑制される（麻痺）。これらの反応は生命維持のための自然な反応であり，多くの場合，次第に改善して，1カ月以内にもとの状態に戻る。これは正常な範囲の現象である。しかし，1カ月を過ぎてもこうした症状が継続して日常生活や対人関係に問題を生じる場合に，心的外傷後ストレス障害（Post-traumatic Stress Disorder: PTSD）と呼ぶ。1カ月以内の場合には，急性ストレス障害（Acute Stress Disorder: ASD）と呼ぶ。

Ⅲ　トラウマによって起こる症状

1．中核症状

トラウマによって起こる症状には，4つの中核症状がある。この4つを頭に入れておくことは，トラウマを受けた子どもを理解する上で極めて重要である。

1）再体験

大きなショックを感じるような災害や事故や暴力などの被害を受けるなどのトラウマ体験（心的外傷体験）の記憶を，自分で思い出そうとしなくても，自動的にくり返し思い出してしまう症状である。悪夢，フラッシュバック（その出来事が再び起こったかのように行動したり感じたりすること），そうした場面に生じた動悸や冷や汗などの身体的感覚の再現も含まれる。その出来事を思い出させるような人・物や場所を目にしたり，思い出す場合に出てくる。子どもの場合，再体験について言葉で話すことができにくい場合が多く，遊びや行動の中にトラウマ体験が再現される場合がある。遊びに現れる場合をポストトラウマティック・プレイと呼ぶ。通常の遊びとの違いは，体験したと思われるトラウマ体験の一部や全部を再現したり，象徴的に表したりする内容の遊びを，楽しい遊びとしてではなく，そうせずにはおられない様子で（強迫的に），反復的に行う点にある。

2）回避・麻痺

その体験を思い出すような状況や場面を意識的あるいは無意識的に避けることで，例えば，その出来事を思い出すような場所を避けたり，特定のテレビ番組を観ることを避けて電源を切ってしまったりするようなことがこれにあたる。そのときのことを思い出しても「何の感情も起きない」と感じたり，記憶そのものが浮かんでこないということもある。例えば，虐待を受けた児童であれば，親との交流の場面を聞いても話したがらなかったり眠気を訴えたり，親が面会に来たときに無表情になるなどの形で，回避・麻痺の症状を示す場合がある。

3）過覚醒

神経が高ぶった状態がずっと続く症状である。不眠症（寝つきが悪かったり途中で目が覚める），過度に敏感で不安や恐怖や怒りなどの不快な感情を生じやすいこと，じっとしていられず集中できないこと，ちょっとした音や誰かが後ろを歩いた際にハッとびっくりしてしまう反応（驚愕反応）などの形で表れる。

4）トラウマに関連した認知と気分の変化

自分や他者や世界全体について，極端に否定的な認知をもつようになり，それをトラウマとなる出来事の原因や結果に結びつけて考えるようになる。例えば「自分は悪い子だ。だからこんな目にあったんだ」「もっと自分がちゃんとしていれば，うまくいったはずだ」「自分は汚れてしまった」「他人は信用できない」「世界は危険に満ちているので，自分の居場所などない」などと考えてしまう。また，そうした極端な考え方により，罪責感，孤立無援感，不安，怒り，悲哀などの気分につながったり，愛情や幸福感などを感じることが難しくなったりする。

5）その他の症状

身体症状（動悸，呼吸困難，手指の震え，発汗，口渇），対人関係の変化，社会と自分自身への信頼感の喪失，体験の意味づけの困難，生活基盤の破壊による活動範囲のせばまりなどがある。PTSD は中核的な４症状のみならず，その人の生活全般に大きなダメージを与えるさまざまの症状を引き起こすことがわかる。

6）期間や重度に関する規定

こうした症状は「異常なこと」ではなく，極端に強い脅威を感じる出来事を体験した人のほとんどに生じるものであり，「異常な状況に対する正常な反応」といえる。ただ，１カ月以上これらが続き，著しい苦痛や，生活やその他の活動の妨げになる場合，これを１つの「障害」とみなして，PTSD の診断がつけられる。

2．子どものトラウマの特徴

　子どもの場合も，成人と同様，再体験，過覚醒，回避・麻痺，認知や気分の否定的な変化という4つの中核症状が出現するが，成人と違って以下のような特徴がある。

1）発達段階による症状の相違

　乳幼児期の場合には，指しゃぶり，夜尿症，新しく獲得した発達的スキルを失うこと，獲得言語の喪失などの退行的な反応が生じる。未就学児童では，成人の再体験と異なり，遊びの中で再現されることが多い。学童期では，悪夢，外傷的出来事への没頭，出来事に関する複雑な再演，過覚醒，大げさな驚愕反応，感情麻痺，恐怖，引きこもり，攻撃行動，集中困難，記憶障害，身体的愁訴が多く見られ，青年期では，不平，攻撃行動の一方で引きこもり，依存性，性的な行動化，非行，物質乱用，自分を危険に曝す行動などの形で表現されることが多い。

2）内的体験の言語表現や認識の未熟性による影響

　子どものトラウマの場合に大人と異なるのは，症状を言葉で表現することが難しい場合が多く，再体験などを聞いても答えられないことも多い。また，悪夢の報告において，明確にトラウマの出来事と関連しない内容として表現されることが多かったり，曝露や再体験のときに必ずしも恐怖反応がみられず，淡々としているようにみえる場合もある。こうした子ども特有の反応や表現を知っていないと，トラウマ反応を過小評価してしまう恐れがある。

3）養育者との関係の影響

　子どものトラウマ症状の発現には，養育者の関わり，特にアタッチメントの安定性が大きく影響する。そもそも本来のアタッチメントは，子どもが不安や恐怖を感じたときに養育者の関わりを通じて安心感を取り戻す働きをもっているものである。こうした体験を積み重ねている子どもはそうでない子どもに比べて，トラウマ的な出来事にふれてもこれを乗り切る力が強いので，同じ体験をしてもPTSDを生じる可能性が低い。子ども虐待において，子どもは，脅威を与えられるというだけでなく，親が安心感を与える機能を果たさないことで二重のダメージを与えられているといえる。

4）解離の視点の重要性

　子どもの場合，解離という視点から理解することが大人以上に重要である。子育ての現場で解離という言葉が使われることはまだ少ないが，日々の子どもの行

動の中に解離が影響していることは実は珍しくない。基本的な視点として理解し，専門家間で共有していくことが今後ますます重要になると思われる。

　解離とは，行動－情動－知覚－記憶という，本来は互いに連動して働くはずの心の働きが，分離して働くようになることである。トラウマ記憶の苦痛に直面しないための回避・麻痺が，より幅広い形で無意識的に生じているものが解離といえる。また，多少意識していて，半意識的といえる場合もある。例えば，知覚と情動の機能が分離して生じる離人感である。目の前の状況を知覚できるが，生き生きとした雰囲気が伝わってこないで，ガラスの壁を通して見ているように感じる症状である。記憶が分離すると健忘，いわゆる“記憶喪失”になる。他にも解離が働いている場合がさまざまある。例えば，空想に逃げ込む，我知らず行動している，不快な事柄を妙に淡々と語る，呆然としている，痛みを感じず手首を切る，場面によって感情状態が急激に変化する，などの場合である。より広範囲に分離が生じて，独立した異なる人格が交代するような場合は解離性同一性障害（いわゆる“多重人格”）となる。子どもの場合は，もともとこうした機能の連動がまだ十分確立しておらず，空想と現実の区別，感情の調節，一定の人格的パターンなどが明確ではないので，解離症状かどうかを見極めるのが難しい場合もある。

　解離はそもそも，心の痛みで精神機能が完全にダウンしてしまわないための防衛的な機能をもつので，それを理解した上で評価や対応を考えることが重要である。例えばある時ある方法でトラウマ記憶やそれに伴う感情を表現しながら，他の場面や方法ではそれを平気で否定することがある。絵で激しい表現をしながら，言葉で尋ねられても，なんとも思っていないと言ったり，経験自体を否定したりするような場合である。あるいは，ある人格状態や気分のときに表現した内容と，別の気分のときの表現がまったく違うということもある。これを「嘘」として問い詰めたりしないで，両方を受け止めつつ，次第につないでいくような対応がよい。子どもの場合，空想や遊びの中で通常の意識とは異なった状態となることでトラウマ記憶とつながることができる場合がある。解離が働くことで表現の可能性をもたらし，治療的に関わる窓口にもなる。

5）成人の単純性 PTSD よりも広範囲な精神症状・問題行動

　子どもは，認知や感情調節や対人機能などのさまざまな心の機能が形成される発達途中でトラウマ体験にさらされるので，これらの発達自体に歪みを生じる。特に子ども虐待の場合のように長期反復的にトラウマに曝露している場合は，「複

雑性トラウマ」と呼ばれ，1回の出来事で起きる「単純性トラウマ」に比べると，4つの中核症状以外の広範囲の精神症状や問題行動が生じる。

> ポイント：児童虐待は成育期に反復的にトラウマ体験を与えるため，広範囲の精神症状や問題行動を含む「発達性トラウマ障害」を生じさせる。

　複雑性トラウマから生じる症状を整理して，「他に特定されない極度のストレス障害」（Disorders of Extreme Stress, Not Otherwise Specified: DESNOS）という診断名が提案されている。表1に示すように多くの症状・行動のリストになっているが，虐待を受けて育った成人の症状を総合的に評価するのに役立つ。同様に，子ども時代の複雑性トラウマについては「発達性トラウマ障害」（Developmental Trauma Disorder: DTD）という症状群が提案されている（表1）。幼児から安定的な関わりをもてずにトラウマ体験にくり返しさらされることで，「感情・生理状態」「注意・行動」「自己・対人関係」という多くの側面の調節不全が生じ，広範囲の症状につながってしまうと考えられている。単純性トラウマではそれなりに安定した機能ができあがってから，単発のトラウマ体験で混乱させられるわけだが，複雑性トラウマでは，養育者のケアをもとに感情・生理機能・注意・行動・対人機能の調節機能を形成していく過程に影響を受けてしまう。それにより調整ができないまま，本来的でない不適応的な調節のやり方(調節障害）が定着し，さまざまな問題行動につながってしまうといえる。図1は，そうした複雑性トラウマの成立プロセスを示している。

　こうした複雑性トラウマにおける調節障害という見方は，虐待を受けた子どもなど，数多くのトラウマに曝された子どもの状態を理解するのに役立つ。子どもの「問題」を，「問題のある子ども」という視点で見るのではなく，子どもが行っている調節の仕方が不適切と考えると，その仕方の修正が目標となり，支援の仕方の工夫につながりやすい。

Ⅳ　トラウマ症状のアセスメント

　PTSD の診断基準に適合するかについては，半構造化面接法である CAPS-C や DICA や行動観察によるチェックリストや，年齢の高い児童では自記式質問紙がある（表2参照）。

表1　複雑性トラウマに関する概念やその症状項目

Disorder of Disorder of Extreme Stress not Otherwise Specified (DESNOS)	Developmental Trauma Disorder (DTD) (van der Kolk, 2005)
Ⅰ．感情と衝動の調節の変化 　A. 慢性的な感情の制御障害 　B. 怒りの調節困難 　C. 自己破壊行動 　D. 希死念慮 　E. 性的な関係の制御困難 　F. 過度に危険を求める行動 Ⅱ．注意や意識の変化 　A. 健忘 　B. 一過性の解離エピソードと離人症 Ⅲ．自己認識の変化 　A. 自分が役に立たないという感覚 　B. 取り返しのつかないダメージを受けた感覚 　C. 罪悪感，自責感 　D. 恥辱感 　E. 自分を理解する人が誰もいないという感覚 　F. 自分に起こることを過小評価する傾向 Ⅳ．加害者への認識の変化 　A. 加害者から取り込んだ歪んだ信念 　B. 加害者の理想化 　C. 被害者を傷つけることばかり考える Ⅴ．他者との関係の変化 　A. 他者を信頼できない 　B. 再び被害を受ける傾向 　C. 他者を傷つける傾向 Ⅵ．身体化 　A. 胃腸障害 　B. 慢性的な痛み 　C. 動悸息切れ 　D. 転換症状 　E. 性的な症状 Ⅶ．意味体系の変化 　A. 絶望感 　B. 以前支えていた信念の喪失	Ａ．トラウマへの曝露 ・1つかそれ以上の形式の発達上の有害なトラウマ体験に重複的にまたは慢性的に曝露されること。対人的なトラウマ（放棄，裏切り，身体的虐待，性的虐待，身体的な統御感への脅威，強制的な訓練，感情的虐待，暴力や死の目撃） ・怒りや裏切りへの恐怖，あきらめ，敗北感，恥辱感などの主観的な体験をする。 Ｂ．調節障害 トラウマのキューに対して反復的な調節障害が引き起こされるパターン。キューの存在する時の調節障害（過剰または過小）。変化は持続しベースラインに戻らず，意識的にそれを減少できない。 ・情動的・身体的（生理，運動，医療的） ・行動的（例，再演，自傷） ・認知的（再び起きることを考える，混乱，解離，離人化） ・関係的（つきまとい，反抗的，不信感，不平） ・自分への帰属（自己嫌悪，自責） Ｃ．否定的な帰属と予測 対人関係におけるトラウマ体験に関連する否定的な信念が，他者からの保護を期待することを妨げ，将来再び被害を受けることが避けられないと考えてしまうこと。 ・否定的な自己帰属 ・保護的な世話人への不信 ・他人からの保護への期待の喪失 ・社会的な機関の保護に対する信頼の喪失 ・社会的な正義や処罰を頼る気持ちの欠如 ・将来被害を受けることを避けられないと感じること Ｄ．機能不全 学校，友人関係，家族関係，法的問題を含むすべての生活の領域における困難。

2−4 トラウマ 71

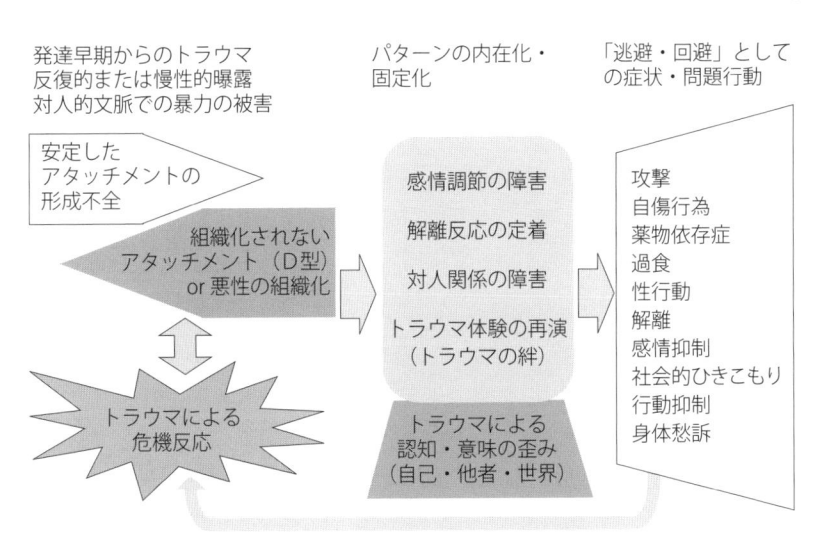

図1 DESNOS では安定化システムの不全が定着し，広範な症状・問題行動として定着する

　乳幼児の PTSD の診断では，再体験などの内的な体験の表現が乳幼児には難しいことや，発達的側面への影響があり，一般の PTSD の基準をそのまま適用すると十分な評価ができないとされている。内的な体験の言語表現に頼ることなく，客観的な表情，行動を観察することや発達状況に合わせた理解をすることが必要である。日常生活をみている養育者や施設スタッフあるいは保育園・幼稚園・学校の先生などからの情報を得るとともに，虐待の場合では虐待を行う人と接する場面とそうでない場面の差異に注目すること，年齢の高い子どもの場合は自記式質問紙の利用など多面的な評価を通じて，トラウマ症状を評価する必要がある。こうした観点をもとに，米国精神医学会の『精神疾患の診断・統計マニュアル第5版（DSM-5）』では，6歳以下の児童における PTSD について新たな基準を設けている（表3）。また PTSD 診断基準の症状以外の広範囲の症状を含めた複雑性トラウマについては，DESNOS の半構造化面接である SIDES 日本語版で評価できる。TSCC や ACBL-R などの心理尺度も用いることができる（詳細は表2）。

Ｖ　援助・介入

　表4に子どものトラウマの心理療法を示した。子どもの治療として最も明確

表2 子どものトラウマ評価のツール

分類	名前	評価内容	項目数	対象	リソース	標準化された日本版
面接法	CAPS-C (Clinician-Administered PTSD Scale for Children)	PTSDの診断基準の3つのカテゴリーの症状と遷延の1項目に加え、社会的・学業上の機能不全・重症度、子どもの報告の妥当性。	32項目	8-18歳	Nader KO, et al.: Clinician Administered PTSD Scale, Child and Adolescent Version (CAPS-C). National Center for PTSD, 1994.	なし
	DICA-R (Diagnostic Interview for Children and Adolescents-Revised)のPTSDスケール	児童青年期の精神医学的診断をつけるための構造化面接における、PTSDに関する9項目のパート(6-12歳用は13-17歳用に分かれる)。被害体験、臨床症状、および症状の持続・重症度、親の関心、対人関係・学校での変化を評価する項目を含む。	トラウマ体験4項目、臨床症状17項目	6-17歳	Reich, Shayka & Taibleson (1991) Diagnostic Inetrview for Children and Adolescents (DICA), Washington Univ.	なし
	SIDES (Structured Interview of DESNOS)	複雑性PTSD (DESNOS) に関する半構造化面接である。感情と衝動の調節の変化、注意や意識の変化、自己認識の変化、他者との関係の変化、身体化、意味体系の変化の6領域を評価。	45項目		基本的に反復的なトラウマ経験をもつ成人の極度ストレス (SIDES) 鈴木志帆、他 (2007) SIDES (Structured Interview for Disorders of Extreme Stress) 日本語版の標準化. 精神経誌, 109(1); 9-29.	あり
	CRTES-R (Child's Reaction to Traumatic Events Scale)	PTSDのDSM-IV診断基準の3つのカテゴリーの症状、IESをもとにしている(旧版のCRTESは過覚醒症状はなかった)。	23項目	8-15歳	Jones RT, Fletcher K & Ribbe DR (2002) Child's Reaction to Traumatic Events Scale-Revised (CRTES-R): A self report traumatic stress measure. (Available from the author, Dept. of Psychology, Stress and Coping Lab, 4102 Derring Hall, Virginia Tech University, Blacksburg, VA 24060).	なし
自記式質問紙	CPSS (Child PTSD Symptom Scale)	PTSDのDSM-IV診断基準における出来事と3カテゴリーの症状おおよび機能不全を評価。	17項目	8-16歳の児童	Foa EB, et al. (2001) The Child PTSD Syptom Scale: A preliminary examination of its psychometric properties. Journal of Clinical Child Psychology, 30; 376-384.	なし
	UCLA PTSD Reaction Index	PTSDのDSM-IV診断基準の3つのカテゴリーの評価を行うもので、CPSD-RI Child Posttraumatic StressDisorder Reaction Index (Pynoos et al., 1987) をもとにしている。	20項目	5歳以上	9Rodriguez N, Steinberg A & Pynoos RS (1999) UCLA PTSD index for DSM-IV instrument information: Child version, parent version, adolescent version. California: UCLA Trauma Psychiatry Service.	なし

			項目数	対象年齢	文献	邦訳版
自記式質問紙	CITES-R (Children's Impact of Traumatic Events Scale)	虐待（特に性的虐待）を受けた子どもの症状を網羅的に評価する。4つの領域（PTSD、社会的反応、虐待の原因帰属、性的感覚）を評価。	78項目	8-16歳の児童	Wolfe VV & Wolfe DA (1996) Children's Impact of Traumatic Events Scale-Revised. Available from Wolfe, Dept. of Psychology, London Health Sciences Center, London, Ontario.	なし
	TSCC (Trauma Symptom Checklist for Children)	児童におけるトラウマ性の体験後に生じる精神的反応という理論的枠組みに基づく評価。不安、抑うつ、怒り、外傷性ストレス、解離、性的関心の6つの臨床尺度と2つの妥当性尺度を含む。	54項目	8-16歳の児童	Briere J (1996) Trauma Symptom Checklist for Children (TSCC): Professional Manual. Psychological Assessment Resources. 西澤哲（2009）日本版TSCC（子ども用トラウマ症状チェックリスト）の手引きと臨床．金剛出版	あり
他者的評価	ACBL-R (Abused Child's Behavior Checklist-Revised)	虐待を受けた児童にみられる行動特徴を子どもの養育者により評価。暴力的な人間関係への対応、感情の抑制・抑制、学校不適応、怒り、外傷性の再演、性的逸脱行動、希死念慮、食物固執、反社会的逸脱行動、感情調節障害の10のサブスケールがある。	51項目	学童・思春期	西澤哲（2004）子どものトラウマのアセスメント．臨床精神医学（増刊号），70-78． 山本知弘、他（2008）虐待を受けた子どもの行動チェックリストACBL-Rの標準化の試み．子どもの虐待とネグレクト，10(1); 124-136.	あり
	AYCTC (Abused Young Children Trauma Symptoms Checklist)	Scheeringaらの幼児PTSDの基準やDC:0-3R (Zero to Three学会の診断基準)をもとにした虐待によるトラウマ症状をケアワーカーがつける／避ける3つの対象への恐れ、回避のサブスケールの評価。	14項目	3-6歳	Morita,N.et al.(2012) Development of child-care workers' report checklist of post-traumatic symptoms related to child abuse in preschool children. Acta Criminologiae et Medicinae Legalis Japonica, 78; 104-106.	あり
	TSCYC (Trauma Symptom Checklist for Young Children)	トラウマにより生じる広範囲の症状を養育者が評価するもの。心的外傷侵入、心的外傷一回避、心的外傷一過覚醒、性的関心、不安、抑うつ、解離、怒り/攻撃という7つの臨床尺度、2つの妥当性尺度から成る。	90項目	3-12歳	Briere J, Johnson K, Bissada A et al.(2001) The Trauma Symptom Checklist for Young Children (TSCYC): Reliability and association with abuse exposure in a multi-site study. Child. Abuse Negl, 25; 1001-1014.	なし
	CDC (Child Dissociative Checklist)	解離性障害の症状について、その子どもを1年間みてきた大人により多角的に評価する。	20項目	5-12歳	Putnam FW, Helmers K, Trickett PK (1993) Development, reliability and validity of a child dissociation scale. Child Abuse and Neglect, 17; 731-741. 田中究、他（2001）子どものトラウマ　犯罪・いじめ・虐待などを中心に：補助診断尺度研究分担者　ストレス関連障害の病態と治療ガイドライン策定に関する研究班（主任研究者：金吉晴）：心的トラウマの理解とケア．じほう	あり

表3　6歳以下の子どもの心的外傷後ストレス障害

Ａ．6歳以下の子どもにおける，実際にまたは危うく死ぬ，重症を負う，性的暴力を受ける出来事への，以下のいずれか1つ（またはそれ以上）の形による曝露：
(1) 心的外傷的出来事を直接体験する。
(2) 他人，特に主な養育者に起こった出来事を直に目撃する。
　　注：電子媒体，テレビ，映像，または写真のみで見た出来事は目撃に含めない。
(3) 親または養育者に起こった心的外傷的出来事を耳にする。
Ｂ．心的外傷的出来事の後に始まる，その心的外傷的出来事に関連した，以下のいずれか1つ（またはそれ以上）の侵入症状の存在：
(1) 心的外傷的出来事の反復的，不随意的，および侵入的で苦痛な記憶
　　注：自動的で侵入的な記憶は必ずしも苦痛として現れるわけではなく，再演する遊びとして表現されることがある。
(2) 夢の内容と情動またはそのいずれかが心的外傷的出来事に関連している，反復的で苦痛な夢
　　注：恐ろしい内容が心的外傷的出来事に関連していることを確認できないことがある。
(3) 心的外傷的出来事が再び起こっているように感じる，またはそのように行動する解離症状（例：フラッシュバック）（このような反応は1つの連続体として生じ，非常に極端な場合は現実の状況への認識を完全に喪失するという形で現れる）。このような心的外傷に特異的な再演が遊びの中で起こることがある。
(4) 心的外傷的出来事の側面を象徴するまたはそれに類似する，内的または外的なきっかけに曝露された際の強烈なまたは遷延する心理的苦痛
(5) 心的外傷的出来事を想起させるものへの顕著な生理学的反応
Ｃ．心的外傷的出来事に関連する刺激の持続的回避，または心的外傷的出来事に関連した認知と気分の陰性の変化で示される，以下の症状のいずれか1つ（またはそれ以上）が存在する必要があり，それは心的外傷的出来事の後に発現または悪化している。
刺激の持続的回避
(1) 心的外傷的出来事の記憶を喚起する行為，場所，身体的に思い出させるものの回避，または回避しようとする努力
(2) 心的外傷的出来事の記憶を喚起する人や会話，対人関係の回避，または回避しようとする努力
認知の陰性変化
(3) 陰性の情動状態（例：恐怖，罪悪感，悲しみ，恥，混乱）の大幅な増加
(4) 遊びの抑制を含め，重要な活動への関心または参加の著しい減退
(5) 社会的な引きこもり行動
(6) 陽性の情動を表出することの持続的減少
Ｄ．心的外傷的出来事と関連した覚醒度と反応性の著しい変化。心的外傷的出来事の後に発現または悪化しており，以下のうち2つ（またはそれ以上）によって示される。
(1) 人や物に対する（極端なかんしゃくを含む）言語的または身体的な攻撃性で通常示される，（ほとんど挑発なしでの）いらだたしさと激しい怒り
(2) 過度の警戒心
(3) 過剰な驚愕反応
(4) 集中困難
(5) 睡眠障害（例：入眠や睡眠維持の困難，または浅い眠り）
Ｅ．障害の持続が1カ月以上
Ｆ．その障害は，臨床的に意味のある苦痛，または両親や同胞，仲間，他の養育者との関係や学校活動における機能の障害を引き起こしている。

G．その障害は，物質（例：医薬品またはアルコール）または他の医学的疾患の生理学的作用によるものではない。
・いずれかを特定せよ
解離症状を伴う：症状が心的外傷後ストレス障害の基準を満たし，次のいずれかの症状を持続的または反復的に体験する。
1. 離人感：自分の精神機能や身体から遊離し，あたかも外部の傍観者であるかのように感じる持続的または反復的な体験（例：夢の中にいるような感じ，自己または身体の非現実感や，時間が進むのが遅い感覚）
2. 現実感消失：周囲の非現実感の持続的または反復的な体験（例：まわりの世界が非現実的で，夢のようで，ぼんやりし，またはゆがんでいるように体験される）
注：この下位分類を用いるには，解離症状が物質（例：意識喪失）または他の医学的疾患（例：複雑部分発作）の生理学的作用によるものであってはならない。
・該当すれば特定せよ
遅延顕症型：その出来事から少なくとも6カ月間（いくつかの症状の発症や発現が即時であったとしても）診断基準を完全には満たしていない場合

日本精神神経学会（日本語版用語監修），髙橋 三郎・大野 裕（監訳）DSM-5 精神疾患の診断・統計マニュアル，医学書院，pp.269-272, 2014 よりの引用

なエビデンスがあるのは TF-CBT（Trauma-focused CBT トラウマフォーカスト認知行動療法）である。また，遊びを用いるポストトラウマティック・プレイセラピー（Posttraumatic Play Therapy），左右のタッピングで行うことができる EMDR（Eye Movement Desensitization and Reprocessing 眼球運動による脱感作・再処理法）は，言葉での表現が難しい子どもに役立つ。年齢が比較的高く言語によるやりとりができる場合には，成人で用いられてきた PE（Prolonged Exposure 持続エクスポージャー療法），CPT（Cognitive Processing Therapy 認知処理療法），NET（Narrative Exposure Therapy ナラティヴ・エクスポージャー療法）なども適用ができる可能性がある。

　TF-CBT では治療的要素を以下の9つにまとめ，覚えやすいよう頭文字をとって PRACTICE として提示している。

　P：Psychoeducation, Parenting skills（心理教育とペアレンティング・スキル）

　R：Relaxation（リラクセーション）

　A：Affective modulation（感情調整）

　C：Cognitive coping and processing（認知対処と処理）

　T：Trauma narrative（トラウマ・ナラティブ）

　I：In vivo mastery of trauma reminders（トラウマ想起刺激の実生活内での克服）

76　2　子どもを理解し支援するための基礎的視点

表4　トラウマに関する心理療法

名　前	概　要	資　料
TF-CBT（Trauma-focused cognitive-behavioral therapy トラウマ焦点化認知行動療法）	ストレスマネージメントに関する心理教育，トラウマに関する語りによる曝露，認知的再加工という段階を踏んで，セルフケアスキルの向上や認知の変容に焦点を当て続けることで，トラウマ体験に触れながらも情動体験に翻弄されてしまわず，その処理を行うことを援助している。	Cohen JA, Mannarino AP (1997) A treatment study for sexually abused preschool children: Outcome during a one-year follow-up. J Am Acad Child Adolesc Psychiatry 36; 1228-1235.
Posttraumatic Play Therapy ポストトラウマティックプレイセラピー	遊びの中でトラウマ体験に反復的に再演されるポストトラウマティックプレイを生じさせ，それに介入・修正を加えるプレイセラピー	エリアナ・ギル／西澤哲訳（1997）虐待を受けた子どものプレイセラピー．誠信書房.
EMDR（Eye Movement Desensitization and Reprocessing 眼球運動による脱感作・再処理法）	眼球運動を行わせながら，トラウマ体験を想起させ，その際の脱感作と記憶の処理過程の再活性化を行う。子どもの場合には眼球運動の代わりに，左右交互のタッピングを行う方法での脱感作が有用である。	ジョアン・ラベット／市井雅哉，他訳（2010）スモール・ワンダー── EMDR による子どものトラウマ治療．二瓶社.
PE（Prolonged Exposure 持続エクスポージャー療法）	トラウマ体験について繰り返し語るイメージ曝露と回避されがちな外的な条件刺激に対して接近する曝露を行うことで，変容を図る認知行動療法。	エドナ・B. フォア他／金 吉晴，他訳（2009）PTSD の持続エクスポージャー療法──トラウマ体験の情動処理のために．星和書店.
CPT（Cognitive Processing Therapy 認知処理療法）	トラウマ体験を紙に書かせて，これを繰り返し読む形での曝露を行いながら，その体験に関係して生じている認知の歪みを修正する認知療法操作を併用する手法。	伊藤正哉，他（2012）こころを癒すノート．創元社.
NET（Narrative Exposure Therapy ナラティヴ・エクスポージャー療法）	人生上に生じたトラウマ体験を含む自伝的記憶の語りを行わせ，その修正や統合を行う手法。	トマス・エルバート，他／森茂起，他訳（2010）ナラティヴ・エクスポージャー・セラピー──人生史を語るトラウマ治療．金剛出版.

　C：Conjoint child-parent sessions（親子合同セッション）

　E：Enhancing future safety and development（将来の安全と発達の強化）

　これらの要素は，治療において必須のものといえる。特に重要な4点の治療的働きかけを取り出し，以下に詳しく説明した。

1．安定したアタッチメント対象の提供

　治療でまず重要なのは安心感や安全感をもてる環境を提供することである。清潔な居場所，自分の空間や時間の確保，食事や睡眠など，物理的・経済的環境を含む生活全体の環境の安定化とともに，感情的に利用可能なアタッチメント対象の提供が必要である。親子同居のままで，実親の養育機能を高めることができる場合もある。明確な虐待が継続している場合には里親や施設職員がその役割を果たす必要がある。施設職員との安定したアタッチメント関係の構築がトラウマ症状の改善につながる。

2．感情・対人関係の調整スキルを向上させること

　自分の感情をわかって，それとうまく付き合えるようになることが援助の目的である。

　表情シートを用いて今や最近の自分の感情の状態・変化を語らせることで，自分の感情をわかることを促す。つらい感情を生じたときの対処法として，暴力や自傷のような方法に頼るのではなく，他人に相談すること，呼吸法などのリラクセーション，運動・趣味や，気晴らしなど，セルフケアの方法を教える。つらい感情の裏にはトラウマによる認知の歪みがある場合が多いので，その修正を手伝う。感情をわかった上で，セルフケアの方法を身につけるとともに，歪みの少ない考え方や理解を形成していくことが，調整スキルの向上である。

　トラウマ体験から生じる歪んだ考えとして，自分に責任がないにもかかわらず「自分が悪い子だから，こうなった」と自身を責める考え方や，「誰もわかってくれない」と他者を信頼しない考え方がしばしば生じる。こうした考えのかわりに，「暴力をふるう人に責任があり，受ける側には責任がない」「自分を大事にすることができる」「信頼できない人もいるが，信頼できる人もいて，助けを求めてもいい」というバランスのよい考えをもてるように導いていく。トラウマを経験することで，安全，信頼，コントロール，尊重，親密性などのテーマについてバランスの悪い考え方をもつようになりやすい。例えば，安全のテーマでは，安全が脅かされることに極度に慎重になり，常に危ないと感じてしまうとか，逆に安全を守ろうとしても無理だとして自暴自棄になる場合もある。安全と危険を判断するその人なりの物差しをもう一度引き直すことを手伝っていく必要がある。こうした，トラウマに起因するバランスの悪い認知の修正を助けていく。

78　2　子どもを理解し支援するための基礎的視点

同時並行して，考え方に焦点を当てるだけでなく，具体的な対人関係のスキルを，ロールプレイなどで練習することも有効である。例えば，暴力を用いずにアサーティブに自分の考えを伝える，相手の話を聞く，助けを求める，自分がしたくないことを断るなどのスキルである。行動レベルでできるようになることが認知の修正にもつながっていく。

3．過去のトラウマ的出来事の表出と意味づけ

トラウマ体験による記憶や恐怖反応を緩和するには，何らかの形で記憶に触れることが必要である。しかし，その方法がわからないために，記憶に触れないことを基本方針にしている施設もある。記憶に触れることが，かえって混乱を招くのではないかという恐れがあるからである。

トラウマ的な記憶は，通常の記憶と違って，時間がたっても古びることなく残っていて，恐怖を中心とする強い情動を伴って急に心に浮かんでくる。PTSDは，つらい感情を伴うトラウマ記憶を回避しようとして，記憶のさまざまの要素が恐怖によって結びつけられて強固な構造を形成した状態と考えられている。そのために，記憶のどこかに触れる体験，例えば似た人や場面を見るとか，匂いや身体感覚などの似た感覚を体験するなどを引き金に，前記憶がよみがえって再体験が生じる。子どもは，いわば過去の記憶に縛られているのである。

その膠着状態から抜け出すには，安全な環境の中でトラウマの記憶にくり返し触れることが必要である。もちろん無理に想起させるのではなく，子どもなりのペースで，安心感を高めながら，大変だったときの記憶に触れ，次第に感情に整理をつけていく。援助者は，無理に急がせすぎないことが大事だが，逆に，子どもが遊びや語りで表現しようとしたときに慎重になって表出を止めてしまうのは好ましくない。止めると子どもは，そうした記憶を出してはいけないと思ってしまい，以後触れることがいっそう困難になる。「記憶に触れることはよいこと」という姿勢を一貫してもっておくことが必要である。

ただし，それでも「どのように，どこまで触れればよいのか」という疑問をもつ専門家は多い。この疑問を考えるには，持続エクスポージャー療法（PE）の原理である曝露と馴化を理解することが役立つ。PE では，記憶を徹底的に想起して，そのときの恐怖や悲しみなどの情動，感情を回避せずに十分感じていき，時間経過によってそれらが十分収まってから治療面接を終了する。苦痛な情動や

2－4　トラウマ　79

感情も，回避せずに徹底的に直面すると，ある時間（通常1時間半以内）に収まっていく。回避して収めるのではなく，自然にピークを越えて収まることを経験すると，以後，恐怖感情なく想起できるようになる。この技法を実際に用いるのは，専門の治療者のみだが，児童養護施設等の現場でも，「情動が収まるまで逃げずにじっくりとつきあう」という原理は有効である。また，子どもの語りを受け身的に傾聴するのみではなく，場所や時期，出来事の詳細などを確かめる質問をしながら，体験をしっかり共有することが重要である。それは子どもからすれば，自分に深い関心をもって，理解してもらえる体験であり，アタッチメント関係の形成にもつながる。「話してくれてありがとう」「きちっと整理していくことは大事なことだよ」「大変な中でやってきたんだね」などの言葉で，子どもの気持ちに寄り添いながら進めていく。

　子どもの場合には，言葉による表現のみでなく，絵画や遊びで表現されることも多い。体験について話すときに，「そのときの場所を絵（図）で書いてみて」と，視覚的な表現を用いることで，記憶が鮮明になったり，聞き手との体験の共有がより密になったりする。あるいは，出来事を表わす遊び（ポストトラウマティック・プレイ）で表現することもある。

　このような過去の記憶の整理は，体験を忘れることではない。整理することによって，必要に応じて想起することができる普通の記憶になるのである。

　体験の整理が進む過程で，「大変な出来事があれば，のちのちまで影響が残って，思い出したくないのに思い出してしまったり，気分が沈んだりと，つらい状態になって不思議ではない」と教えることが重要である。「多くの人にそのようなことが起こる」こと，しかし「時間がたてば改善してくる場合が多い」「話すと楽になることが多い」ことを教えて行く。自分のつらさは「自分がおかしい」のでもなく（正常化），「自分が悪い」のでもない（正当化）ことを，伝えていくのである。具体的な表現や内容は，年齢や理解力に合わせた内容で行う。自分自身の状態をきちっと知ることで，過去の整理にさらに主体的に取り組むことができる。

4．社会へのつなぎ

　学校など外の社会で子どもが他者とつながっていけるような働きかけが必要である。先に述べた感情調節や対人関係のスキルを，実際の社会生活に応用して

いくための援助である。例えば学校での孤立などの社会生活の問題をあらかじめ予想して，対応を一緒に考えていくこと，例えば身体接触が暴力の記憶を呼び覚ますなど，何らかの引き金があってトラウマ症状が出ている場合には，「…は苦手で，それがあると爆発してしまう」といった理解を子どもと共有して，そうしたときの対応，あるいはそうした状況にならないようにする方法などを考えておくと役立つ。

> ポイント：子どものトラウマの治療には，①安定したアタッチメント対象の提供，②感情・対人関係のスキルの向上，③過去のトラウマの語り直し，④社会へのつなぎ，の4つの段階がある。

VI　おわりに

　以上，トラウマやその影響と回復の概略を示した。トラウマによるダメージとは，感情や注意・意識や対人関係や自己概念などさまざまな機能の調節の障害である。これを回復するには，まずは安定的な環境を提供し，その中で調節スキルを向上させ，トラウマ体験を含む自己の物語を語り直し，それをもとに社会でのつながりを再度むすびなおすというプロセスを進めることになる。支援者は特別な心理プログラムを行うのではなくても，このプロセスを，施設や学校での対応の中に組み込んでいくことが重要になる。

参考文献・推薦図書

《トラウマや PTSD 全般について》

ベセル・A. ヴァン・デア・コルク，ラース・ウェイゼス編／西澤　哲訳（2001）トラウマティック・ストレス—PTSD およびトラウマ反応の臨床と研究のすべて. 誠信書房.

フランク・W. パトナム／中井久夫訳（2001）解離—若年期における病理と治療. みすず書房.

ジュディス・ハーマン／中井久夫訳（1999）心的外傷と回復. みすず書房, pp.241-248.

レノア・テア／西澤　哲訳（2006）恐怖に凍てつく叫び—トラウマが子どもに与える影響. 金剛出版.

西澤　哲（1999）トラウマの臨床心理学. 金剛出版.

奥山真紀子，西澤　哲，森田展彰編著（2012）虐待を受けた子どものケア・治療. 診断と治療社.

友田明美, 杉山登志郎, 谷池雅子編著(2014)子どものPTSD—診断と治療. 診断と治療社.

《乳幼児のトラウマについて》

青木　豊編（2015）乳幼児虐待のアセスメントと支援. 岩崎学術出版社.

中島聡美, 森田展彰, 数井みゆき（2007）関係性から考える乳幼児のPTSD発症のメカ
　ニズム. 日本児童青年期精神医学会雑誌, 48; 567-582.

《PTSDや複雑性PTSDの評価》

米国精神医学会／日本精神神経学会監修, 高橋三郎, 他訳（2014）DSM-5 精神疾患の診
　断・統計マニュアル. 医学書院.

鈴木志帆, 森田展彰, 白川美也子, 他（2007）SIDES（Structured Interview for
　Disorders of Extreme Stress）日本語版の標準化. 精神経誌, 109(1); 9-29.

0−3歳児学会／本城秀次, 他訳（2000）精神保健と発達障害の診断基準—0歳から3
　歳まで. ミネルヴァ書房.

《トラウマの心理療法》

エドナ・B・フォア, 他／飛鳥井望, 他訳（2013）PTSD治療ガイドライン（第2版）.
　金剛出版.

エリアナ・ギル／小川裕美子, 他訳（2013）虐待とトラウマを受けた子どもへの援助：
　統合的アプローチの実際. 創元社.

J・A・コーエン, 他／白川美也子, 他訳(2014)子どものトラウマと悲嘆の治療—トラウマ・
　フォーカスト認知行動療法マニュアル, 金剛出版.

伊藤正哉, 樫村正美, 堀越　勝（2012）こころを癒すノート. 創元社.

白川美也子（2002）複雑性PTSD（DESNOS）. 臨床精神医学増刊号, 220-230.

森　茂起（2013）自伝的記憶と心理療法（甲南大学人間科学研究所叢書 心の危機と臨床
　の知 15）. 平凡社.

（森田展彰）

2－5

発 達 障 害

Ⅰ　はじめに

「そもそも，広汎性発達障害とは何ですか？　定型発達とどう違うのですか？　先生は，『広汎性発達障害が私の人間関係の成長に影響を与えてきた』と言うけど，私は奇妙な人生や不幸な人生を送りたいとは考えていないんです。」

高校を卒業し，広汎性発達障害と告知されたある青年が，必死に発した言葉である。

子どもに発達障害の特徴が見えるとき，発達障害そのものを理解することが大切であるが，それに加え，「発達障害のある子ども」を理解する必要がある。

発達障害だから不幸なのではなく，その特性を自分も周りも理解しようとせず，「発達障害のある子ども」の生きにくさが見えなくなってしまっていることが不幸なのである。一般に，特性が「個性」の範囲を超えた「生きにくさ」を抱えている場合に「障害」と呼ぶ。「個性」の範囲を広くとることができる社会環境が用意されていれば，「障害」にはならない。言いかえると，発達障害の特性があっても，子どもを，その特性を含めて包みこむ環境があれば，「奇妙」とも「不幸」とも本人に思わせることなく生活が可能である。さらに，たとえ「障害」が重いと認められたとしても，生活のすべてが障害されているわけではない。自分をコントロールして，社会と折りあっていく力を誰もがもっている。

ここでは，「発達障害のある子ども」のミカタ（見方・味方）と，「発達障害のある子ども」の成長を集団の中で促す支援のあり方について述べる。

「発達障害」の定義や範囲は揺れ動いており，大きなスペクトラムで捉えることになった DSM-5 以降も混乱した状況が続いている。ここでは，発達障害者支

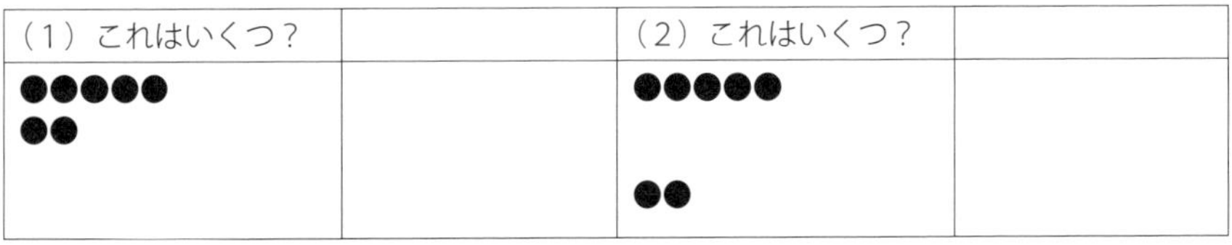

（1）これはいくつ？		（2）これはいくつ？	
●●●●● ●●		●●●●● ●●	

＊社会システム：記号に意味をつける。その意味がつながって，社会的な文脈になる。さまざまな文脈が社会システムを構成している。

図1　発達障害の人が，現代の社会システム＊で暮らすことの生きにくさを感じるための導入問題

援法（第2条）の定義にならって，「自閉症，アスペルガー症候群，その他の広汎性発達障害（現在では以上3つを自閉症スペクトラム［ASD］と呼ぶ），学習障害（LD），注意欠陥／多動性障害（現在では注意欠如多動性障害の名称が使用されている：ADHD），その他これに類する脳機能の障害であって，その症状が通常低年齢において発現するもの」としておく。診断の詳細は他の文献（DSM-5，ICD-10 など）にゆずり，見立てと具体的な対応を中心に記述する。

Ⅱ　発達障害のある子どものミカタ

　発達障害の子どもは，発達全体が障害されているわけではないし，個人内にも発達（成長）の早さのばらつきがある。生活全体が障害されているわけではなく，自己統制できるときのほうが多いことも理解しておく必要がある。

　しかし，それでも「生きにくさ」が生じる。発達障害の子どもの生きにくさは，大きく2つ考えられる。1つめは，子どもの学習スタイルの違いから生じるものである。図1の問題をやってみよう。

　多くの定型発達の人（多数派）は，（1）を「7」，（2）を「5と2」と回答する。ただの黒いドットの並び方に私たちは意味をつけて解釈する。同じかたまりの間が離れているか，離れていないかだけで意味が違ってくるのである。しかし，「独特の注意の向け方」，「感覚刺激の偏り」といった発達障害の特性が，（1）も「5と2でしょう？」，あるいは，「これはサイコロですよね？　4と3」といった珍回答になってしまう。本人はいたって真面目に答えている。日常のありふれた場面で，最初の意味のとり方の違いから，「話が通じない」，「空気が読めない」と批判され，「なぜわからないの？」と追求される。成長の中で，感覚的に「5と2」と認識しても，「みんなは7と考えるはず」と知的に処理していけるようになっ

ていく場合もあるが，このような記号の意味づけが流動的で即興的な文脈になっていくことに，ついていきにくい。

2つめの生きにくさは，このような学習スタイルの違いを子ども自身が自覚できることから生じる葛藤にある。表1は，発達障害の特徴と子どもの思いである（田中，2006）。「わかる」，「わからない」に着目しているが，発達障害といっても，一般に，知識の獲得や基本的欲求のもち方には遅れや違いがない。そこで，どうして自分が他の人と違った不安やわからなさを抱えるのか，どうして自分ばかり失敗するのかと悩むようになる。

支援者は，自分たちの視点で，発達障害の子どもが見せる「問題行動」に注目してしまいがちである。しかし，子どもの視点に立って「生きにくさ」と見方を変えると，子どもは支援者を味方と感じ，自分から「生きにくさ」を減らす方向に歩み出していく。つまり，「問題行動」が減っていくのである。

> ポイント：「発達障害」や「問題行動」に注目していた視野を少し広げ，発達障害のある子どもの視点に立って，「生きにくさ」を理解すること！

Ⅲ　発達障害への実際の支援

1．学習理論（行動理論）の応用

「『発達障害のラベル』があることで安心していた自分に気づかされた。しかし，それでは何の支援にもつながらず自分勝手で終わっていたことを反省する。」

ある児童養護施設で，発達障害についての研修をしたときに出てきたスタッフの感想である。

「発達障害だからしょうがない。」

これは，多くの子どもたちの成長を阻害し，学習する機会を奪ってきた考え方である。確かに，発達障害は，子どもが成長する中で，自然に学習していくべき社交的なやりとりや，社会的な規範に自分の行動を枠づけていくことを難しくさせる。しかし，問題は発達障害にあるのではない。発達障害の特性に応じた適切な対応がなかったために，定型発達の子どもが自然に学習していく事柄を学習する機会を逃してしまっていることに原因がある。

詳しくは，別章，「行動理論」を参照してほしい。近視の人に，「がんばれ！」

表1 子どもの思いを軸とした発達障害の特徴（田中，2006）

主な障害	特徴	子どもの思い	親の苦悩と特徴	働きかけの視点
広汎性発達障害（自閉症、アスペルガー症候群など） 略語：PDD、ASD（自閉症スペクトラム障害）	3歳までに以下の項目が著しく認められること、感覚（五感）の非常識に近い 1）対人交流の質的障害（関わられることを嫌がる、人との関わり方が一方的） 2）コミュニケーションの障害（話し言葉の遅れ、長い期間のオウム返し、表情が乏しい口調、視線の合いにくさ、セリフロ調、ジェスチャーの不足など） 3）想像力の障害とそれに基づく行動（予定の変更に弱い、くるくる回る、ぴょんぴょん跳ぶ、横みえ等を一列に並べたがる、文字や標識などの興味の偏り、見立て遊びが苦手、ごっこ遊びができない）	「わからない」という恐怖に近い強い不安、不安から行動化としてのパニックがある 硬い印象を与えるものの、視線の合わない孤立的な態度	早期の信頼関係樹立が困難 理解してもらえないという怒り きょうだいと比較したものの言いにくい、他者を寄せ付けない親、冷静すぎる親から批判されやすい	視覚入力を生かす構造化 強制しない一貫性のある対応で安全性の担保 わかりやすいスケジュールの提示
注意欠如多動性障害 略語：ADHD	7歳までに同年齢の子どもたちと比べて著しい 1）多動 2）注意散漫 3）衝動性 が生活全般で認められる	「わかっている」のに、自己制御不能で、うまくできないことのもどかしさ	常にイライラした関係性 周囲から非難を受けやすい自責と子への攻撃性	行動統制のための表の利用 自己評価を落とさないために「よい」評価できることを落とさないために自信のもとになる親のサポート 薬物の使用
軽度精神遅滞 （IQ50-70前後） 略語：MR	発達全般の遅れ	「わからない」ということがよくわからない	漠然とした希望と不安焦りと強制	自己評価を落とさないナイーブと自信の芽作り 適切な皿作り わかることの重視
広義の学習障害（読字障害、書字障害、算数障害、発達性協調運動障害、非言語性学習障害） 略語：LD	知的な能力そのものに大きな躓きがないにもかかわらず 1）読み・書き・計算（狭義の学習障害） 2）運動面の不器用・協調運動の拙さ（発達性協調運動障害） 3）状況、場の雰囲気、相手の気持ちが読めない（非言語性学習障害） を示す場合がある。ただし、非言語性学習障害を広汎性発達障害とする立場もある	「わかる」というできないことがわかりづらい（なにがわからないかわからない）	わかりづらい相手への関わり方にジレンマ（なにがわからないかわかり得ない）教育側との「一緒に」近づく努力	疑似体験で関与する側の理解力をアップ わかることへの接近 1）わかることがわかる 2）身体バランスの強化 3）感情の表現と理解を促す

出典：田中康雄（2006）『軽度発達障害の理解 地域支援のために必要な医師の役割』より改変して引用

86　2　子どもを理解し支援するための基礎的視点

表2　支援原則 SPELL について

SPELL の枠組みは，英国自閉症協会のすべての学校，または成人用施設において使用されている。
①構造化（Structure）は，思わぬことや予測できない出来事への恐怖を取り除き軽減する。
②肯定的（Positive）な姿勢と将来に適切な見通しをもてること（Positive Attitudes and appropriate expectation）で，子どものやる気と物事ができる環境が確保される。
③共感（Empathy）には，個人の興味や好み，動機，恐怖心，特異性を理解することが含まれ，自閉性障害の体験を共有することにつながる。
④低刺激（Low arousal）：静かで穏やかな環境で，物事に集中できるアプローチは，学習の効果を最大限にし，不安を軽減させる。
⑤家庭，学校，そして他のサービス提供者等のすべてのレベルで，効果的な連携（Links）を築くことは，きわめて重要になっている。

出典：徳永豊，木村宣孝（2007）自閉症の特性に応じた教育課程の在り方に関する考察より引用

と努力を促しても，「見える」ようにはならない。メガネやコンタクトといったツール，言い換えれば，「科学の杖」が必要となる。発達障害の支援においては，心理学，特に学習理論（行動理論）の応用が，発達障害のある子どもの成長に貢献してきている。

　子どもの行動に，「困った」と，ただ嘆いたり，不適切なしつけを強化するのではなく，本当に「困って」，生きにくくなっている子どもの行動を分析し，よりよく生活するためのヒントを「科学の杖」として提供していくことが重要である。

> ポイント：「発達障害だから」きめ細かい支援が必要。
> 　学習理論（行動理論）が発達障害のある子どもの成長を助ける。

2．支援の原則：SPELL

　英国の支援団体が支援の原則を5つに整理して，SPELL と呼んでいる（表2）。ここでは，支援者の戸惑いに SPELL を当てはめて，好転した事例を紹介する（事例については，保護者に本書掲載の同意を得，伝えたい内容を損なわない程度に，個人情報を変更してある）。

事例紹介

「自分の子にはなかなかできないんだけど，子どもを見張らないで，見守るこ

とが大切なんだって，気がついたんです。」

　現在24歳のカズキ（仮名）のお母さんは言う。カズキは自閉症で，知的にも重度である。読者のみなさんにはイメージしにくいと思われるが，SPELLを使って，支援者が構えを変えていける点を参考にしてもらいたい。

　カズキの今のこだわりは，自分がトイレに入るとき，出るとき，ドアを必ず数回開け閉めすることである。少なくても３回は，開けて閉める。途中で声かけしてしまうと，３回ですんでいた開け閉めがプラス３回になり５回，６回となってしまう。トイレに関しては，他にもこだわりがある。それは，外出先では，まず必ずトイレに行くことである。スーパーマーケットなどで，すべてのトイレをチェックしないと気がすまない自閉症の子が時々いるが，カズキの場合は，１箇所まず先にトイレに行きさえすれば，他のトイレは気にならない様子だった。飲み物に関するこだわりも見られた。冷蔵庫にペットボトルや麦茶のポットなどが入っていたら，大変である。２リットルだろうが４リットルだろうが，一気に飲んでしまう。

　言葉に関しては，具体的な指示は理解できる。表出は単語が多いが，促せば「○○行きます」と二語文で話すこともできる。社会性は，受け身なところがある。ただ，信頼関係のある人には，ニコニコして近づき，何か言いたげな表情を見せることが多かった。しかし，特別支援学校高等部でのカズキは，いつも背の高い男の先生に手をつながれていた。先生が手を離すと，走っていって，わざと人の目の前で，「アッアアー」などと声を出して，倒れ込む。全校集会などの場面で，何度もこんなことをくり返すので，先生も手が離せなかった。

　一方で，カズキは，地域の支援者らとファストフードの店内でハンバーガーやポテトを食べるという課題に取り組んでいた。ファストフードが大好きなカズキだったが，いつもドライブスルーばかりで，店内で食べることは経験がなかった。

　成人になったカズキは，この外食活動を楽しみに，作業所での作業や，自宅での生活を過ごしている。外食課題に取り組んできた支援者が，当時，不安に感じていたこと，その不安をどう子どもを信頼する態度に変化させていったかを中心に振り返ってみよう。

　表３に外出支援のポイントを示した。表中のアルファベットは，SPELLの頭文字を使用している。表左列の問題行動に，中列のような不安を感じた。例えば，駐車場で駐車しようとバックしている最中に車から飛び出して，ハンバーガー店

88　2　子どもを理解し支援するための基礎的視点

表3　カズキの外出支援　SPELL を用いて

場面・活動・支援初期の行動	支援者の不安	支援のポイント（折り合い）・支援していく中での変化
駐車場で ・駐車中にドアを開ける	「あぶない！　隣の車にドアがぶつかるのも困る」	E: ワクワクして，少しでも早く行きたいのかな？　見通しがもてなくて焦ってしまうのかな？
・店に向かって，脇目もふらず走り出す	「おいおい，いつ車にひかれてもおかしくないぞ」	P:「車が止まってから，ドアを開けます」と肯定的な指示。 S: 車にチャイルドロックをし，余計な指示を減らす。 S: 順番を明確に声かけする。ポイントは，メモ帳に視覚的に表す。
・車のドアは開けっ放し	「盗難されちゃう。でも，カズキも追いかけなきゃ危ないし，閉めてる暇ないよ」	Lo: 焦る気持ちを「だいじょうぶ」と言いながら，ドアを閉めるところから，ゆっくりやり直して，練習する。
店内　トイレ編 ・一目散にトイレに向かう ・お尻までぺろっと出しての排尿	「またこだわってる。困ったもんだ」 「高校生にもなって，お尻出しての排尿は恥ずかしい」	E: トイレチェックは彼のいつもの行動。そんなに困ったことじゃない。 Lo: 支援計画を，①個室での排尿，②支援者がモデルを見せること，③身体的な援助，声かけでの排尿とスモールステップで。
・女子トイレに入ろうとする	「何で女子トイレ？　痴漢だと思われるかも？」	E: 痴漢＝性的な問題ではなく，ドアを開け閉めするこだわりが出ていただけ。 P:「ドアが開いているのが気になったんだ。カズキは男子トイレのドアを閉めてくれて，よかった」と後攻で声かけする。
店内　ハンバーガー店編 ・注文カウンターの場所がわからずウロウロ	「店員さんや他のお客さんは，どう思っているかな？」	Li: くり返し通っているうちに，いつも開いているカウンターの場所がわかる。店員さんとも顔見知りになり，ウロウロしたり，注文の仕方が変だったりしていても笑顔で迎えてくれるようになった。
・順番が待てない	「じっと立ってるのは，無理だよな。一応並んでいるんだから，そんなに冷たい目で見ないでよ」	S:「順番を待つのも練習です」と練習中を周囲にアピール。「前ならい」をさりげなく？して，前の人との距離，左右に動いてよい範囲を視覚（感覚）的にわかるように支援。
・自分が食べ終わると，帰るモード	「えっ，もう帰るの？　自分も急いで食べなきゃ！」	E: 支援者が残って食べている時間も，楽しい時間になると信じる。

2－5　発達障害　89

に駆け込む場面では，「あぶない！」と支援者は不安になる。そんなときに，表右列にあるように，SPELLの枠組みで，「ワクワクして，少しでも早く行きたいのかな？」と「共感（E）」し，「メモ帳にお店での行動予定を順番に示す」といった「構造化（S）」を工夫していった。

　このような枠組みで支援を重ねた現在，支援者は，カズキとハンバーガー店での外食を「普通に」楽しむことができる。1度も手をつなぐことはない。発達障害や知的障害があったとしても，自分を信用してもらうという経験は，子どもの自信を増やし，問題行動を減らすことに関連しているとカズキの支援からもうかがい知ることができる。

3.　行動的技法の幅を広げる試み

　支援には，大人目線から「問題行動を減らす」だけでなく，当事者の視点に立って「生きにくさを減らす」ことが必要である[5]。そう考えると，基本的な行動理論・行動的技法の幅をさらに広げることができる。具体的には，親子間のアタッチメントの回復に注目した支援，「遊び」における親子間の相互作用に注目した支援などである。こうした日常的な支援が従来の行動的技法による支援や薬物療法を補うことで，長期的にもより有効な支援となることが期待できる。発達障害の支援では，問題行動の軽減に目が向きやすいが，アタッチメントや「遊び」に注目することで，長期的には，自分を嫌にならずに，より生き生きと暮らしていけるだろう（3－2参照）。前述のカズキへの支援のポイントは，SPELLを使い，さまざまな角度からの「共感」をもって，あきらめずに根気よく支援することだった。この「共感」は，アタッチメント行動をキャッチする「敏感性」とも言い換えることができる。特別な技術でなく，ほんの少し見方を変えていくことで，発達障害のある子の成長を支えていくことができる。

　「発達障害」を本人や周囲が意識したときが，生涯を通した息の長い支援のスタートになる。自我の芽生えを捉え，関わり方を柔軟に変えていくこと，生活の1コマ1コマを通して援助していくことが必要である（2－1内「自律性と自主性」を参照）。

ポイント：支援をSPELLで具体的に！　長期的に「生きにくさ」を減らしていくために，アタッチメントや遊びにも注目してみよう。

Ⅳ　おわりに

　以上，「発達障害のある子ども」の見立てと「発達障害のある子ども」の成長を集団の中で促す支援のあり方について述べた。

　巷には，「発達障害には，こう関わる」といった情報が多く出回っている。しかし，見立てのない支援のあてはめは，目の前の問題行動が軽減されているように見えても，当事者の「生きにくさ」が増す，といった本末転倒の結果を招く。子どもの視点に立ち，誰にとっても（障害のあるなしにかかわらず）安心でいることができる柔軟な環境づくりに留意し，成長を見守ることが重要である。

参考文献

井上祐紀（2012）AD/HD の長期的治療戦略と子どものストレングス―協力的な治療関係の構築を目指して．小児の精神と神経，52(1); 27-34.

菊池春樹（2010）発達障害．（安齊順子，小畠秀吾編）わかりやすい犯罪心理学，p.99-111，文化書房博文社．

宮本信也，他（発達障害者支援体制整備検討委員会）（2007）発達障害者地域支援マニュアル．茨城県保健福祉部障害福祉課．

田中康雄（2006）軽度発達障害の理解 地域支援のために必要な医師の役割．月刊保団連，902; 4-11.

徳永　豊，木村宣孝（2007）自閉症の特性に応じた教育課程の在り方に関する考察―我が国における知的障害養護学校の実践とイギリスにおける取組からの考察．国立特殊教育総合研究所研究紀要，34; 35-49.

（菊池春樹）

2−6

性 教 育

Ⅰ　はじめに

　性の問題は子どもの成長の中できわめて重要な要素である。子どもの養育の中で，性の問題を大人がしっかりとした方針に基づいて扱っていくことは，子どもの成長を大きく助ける。扱いにくい主題であるために避けて通ると，子どもは，不適切な情報源によって性と接し，修正が難しい歪んだ認知を習得してしまう。ここではまず，性教育がとくに今日必要な理由を考えてみよう。

Ⅱ　性教育の現代的課題

1．軽くなった"いのち"と他者の存在

　現代の子どもたちには，人間同士のぶつかり合いの中で，泣いたり，喜んだりする経験が乏しくなっている。例えば，けんかをして，痛みを体験しながら，相手の気持ちも考え，最後には仲直りするといったリアリティのある他者との関わりが乏しい。そうしたぶつかり合いを避けるか，あるいはぶつかり合ってしまうと修復不可能な別れになったり，のちにまで影響を残すいじめが発生したりする。

　そうした人間関係の希薄化の要因として，携帯やゲームなどの電子メディアの発達があげられる。仮想世界の遊びが中核になり，土や水や木といった生の対象を用いた遊びも減少している。実感が薄くなるのと並行して，極端な残虐性をゲームで体験することもある。ゲームであれば，相手と戦い，自分の思うようにならなければ，スイッチを切ればそれでリセットできる。人の命もリセットできるものと妄想する少年は，そうした傾向がもたらしたものだろう。「死ね」「うざい」「きもい」というメー

ルをいとも簡単に出して，不登校に追いやるケースも多く見られる。相手の体験を生き生きと感じることが難しくなっていることがその背景にある。

電子機器とともに，アタッチメントを含む親との関係が不確かなものになっていることも，こうした傾向の背後にある。現在子育て中の親も仮想世界での関わりを中心に育った世代である。ベビーカーの子どもが合図を送っているにもかかわらず，気づかないままメールに一生懸命な親を電車などで見受ける。親が携帯に没頭して自分の感情に目配りしてくれないことを日常的に体験する子どもは，他者の感情を感じ取ることが難しくなるかもしれない。

命や他者の存在が軽くなってしまった子どもに対して，自身の身体についての理解，性を介した他者との関わりの意味を教えることは，命の大切さを教え，命に対する実感を育てる機会である。それは，生きている存在としての自分と他者を理解した上で，他者とともに生きることを教えることでもある。

2．性の情報の氾濫と関係の希薄化

中学生が，メールを介して知り合った友達と約束をして会ってみると，実は40代の男性で，性行為を迫られて，結局お金をもらったという事件が，それも同一学校内で連鎖反応のようにつぎつぎと起こったこともある。友達もやっているのだから自分も，といった安易な気持ちもあるだろう。家庭の経済的困窮，ネグレクト，家庭内虐待などの不適切な環境で育ったことによる，寂しさや居場所のなさも理由の1つにあるだろう。しかし，重要な要素として，子どもの周りに性の情報が氾濫し，性的行動に対する壁が低くなっている現状がある。問題行動の行きつく先としてそれがあるというよりは，普通の生活のすぐ先に性的行動，あるいはそれにともなう被害が発生する可能性がある。養育や教育に携わる専門家は，こうした事態への対策に頭を抱えている。

加えて，社会全体の性的モラルの低下が子どもに影響を与えている。教員の性的逸脱に関する事件も後を絶たない。大人のモラルが乱れ，欲求の赴くままにさまざまな手段を用いて中学生や高校生を誘い込む環境がある。無責任な性的自由といった間違った自由観が横行する傾向がある。落ち着く場所がなく，空虚感を抱え，自分自身を大切にできない子どもが，こうしたモラルの低下の犠牲となる。子どもたちの性に対するモラルの低下の背景には，大人社会の全般的モラル低下が存在するのはもちろん，さらに具体的な性的被害経験が存在する場合が多い。

既存の価値観に基づく上からの禁止ではなく，子ども目線で性の知識を伝える
教育方法が必要である。メールやインターネットの情報を介する関わりの危険性
を理解することもその教育に含まれる。自分も人も大切にするという価値基準を
根底におき，性体験による自身の心身の傷つきについても，教えなければならな
い。そして，いかなる教育場面でも，対象の子どもの中にすでに性的な強い刺激
を受けたり，さらには被害にあっている子どもがいることを想定しておかねばな
らない。倫理観を一方的に伝えるのみでは，すでに逸脱している子どもは，自己
価値感をさらに傷つけられ，問題を大人に打ち明け共有する気持をくじかれてし
まう。性に関わる教育や養育は，子どもが大人に認められ，受け入れられる場で
あり，子どもが人とつながり，信頼関係を結び直すことが目標になる。

Ⅲ　児童養護施設等での性的虐待の連鎖

児童養護施設では，性的虐待を受けたことを措置理由に入所する子どもが増え
ている。学校においても，性的虐待を受けた子ども，受けている子どもが潜在的
に必ず存在する。性的虐待（性的行為を強要されたり，性行為の場面を目撃する
ことやアダルトビデオを見せられたりすること）を受けた子どもは，自分の受け
た虐待行為を再現することがある。子どもの共同生活の中でそれが虐待の連鎖を
生み，施設内でくり返されることもある。

虐待には支配的な人間関係が伴っているのが普通であり，アタッチメントを根
底とする心理社会的な発達にも問題を抱えやすい。その結果，適切な対人距離を
うまく築けずに誰彼となく親密な関係を求めたり，弱者を支配したりする危険が
ある。反対に，支配される関係にも入りやすく，虐待やいじめの被害にあう危険
も高い。そこに性的虐待の要素が加わると，性による支配的な関係，性的暴力が
発生する危険が高くなる。

児童養護施設に特有の環境を考えると，集団生活が基本で，プライベートな空間
がなく，子ども間の境界のない状況が一般的である。近年，施設ケアも改善され，
年長者には個室が確保されている場合も増えているが，それでもプライバシーを確
保することは一般家庭に比べてはるかに困難である。職員数が少ないために支配関
係で押さえつける処遇が継続されていることもある。子どもは，虐待の中で慣れ親
しんだ支配関係が施設でも継続されることになり，悪いことと思わずに他者の支配

や，特に年下の子どもに対する性的暴力をくり返しやすい環境に置かれている。

性教育は，単に性の知識を伝えることではない。性を通して，支配的な人間関係を修正し，相互尊重の人間関係を教えることが必要である。性の尊重は，安全感・安心感を醸成し，相互の人権を尊重する姿勢を身につけるための重要なテーマである。

Ⅳ　自立と性

性の問題は，生につながるものである。子どもが自立して生活するためには，人との適切な関係の作り方を理解すること，性に関連する側面から身体を理解すること，性に関する適切な知識といった具体的な生活上のスキルを習得する必要がある。これらを通して，自身を受け入れることで自分はこれでいいのだという自己を認める自己肯定感が培われる。その上で，性の問題は，当然ながら他者との関わりの問題であることから，その解決には他者を尊重するという課題の達成が必要となる。つまり，それは，「子どもの権利」の項に述べられている「互立」への道でもある。

性に問題を抱える子どもは，自己肯定感，自尊感情が低く，無力感，自責感が高い傾向がある。自分自身に自信がなく，「どうせオレ（私）はだめなんだ」というあきらめの気持ちが充満している状態である。あたかも強いかのように見せかけている場合でも，自信のなさの裏返しであるのが普通である。このような子どもは，自己肯定感や自尊感情を高めることが課題であり，その実現は，自律につながり，さらには社会の中で生きる力につながり，結果として自立と互立が実現されるのである。

> ポイント：自身の性の管理は生につながること。

Ⅴ　発達課題や知的な課題をもつ子どもへの性教育

発達障害や知的障害の子どもが過剰な性的関心を示すように見えるとき，必ずしも性的なものが問題の中核にあるのではなく，「知りたい」という好奇心や，「相手が喜んでいる」という思い込みが先行するために目立った行動になっていることがある。

発達障害の子どもは，人の気持ちを推測しにくいために，自分の興味関心のままに行動して，性的な行為に至る場合がある。性的な関心や行為のみに注目したり，モラルの問題として扱うのではなく，そうした現象として表れているその子どもの特性を理解し，子どもの間違った理解を修正したり，よりよい方法を教えたりする必要がある。

知的障害の子どもにも自身の身体のことや性について知る権利がある。理解する力に応じた性教育が必要である。また，対処能力の不足，理解の不足のために，性的関係に巻き込まれる危険性がある。自身を守る方法をわかりやすく教えていく必要がある。

> ポイント：どのような特性をもつ子どもにも，その子どもが理解できるやり方で，性について自分と相手を傷つけない方法を教える。

VI　おわりに

性教育は，自立に向けた人間関係の教育でもある。学校教育で扱う狭義の性教育とは異なる，健やかな育ちを支える包括的な性教育をとり入れることが，子どもの養育には必要である。そのための特別な時間をとらなくても，日常生活における関わりが自立に向けた性教育につながる。

参考文献

クリシャン・ハンセン，ティモシー・カーン／本多隆司，伊庭千恵監訳（2009）性問題行動のある知的障害者のある知的障害者のための16ステップ．明石書店．

太田敬志，木全和巳，中井良次，他（2005）子どもたちと育みあうセクシャリティ―児童養護施設での性と生の支援実践．クリエイツかもがわ．

杉山登志朗（2008）児童養護施設における性虐待対応マニュアル．（主任研究者奥山眞紀子）児童虐待等の子どもの被害，及び子どもの問題行動の予防・介入・ケアに関する研究 厚生労働科学研究費補助金 子ども家庭総合研究事業 平成17-19年度 総合研究報告書（総括・分担），pp.383-419.

（徳山美知代）

2-7

解　離

I　はじめに

　不適切な養育を受けた子どもと関わっていると，次のような子どもの反応に会うことがあるだろう。

・直前まで普通にしていたのに急に切れる。

・昨日指導した（あるいは何度も指導している）内容をすっかり忘れている。

・日によって雰囲気や言動が大きく変わる。

・急に体の調子を崩すことがよくある。

・誰か別の人が話しているような口調で話すことがある。

・授業中にぼんやりしていて別の世界に行っているように見える。

　こうした出来事に関係しているかもしれないのが「解離 dissociation」と呼ばれる現象である。「解離」という言葉は養育や教育の分野でまだなじみが薄いが，「解離」が関係している子どもの言動に出会うことは，普通思われている以上に多い。

　実は，本書のようなハンドブックに「解離」という項目が含まれることはまだ珍しい。「解離」は精神医学上の専門用語で，心理専門家にはすでによく知られているものの，教育や養育の場で出会う子どもの問題を「解離」という視点から見ることはまだまれだろう。

　しかし「解離」は，子どもを育てる現場であれば必ず出会っているはずの問題である。そして，精神医学的問題として治療専門家の手に委ねてすむ問題ではなく，養育の中で扱うべき課題である。解離は，生活環境に大きく依存する問題であり，周囲の人の理解があれば問題が大きくなりにくい。理解が軽減されると子どもへの関わりははるかに容易になり，成長を実感できるものとなる。その意味

で，本書が目指す，「不適切な養育を受けた子どもの社会による養育」という専門性にとって必須の項目である。

Ⅱ　解離の基礎

「解離」には，精神医学的な定義や理解が与えられている。「解離性障害」のさまざまの形については，精神医学の診断基準に定められている。質問紙に答えることができるおよそ8歳以上の子どもであれば，TSCCという簡便なアセスメント尺度を日本語で手に入れることができ，その中に解離症状の尺度が含まれている。ここではそうした症状の詳細は他書に譲って，解離という現象の基本的性格を理解することを主眼に置く。

子どもに見られる解離は，固定したものではなく，関わり方によって大きく変わることが多い。環境との相互作用で起こる現象と考えておく方がよい。アセスメントのための尺度は解離の程度を客観的に知るために有効だが，基本的性質を理解していなければ，分類するだけに終わったり，医療の対象と考えて日常の関わりに生かすことができなかったりする。「解離」という言葉の印象から特殊な重い症状と考えやすいが，実は極めて流動的で変わりやすい。想像以上に軽減しやすい状態と考えて対応するとよい。

「解離」の基本的性格は，（身体との関わりも含めた）心の働きの連続性が失われることである。はじめにあげたいくつかの例は，気分，記憶，感情，身体感覚などが連続していない状態と考えるとわかりやすい。

解離の原因の理解には，大きく言って2つの方向がある。第1は，幼少期の不連続な状態が残ると考えるもの，第2は強いストレスによって分断されると考えるものである。

第1の方向から考えてみよう。乳児や幼児は，気分，記憶，感情，身体感覚などが連続して変化しながら働いているとはいえない。例えば，大泣きするような悲しみと笑い転げるような嬉しさの間を往復しており，年長の子どもや大人がもつようなさまざまの中間的な感情はまだ育っていない。また，断片的な感覚記憶にとどまり，言葉で物語れるような連続的な出来事の記憶はまだもたない。成長とは，このようにさまざまの機能が不連続な状態から連続的な状態に統合されていく過程である。その際，言葉が大きな役割を演じる。このような統合の過程が十分働かなかっ

たために，例えば感情の不連続が残り，突然の感情爆発や極端な変化が起こると考えることができる。統合が十分起こらない理由については，統合が起こるための安定的な養育者の関わりが不足していたと考えるのが普通である。

　第2の方向は，連続的になっていた心の働きが，強烈なショックによって分断されると考えるものである。一定の年齢を越えてから解離が発生する場合によく当てはまる説明である。例えば，虐待による強い恐怖や嫌悪感から，虐待を受けている自分を別の自分が外から見ている意識状態となって，恐怖が遠のく場合がある。暴力をそのような形で体験することで，心のあらゆる部分が恐怖で満たされ，無力感に支配されるのを防ぐことができる。これを「体外離脱」体験と言えば，神秘的に聞こえるが，決して珍しい体験ではない。あるいは，感覚が麻痺して，苦痛を感じなくなることがある。地震の際に普通は持てない大きな家具を持ち出したという人の話もある。いわゆる火事場の馬鹿力といわれる現象である。これも，普通は使わない筋肉の使い方にスイッチが入った状態とすれば，ある種の解離といえる。

　この2つの方向の理解はどちらも正しいと思われる。どちらが正しいのかと考えるのではなく，解離という現象にはこの2つの仕組みが混じりあっていると考えておくといいだろう。両者には，解離の理解として共通する部分と相違する部分がある。

　まず，共通するのは，どちらの理解も，子どもが育つ環境内に解離を引き起こすような不適切な要素があったと考えているところである。前者であれば，統合を促進したり統合の過程を支えたりする環境がなかったということであり，後者であれば，心の機能を分断させるようなストレスやショックがあったということである。

　相違点は，心が解離を起こす目的に関してである。前者は，統合する働きが阻害されて解離状態が残ると理解するのに対し，後者は，苦痛から自分を守るために解離すると理解する。後者の場合，生き延びるために必要だったという合目的な側面がある。この2つの側面について，どちらもあると考えておくのが現実的であり，かつ実践的である。つまり，うまくつながらず混乱している面と，分離することで苦痛を軽減しているという面のどちらの要素もあると考えて対応を考えるのである。次にこの2つの面から対応方針を整理する。

> ポイント：解離には，つながらず混乱している面と，解離によって苦痛を軽減している面がある。

Ⅲ 対応方針

1．混乱している面

　幼少期に心と体のさまざまの働きを統合することが十分できなかったために混乱していると考えると，そうした働きをつないでいくこと，まとめていくことが目標となる。つないでいく場合，感覚なら感覚，感情なら感情という1つの要素について，低い状態と高い状態をつないでいくことと，感覚と感情，感情と考えといった違う要素の間をつないでいくことの2つの目標がある。

　前者の例として，感情の突然の爆発が起こる場合を考えてみよう。

　感情には，低い状態（ロー状態）と高い状態（ハイ状態）がある。その間は普通ある程度連続的に続いていて，低い状態からだんだん高くなったり，次第に低くなったりする。その移動はある程度意識的に調整することができて，興奮しすぎれば気持ちを鎮めようとしたり，気持ちが沈んでいるときに奮い立たせようとしたりする。ところがその間の連続的変化がなくて，スイッチが急に入って極度に高い状態，例えば怒り，悲しみ，恐怖などに襲われるのであれば，感情の解離があると理解できる。

　その場合，突然切り替えて低くなるのではなく，高くなった感情を次第に沈めていくことで，連続的に低い状態に移るのが目標となる。タイムアウト法という，子どもを別の部屋に移して一対一で対応する方法があるが，その目的は，周りからの刺激のない中で，次第に落ち着いて行くプロセスを体験することにある。落ち着いてきたら「落ち着けて偉いね」と評価してあげる。スイッチを切り替えさせるのではなく，次第に下がる間，付き合うという姿勢が有効である。それをくり返すうちに，急に興奮しにくくなる，興奮したとしてもピークが前より低くなる，ピークの時間が短くなる，下がるまでの時間が短くなる，などの変化が見えれば，つながってきたしるしである。

　次に，要素間をつなぐ対応も有効である。感情が爆発するときは，感覚，考え，身体感覚などは意識から消えてしまい，怒りなら怒り，悲しみなら悲しみだけが圧倒的に感じられる。そのとき，「深呼吸しよう」という対応は，身体の感覚に注意を向けることを助ける。冷たい飲み物を飲ませて，「おいしいでしょう」と味覚に注意を向けさせるのも同じである。目に見える物や，耳に聞こえる音，足

の裏の感覚などに注意を向けるのも，感情と感覚をつなげるためによい。

　考えてみると，こういう対応は健康な家庭環境ではよくある。何か嫌なことがあって泣いてしまった子どもに，好きなぬいぐるみを見せて，「ほらクマさんが笑っているね」といった対応である。飲み物を与える対応もよく行われているだろう。泣いていることにこだわらず，他の感覚につなぐことで，子どもは悲しい感情だけに埋没せずにすむ。そして，もう1つ重要なのは，このような関わりの場合，泣いている気持ちを受け入れた上で，他の感覚につないでいるところである。受け入れないまま，泣きやませることだけを目指した対応は，スイッチの切り替えをさせてしまうことになる。

　考える働きにつないでいくことも意味があるが，「考えさせる」対応は，「自分のしたことを考えてみなさい」といった叱責として行われやすいので気をつけなければならない。感情の爆発は，「理不尽なことが起こった」という被害感を伴っていることが多い。叱責はその被害感を強める結果となり，爆発を長びかせやすい。子どもの気持ちに沿うと問題行動を正当化することにつながらないかと心配されることがあるが，冷静になってはじめて自分の非や失敗に目を向けることができるものである。気持ちが静まってから「怒っちゃったのは，……ちゃんが……したからだね」といったふうに，静かに語りかけることで振り返って考えるように導くのがよい。今述べたように，興奮している最中に反省させようとする対応は，責められているという感覚を生み，抵抗感を強めてしまう。それは，自分ではどうしようもないことを責められたという，かつての環境の再現になる。そういう環境が常にあったために，心の状態を統合できなかったのだから，さらに統合を難しくする恐れがある。

ポイント：混乱に対しては，「つなげる」ための対応が重要。

2．生き延び策の側面

　あまりの恐怖や苦痛，あるいは持続する強いストレスなどの中で，圧倒されないための防衛として解離が使われる場合は，いくつかに分かれた部分それぞれに意味があると考えることが重要である。

　心の働きがいくつかの部分に分かれていて，ある部分が強い怒りや否定的な考えをもっていることがある。そのような場合，一見，その部分が全体の働きを阻

害しているように見えるので，その部分を抑え込む，あるいはなくすのが健康への道のように思えるかもしれない。しかし，その部分は過去のつらい体験を受け止めたためにそのような感情や考えをもっているのであって，健康であれば肯定的で創造的な働きをする力をもった部分である。例えば，恐怖に駆られている自分と冷静な自分に分かれた場合，恐怖に駆られている部分も自然な感覚をもっているという意味で重要な役割をもった部分である。その感覚を抑え込んで，冷静な部分だけを大切にすることは，自然な感覚を失わせることになる。

　あるいは，家庭において母親が情緒的に不安定なとき，子どものほうが冷静になって母親を助けようとすることがある。そうした役割をいつも取っていると，年齢不相応に大人となった部分と，未熟な部分の落差が大きくなる。そして，それぞれの部分がある程度独立して役割を果たすような状態となる。冷静な大人の部分，言わば「大人の」側面ばかりに援助者が注目して関わっていると，子どもは「幼い」部分を出しにくくなる。出すとすれば問題行動に伴って表れてしまう。そのため，幼い部分を抑えたり，なくしたりするのが子どもの成長に必要と周りから見られがちである。こうした場合，幼い部分が，その環境であれば当然感じるような怒りや悲しみなどを感じる力をもっていることになる。大人の部分ばかりを強めようとすると，ますます自然な感情から切り離されてしまう。問題はそれぞれの部分が極端になっていることであって，どちらの力も子どもの生活や成長にとって重要であると考える必要がある。

　こうした役割分担は，さらに多くの部分が分けもつこともあり，また独立性が強くなって一定の年齢を越えると，解離性同一性障害という，かつて多重人格と呼ばれていた状態に近づく場合もある。しかし，子どもの場合は，部分の独立性は弱く，流動的と考えておく方がよい。また，解離性同一性障害にあたる成人でも，解離の状態はかなりの程度流動的である。

　さて，すべての部分が大切という理解に立って援助をする際に鍵となるのが，子どもの低い自己評価，低い自尊心の扱いである。解離がある場合，低い自己評価，低い自尊心を伴っている。そもそも自分のある部分を「不適切」と感じて切り離すことから解離が起こっているためである。先の例では，怒りや悲しみを感じる自分がいけないと感じて，その部分を切り離して冷静な自分を確保したことが解離の起源にあった。そのため，強い怒りや悲しみがありながら，他の部分ではそうした自分をいけない子だと評価していることになる。

怒りの爆発に対して「いけないこと」という指導が行われると，自分自身感じている否定的評価をいっそう強めてしまう結果となる。解離はいったん起こると，後のこうした関わりによって悪循環を起こし，さらに強められていきやすい。したがって，自尊心を傷つけることなく，自己評価を高めるような関わりが課題となる。その際にまず行うのは，子どもが落ち着いているときに，今述べたような子どもの状態の理解を伝えておくことである。その内容はおよそ次のようなものになるだろう。

あなたには，急に怒ってしまったり，いらいらしてしまったり，悲しくなってしまったりすることがあるね（ここでは子どもの状態に応じて，子どもと共有できる内容を伝える）。自分でも，怒ってしまってはいけないとか，怒ってしまう自分が悪いと思ってるようね。そうなるのは前に大変なことがあったときに感じた気持ちを我慢してしまったからでしょう。家でお父さんに腹が立つことがあったけど，そのとき怒ったらお父さんがもっと怒ると思って我慢したんだね（ここでは子どもの事情に合わせて過去の出来事について触れる）。だから今その気持ちが出てしまうのでしょう。そのときお父さんに腹が立ったのは全然悪くないよ。お父さんが言うことが納得できないと子どもだって腹が立つのは当たり前で，悪い子じゃないよ。言い返したいっていう気持ちは，あなたの強いところだから大切にしよう。

こうした基本的理解と同時に，「今，ほかの子に怒ってしまうと仲よくできないから困っているのね。どんなふうに気持ちを伝えたらいいかこれからいっしょに工夫していこうね」と，解決への方向も伝えておく。

> ポイント：自尊心を低くしている心の部分を大切にできるような対応をする。

Ⅳ　安全感・安心感とエンパワメント

すでに前項の内容に含まれるように，解離の緩和や解消には，安全感の回復とエンパワメント（力づけ）が欠かせない。トラウマの影響に対応するときならいつでも，子どもの養育，教育のすべてにわたって必要な対応である。改めて述べるまでもない内容とも言えるが，解離に対応していると，表面的な問題に困惑して忘れられがちであるため，また解離の緩和にとって本質的な役割を果たすため，ここで再確認しておきたい。

まず，安全感・安心感を子どもに提供することが基本になる。環境に完全感・安心感を脅かす要因があるときに解離を緩和しようとすると，子どもをかえって不安定にする恐れがある。安全感・安心感は人間関係の安定によって得られるものであり，愛着の形成がその基盤となる。ところが，この「安全感，安心感の確保」が実際は難しく，先に述べた悪循環によって，安心できない状況が発生したり継続したりしやすい。

子どもの安全感・安心感を高める全般的な対策と，前項のような個別の問題対応によって，ある程度の安定が生まれれば，安心・安全の確保と子ども自身の回復の両者が，連動し，並行し，あるいはスパイラルを描いて，進んでいく。解離からの回復は，同時に「解離を必要としない環境あるいは人間関係の回復」である。そのような回復は，何段階にもわたって継続的に進むものである。

エンパワメントには，①自己理解，②自己受容，③自己調整，④自己効力感などの側面がある。前項に述べたいくつかの方針は，自ずからこれらの促進につながっている。また，これらの促進につながる対応はすべて解離の緩和につながると考えられる。

> ポイント：解離を必要としない環境や人間関係の回復を目指す。

V　身体感覚の回復

最後に，身体感覚について述べておきたい。解離の軽減にとって身体感覚を健康なものにしていくことが特に重要であるためである。

すでに述べたとおり，解離は，統合を促進する環境の不足によって，あるいは激しい苦痛に際する心の機能の分断によって起こる。いずれの場合も，身体の感覚や働きが大いに関わっている。感情，感覚などの統合には，身体感覚をまとまりのあるものとし，「自分のもの」という感覚が育っていく過程が含まれている。「自己感」の成長とも呼ばれる過程である。また，恐怖，ショック，悲しみなどは，身体にも強い反応を引き起こす。解離によってそれらから距離を置くことは，身体の感覚からも遠ざかることにつながる。身体の感覚がまとまり，心とつながっていることは，心の健康上きわめて重要な要素である。解離は，その健康な心と体の関係が阻害されている状態なので，さまざまの面で身体の問題となって現れる。

身体の感覚に気づきにくくなったり，逆に極端に敏感に感じられたりする状態はその１つである。身体を動かす活動によって身体感覚を普通に感じることができるようになれば，解離の軽減につながる。ただし，スポーツにおけるガンバリズムや精神主義は，解離を強める危険があることに注意しなくてはならない。リラクセーションのための体操や，簡単にできる遊具での運動，あるいは子ども自身が好きで楽しみながらできる運動がよい。

理由がわかりにくい体調不良や症状も，解離と関係している可能性がある。解離は多かれ少なかれ体に無理を強いる状態であり，それが身体の全般的不調につながったり，子どもの身体の弱い部分に不調をもたらしたりする。この場合，安全感・安心感を形成する機会と考えて身体のケアを行うとよいだろう。

> ポイント：体の感覚を楽しみながら体験できる活動を提供する。

VI　おわりに

解離の診断や，解離が起こる脳の仕組みなどについて，近年ずいぶん研究が進んでいる。そうした知識をもつにこしたことはないが，日常の養育においてそうした科学的知識がなければならないということではない。まずは，解離という現象の基礎的性質を踏まえることが大切であり，それ以上の知識については，興味が生じたときに，専門家に尋ねたり，参考文献にあたったりして勉強するとよいだろう。

参考文献

幸田有史（2000）児童期・青年期の激しい解離性障害に対する支援のストラテジー：児童精神科外来と学校精神保健が連携し援助した事例を通しての考察．児童青年精神医学とその近接領域，41(5); 514-527.

白川美也子（2009）子ども虐待と解離―発達精神病理学的視点から．こころの臨床 a・la・carte，28(2); 301-309.

海野千畝子（2015）子ども虐待への心理臨床：病的解離・愛着・EMDR・動物介在療法まで．誠信書房.

山下達久（2013）児童青年期の解離性障害―その病態と治療．精神科，23(6); 657-662.

（森　茂起）

子どもを護る聖護

3−1

子どもの育つ環境

Ⅰ　はじめに

　子どもが育つには，それにふさわしい環境が必要である。人間の行動は，人間関係や社会的な環境はもちろん，物理的環境にも影響される。物理的環境と人間的環境からなる環境の全体が，子どもの成長を促進する。

　子どもの育つ環境を考えるという視点には，重要な含みが１つある。それは，適切な環境に置かれれば，環境から有益なものを吸収して健康に育つ力を子どもがもっていることである。養育者は，子どもをどう「育てる」か，という視点に立ちやすい。時には，子どもを養育者の思うように育てることができるとまで思ってしまう。そして，結果が自分の思いとずれると，失望したり，思うようにならない子どもに不満を感じたりする。

　子どもが育つのに適した環境を提供する，という視点に立つと見えてくるものは多い。まず何より，その視点に立つには，子どもの目線から環境を考えねばならない。そして，子ども全体ではなく１人ひとりの子どもの目線から考えることになる。ある子どもにとって適切な環境でも，他の子どもにとっては不適切な要素があるかもしれないからである。子どもの個性に合った，適切な成育環境があれば，子どもはおおむね健康に育つと考えられる。

　ここでは主として，児童養護施設を念頭に置きながら，学校，家庭も含め，子どもが育つ環境の全体を視野に入れて考えたい。家庭に本来あってほしいものが家庭に欠如していれば，施設，学校，その他の社会的資源でどのように補うかを考えなければならない。

Ⅱ　養育環境（生活の場）

　子どもにとってどのような環境が望ましいのかという問いに答えることは簡単ではない。例えば，住居には必要最小限の大きさがあると思われるが，大きければよいというわけではない。子どもが育つのに不適切な殺風景で大きな空間もあるだろう。児童養護施設では，大規模養育は好ましくないとされていて，小規模化が図られている。子どもの生活空間は，離れた子どもたちの様子まで見渡せる大空間より，家庭的な空間のほうが，安心とリラックスが得られやすいと考えられる。質的にはどのような環境があればよいのだろうか。子どもが過ごす環境の質を客観的に測るのは難しく，一般に，現場の経験や常識によって判断されているのが実際であろう。

　子どもの環境を客観的，科学的に捉えるヒントを得るため，HOME（環境査定のための家庭観察）という環境査定様式を参照してみよう。HOME は，カルドウェルとブラッドレー（Caldwell & Bradley, 2003）が開発した養育環境評価で，世界各地で用いられ，日本では安梅（2009）らが幼児版の日本語版を作成して子育て支援に活用している。ここでは，思春期前期 Early Adolescent 版を参照して学童期から思春期を中心とする子どもの環境を考える[注]。

　HOME 思春期前期版は，「物理的環境」「学習環境」「モデリング」「自立の促進」「管理機能」「家族機能」「受容性」という 7 つのカテゴリーのもとで環境の質を評価する。例えば「物理的環境」には，「子どもの部屋に，子どもに魅力的で年齢にふさわしい，絵，写真，装飾品などが少なくとも 2 点，飾られている」「危険物がない」「家の中や周辺が騒がしくない」「インテリアが暗かったり単調だったりしない」などの項目がある。これらの内容さえ満たしていればよいという意味ではなく，よい環境であれば満たしているのが普通と考えられる内容を評価項目としている。逆に言えば，これらの多くを満たしていない環境は他の物理的環境も不適切である可能性が高いと考えられる。物理的環境を，広さなどの数値的評価だけでなく質的側面に注目して，子どもに適切な環境を整えていくことが重要である。立地条件などにより解決できない問題があれば，他の部分を改善する

注）筆者たちの研究プロジェクトで作成した翻訳を参照する。

ことで，総合的に一定水準以上に保つことができればよい。

「学習環境」には，「絵や手芸の道具を使うことができる」「図書館（室）を使うことができる」「20冊以上の年齢にふさわしい本をすぐ手に取ることができる」「少なくとも2種類の事典，参考書などがある」などが並ぶ。子どもの学習に適切なものがすぐ手の届くところにあること，学習の場が与えられていることを表している。家庭であれば，年齢にふさわしい本だけでなく，親が持っている本や事典などを，わからないなりに手にとって知的刺激を受ける体験がある。知的刺激という視点から個々の子どもにとっての環境を見直してみるとよい。

「モデリング」というカテゴリーは，大人の振る舞いや行動が，子どものモデルとして適切な役割を果たしているかを評価している。例えば，「少なくとも過去1年間に4冊の本を読んだ」という項目は，親が読書する姿を通して，子どもがそれをモデルにして本に親しめることを表している。「週2日以上，健康のための活動をしている」という項目もある。「子どもに対して癇癪を起すことが週1回以下である」は，施設職員や教員の振る舞いを考える上で重要である。家庭では，子どもはこうしたモデリングによって多くの事柄を身につけていく。児童養護施設は，養育の専門性を目指していることから，親がするような形で癇癪を起すことは，むしろ少ないかもしれない。しかし，読書など日常場面での親の姿を見て「模倣学習」をする機会は限られている。何によって補うか考えていく必要がある。

「自立の促進」には，「料理や掃除の基本的技術を教える」「最近の出来事について話し合う機会をもつ」「健康や安全が脅かされたときにどうするかを教える」「学校以外の活動に参加できるようにする」「宿題の補助をする」などがある。また，「科学や歴史の博物館，美術館などに行く機会」「音楽や演劇の実演に触れる機会」「スポーツイベントに触れる機会」「住居から80キロ以上離れた場所への旅行の機会」「アウトドアの活動への参加の機会」などの提供がある。小学校から中学校にかけての子ども時代は，まずは安全が確保された上で，さまざまの活動に参加し，「自分はできる」という感覚，あるいは「できないことでも練習すればできるようになる」という自信を身につけていく時期である。上記の項目は，そのために必要な経験を子どもに提供することを求めている。また，提供した活動について話し合うことで，経験を整理し，失敗も含めた経験から学ぶ過程を支持し，自信につなげていく必要がある。

家庭の養育を想定して作られたこれらの項目を，児童養護施設という生活の場と照らし合わせると，普段見えにくい養護施設の特徴が浮かび上がってくる。「自立の促進」に含まれる行事やイベントは，むしろ養護施設には豊かにある。施設外の諸団体の協力も行事に貢献している。また家事についても生活の中で経験することは多い。しかし，経験する家事が限られていて，家庭で自然に身につけていくような技術，例えば料理，買い物，交通機関の利用などに自信がない子どもは多い。非日常的なイベントは多いが，日常生活の中に欠けた部分があるというのが実際だろう。また，活動が集団単位で行われるため，経験を自信に結びつけるような，それぞれの子どもに適切な活動の選択，準備のための話し合い，経験の整理のための話し合いなどが乏しくなる傾向がある。活動そのもの以上に，経験について個別に話す機会が大切と考えたい。

養育環境をより科学的に整えるために，一定の基準で子どもの環境を見直し，優れたところを生かし，弱いところを改善していく努力が求められる。

以上，HOME を参照して養護施設の環境のいくつかの側面を考えてみた。養護施設の環境は，今後ますます小規模化が進んでいくと思われる。子ども集団の養育は，一定数を越えると管理型にならざるを得ず，1 人ひとりに適した環境を提供するには，小さな単位で生活する環境が望ましい。

ただ，少人数の環境は，養育者が子どもと密に関わることを可能にするので，必ずしも関わりが楽になるわけではないことに注意が必要である。関わりが密になると，子どもは今まで抑えてきた感情や思いを表現するようになる。それを受け止め，理解し，かつよい方向に導くには時間と労力が必要である。今後の小規模化によって，すでに目指されてきた養育の個別化がいっそう求められていくであろう。

ちなみに，学校教育においても，日本のクラスの生徒数は，世界的基準から見て大きい。1 人ひとりへの対応が難しいために管理型になる傾向がある。個人の特性を見た対応を求められながら，30 人以上のクラスを担当することは，教師にとって大きなストレスとなる。人数が多いので生徒個人が見えないのは仕方がないという言い訳の根拠となってはならないであろうが，教育という社会の根幹をなす仕事に十分な人材が投入されていないことを事実として共有しておきたい。

学校も含め子どもの生活環境に共通するのは，環境が適切なものになるほど，

子どもは内面の問題を外に表し，それが理解され対処してもらえることを期待することである。そのため，環境の改善が専門職の負担の軽減に結びつかないどころか負担が増加する場合もある。本来必要な人員配置が困難な状況で負担の増加を担うという難しい課題が発生する。今，子育て専門職は過剰な負担に苦しんでいる。負担に耐えられず大規模体制に戻ることがあってはならない。専門職の負担軽減こそが子どもの成育環境改善の最善の道であることを強調しておきたい。

Ⅲ　心が育つ環境

　上の項目では，外から見てわかる環境を中心に述べた。しかし，子どもが成長するためには，測定の難しい，心の環境とでもいうような目に見えない部分が重要である。それは，はじめて訪れる人にとっては，なんとなく落ち着いた雰囲気とか，職員や子どもの顔が穏やかであるといった部分に感じとれる，人間関係が生み出す環境である。

　このような要素を「包容」という言葉で表現できる。「包容力」のある人という言葉が日常的にも使われている。「器の大きな人」という表現もある。こうした言葉が意味しているのは，「やさしい」とか「にこやか」といった姿勢だけではない。さまざまの問題があっても，あるいはむしろ何か問題があったときに，破綻せずに受け止め，継続的にある程度の一定の関わりが可能な力を指す。したがって，「包容力」は，危機に際してもっともその力が試されるといえる。

　「包容力」は，さまざまの要素が多層的に，多元的に結びついた総合的な力である。まず，それは個人の力として存在する。職員や教員の1人ひとりが「包容力」をもっている。その力は，おそらくは過去に他者から包容された経験と，自ら身につけてきたものの総合であろう。包容されたことのある人は，他者を包容できるという「連鎖」が確かにある。逆に言えば，包容されることなく，不適切な養育を受けて育った場合に，自らも子どもを包容できなくなりやすい。深刻な場合は，「虐待の世代間連鎖」となる。ただし，包容される経験は家庭内に限られるものではない。他の人間関係や集団の中でそれを経験することができれば十分補うことができる。また，多くの逆境を経験しながら，わずかのよい人間関係を糧に包容力を身につけている人もある。いずれにせよ，子どもと関わる大人としては，「包容力」を少しでも豊かにできるように，自らの過去の経験から学んだり，

112　3　子ども支援の実践

仕事から，あるいは仕事外の体験から学んだりしていくことが望ましい。

　次に，大人間の関係が「包容力」をもつ。1人で抱えられないものも，複数のスタッフで共有すれば抱えることができる。「1人で抱え込まないように」というアドバイスがしばしば聞かれるのは，子どもとの関わりが常に「包容力」への挑戦であるからである。1人で関わるのみではすぐに限界を超えると考えて，横のつながりを保つことが必要である。そのために日常的な連携関係が重要である。連携関係が良好でない職場環境は，子どもを「包容」する力に乏しい環境である。働く専門職にとっての職場の環境作りは，そのまま子どもの養育環境作りでもある。

　専門職の人間関係を考えれば，その全体を包む，職場としての養護施設や学校という環境も「包容」する「器」である。その全体をマネジメントする施設長や校長といった管理職の役割が重要になる。管理職の仕事をここで具体的に扱うことは，本項目の範囲を越えるが，「包容」環境全体を決める重要な要素に位置づけておきたい。ここでも，よい関係が維持されているときだけでなく，何らかのトラブルや摩擦が起こったときに，そこから破綻に向かうことなく，よい方向に収めていく力が「包容力」である。トラブルを「包容力」が試される機会，生かすことができる機会と捉えて，個人，人間関係，組織の「包容力」を向上させていきたいものである。

> **ポイント：包容力のある集団と組織を目指す。**

Ⅳ　おわりに

　子どもが育つのに適した環境を整えることは，子育ての入口であり出口である。環境をある程度整えられていなければ子どもの育ちははじめから困難に遭遇する。しかし，本書が扱っているさまざまな実践のすべてが，子どもの育つ力を十分発揮できるような環境を目指しているとも言える。一度子どもの視点に立って，それも子ども集団全体ではなく，一人の子どもの視点に立って，その子どもの環境を見直してみると，新しい理解が得られるだろう。

参考文献

安梅勅江（2005）子どもの発達への子育ち環境の影響に関する5年間追跡研究．こども環境学研究，1(1); 159-164.

安梅勅江（2009）根拠に基づく子育ち・子育てエンパワメント：子育ち環境評価と虐待予防．日本小児医事出版社．

Caldwell, B.M. & Bradley, R.H.（2003）Home Observation for Measurement of the Environment: Administration Manual. Tempe, AZ: Family & Human Dynamics Research Institute, Arizona State University.

（森　茂起）

3－2

アタッチメントに向けた支援

Ⅰ　はじめに

　不適切な養育環境にあったため，ネガティブな情動を他者に収めてもらう体験を積み重ねていない子どもは，アタッチメントやトラウマに関連する問題から，対人関係や情動制御に問題を抱える傾向がある。特に自分にとって養育的，保護的立場にある大人に対して挑発的に関わるなど，暴力や破壊的な行動が日常生活において生じやすい。

　アタッチメントに向けた支援方針の基盤は，子どもの不安や恐れといった情動の状態を把握し，それを取り除き，安心感を積み重ねていくことで，これまで培った人との関係について，修正し，信頼ある関係性を作っていくことにある。その上で，問題行動について，子どもの不安や恐れと安全感の視点から理解したかかわり方を行う。

　本章では，児童福祉施設や里親における支援を例にあげながら，基本的な考え方と具体的方法を述べるが，多くの部分は他の養育場面にも応用可能である。

Ⅱ　児童福祉施設や里親における支援

1．基本的な考え方

　不適切な養育によって子どもに安定したアタッチメントが形成されていない場合，その後の児童福祉施設や里親等の生活の場において，担当職員や里親等との関係によって，アタッチメント関係の形成や修復が行われることが望ましい。ただし，児童福祉施設では，複数の職員が交代で養育にあたるため，職員によっ

て子どもへの関わりが異なることや，職員の退職による主たる養育者の変更など，一貫性に欠けやすい状況ではある。また，不健全なアタッチメントの子どもは対人関係に不安感が高い傾向があるため，対人関係上の問題に翻弄されて，職員が安定した態度や一貫した方針を保てなくなると，さらに混乱が深まる。こうした事情を考えると，特にアタッチメント形成に留意をし，専門的知識に基づいて養育にあたることが子どもの健やかな発達を促すこととなる。

2．アタッチメントに焦点を当てた支援とトラウマ反応

アタッチメントという視点とトラウマという視点の関係を理解しておくことが重要である。アタッチメントは，不安や恐怖が起こったときに，そうした否定的な情動を和らげたり取り除いたりする行動システムである（2-3 参照）。他方で，PTSD をはじめとするトラウマ性障害は，極端な不安や恐怖の体験を適切に処理することができない場合に生じると考えられている。安定したアタッチメントが形成されている人は，不安や恐怖に対してどのように情緒的に対処すればよいか学んでいるので，極度のストレスにも対処できる可能性が高く，また，もし自分の能力だけでは適切な対応ができない場合には，アタッチメント対象から保護を引き出す術を習得している。多くの研究は，安定したアタッチメントが，トラウマ体験によって精神的な病理が生まれるのを防ぐ力をもっていることを示している。

つまり，安定したアタッチメント関係を作ることが，子どもたちのアタッチメントに関連する問題とトラウマ性の症状を緩和していくための最優先課題である。言いかえれば，養育者となる者が子どもの気持ちを落ち着け，安全感や安心感を得られるような，一貫した関わりを通じた支援を行うことで，子どもがそれまで培った他者との関係性を修正し，他者に対する信頼感を培うことが目標となる。

3．養育者としての専門職の役割
1）アタッチメント対象

アタッチメントを考える際に，親との結びつきが何より重要と考え，養育専門家が子どもとアタッチメント関係を形成すると親とのアタッチメント関係に悪い影響を及ぼすと考える傾向がかつてあった。乳児院や児童養護施設において家庭

復帰の可能性がある場合，職員が子どもと密な関係を作ると家庭復帰を阻害するのではないかと心配して，情緒的な関わりを控えるといった場合である。しかし，それは，間違いであり，複数の養育者・保育者などとの安全な関係が健全なアタッチメントを再形成することが明らかになっており，実親以外の専門養育者が子どもとの間にアタッチメント関係を形成することが子どもの発達を促進する専門的な支援となる。

里親の場合にも同様の視点から考えることができる。実親は往々にして子どもをとられてしまう気持ちになるかもしれないが，そうではなく，子どもの健康的な発達を助ける専門家が里親であることを実親，里親ともに理解しておこう。

2）アタッチメント対象の意義

まず，子どもが親との間に安定した関係を形成することが期待できなかったり，交流がまったくなかったりする場合，専門養育者との体験が，子どもにとって基本的なアタッチメント関係を学ぶ機会となる。つまり，これまで，安定した関わりを得られなかったために，環境に適応するための方略として身につけた不健全なアタッチメント行動を捨て，周囲を警戒しなくてもよい，安心していられる環境の中で新たな安定したアタッチメント関係を身につけるようになる。施設で暮らす子どもが施設内の養育者から

のあるケアを受けるほど，感情的引きこもり／抑制型のアタッチメント障害の兆候が少なくなることが報告されている。施設内に1人でもアタッチメント対象者がいることで，強いストレスに子どもが直面した際の保護要因となる。また，アタッチメント対象が複数存在することがさらなる保護要因となるので，施設内の複数の養育者，親族，里親，ベビーシッターなど，多くの大人との関係を深めていくことが奨励されている。

3）親との関係再構築

親との関係再構築が可能な場合には，施設職員との安定したアタッチメント関係が，子どもの内的作業モデル，つまり心の中の自己像，他者像，他者との関係性のイメージを修正し，それが親との関係修復の準備となる。それと並行して，援助者が親とも関わり，親自身のアタッチメントや養育に関する内的作業モデルを修正することができれば，親子関係が修復されていく。その際，親と子の相互作用を具体的に助けることで，内的作業モデルの安定化を図ることができる。

アタッチメントに焦点を当てたプログラムの実践（徳山ら，2009）では，子ど

『「社会による子育て」実践ハンドブック』正誤表

116頁「2）アタッチメント対象の意義」の段落の7行目から8行目にかけて脱字がございました。ここに謹んでお詫び申し上げますと共に，下記のように訂正いたします。

【誤】

施設で暮らす子どもが施設内の養育者から
のあるケアを受けるほど，感情的引きこもり／抑制型のアタッチメント障害の兆候が少なくなることが報告されている。

【正】

施設で暮らす子どもが施設内の養育者から<u>敏感性</u>のあるケアを受けるほど，感情的引きこもり／抑制型のアタッチメント障害の兆候が少なくなることが報告されている。

もの職員との安定したアタッチメント関係が促進されると，それまで母親を怖がり，同じ部屋におれない子どもや，膝に座れなかった子どもが笑顔で母親と会い，膝の上に座ってくつろぐことができるようになった。さらに，職員が親子に対して同プログラムを基本として関わることで親子のアタッチメントの相互作用を促進し，引き取りに至った例もある。

　アタッチメントの役割は，不安や恐れなどの否定的な感情の軽減だけではない。そうした感情が起こったときに，それを受け止め，子どもが耐えられる形に和らげて適切に返していくことで，防衛することなく自己や他者の心を理解する力が促進される。同じことは親の成長についてもいえる。専門職によるこれらの能力の発達促進は，親と子の自律を促進し，再統合に向けての橋渡しとなる。

Ⅲ　生活を通した支援

　トラウマ性の症状からの回復の基盤は，アタッチメント形成における軸でもある安全感である。不健全なアタッチメントの修正やトラウマ性の症状からの回復については，いろいろな治療アプローチがあるが，いずれも安全感を提供することが基盤となる。そのため，子どもが生活環境全体を通して安全感を得られるようにする。また，不健全なアタッチメント行動は，環境に適応するための結果であるため，生活環境である子どもを取り巻く人間関係などの修復を目指した子育て，あるいは子どもの育ちの支援が必要となる。治療的アプローチではそういった方法を「環境療法」とも呼んでいる。

Ⅳ　支援の具体的方法

1．目標としての敏感性

　養育者の，子どもに対する敏感性を高めることが安定したアタッチメント形成につながる。敏感性は，子どもの信号への気づき，信号の正確な解釈，信号への適切で迅速な応答からなる。そのためには，子どもの感情への共感，子どもの行動や感情への注目，リズムの読み取り，遊びの要素をもった関わりが重要である。敏感性が低くなる典型的な例として，養育者が自身のニーズや防衛に囚われて，子どもの視点に立てない場合がある。

2．敏感性を高める応答方法

敏感性を高めるための応答には一般に次のようなものがある。①子どもの行動や気持ちをそのまま表現する，②動き・姿勢・言葉を子どもに合わせる，③相づちをうつ，④具体的に褒める，⑤「私はこう思う」などの私（Ⅰ）メッセージを使う，⑥子どもの気持ちを受け止めた上での応答を行う。これらの応答によって相互の考えや感情に対する理解を促進し，相互作用が高まることで，安定したアタッチメントが促進される。

乳児や幼児の場合，1日にわずかの時間でも個別に関わる機会を作り，これらを試みると，子どもの行動が変わってくる。年長の子どもとの関わりはより複雑となるが，基本的な姿勢は同様である。子どもに対する敏感性は，子どもの言いなりになることではなく，子どもの行動や感情の鏡の役割を担い，適切にフィードバックをすることである。

3．不安時の関わり

安定したアタッチメントの形成には，子どもが不安を体験しているときの関わりが特に重要である。就寝時，通院時，新たな場面に接するときなどに，職員が子どもと一緒にいることが子どもの不安を和らげる。一緒にいることで不安が和らいだという体験がアタッチメント形成につながる。例えば，就寝時に本を読む，お話をするなどの方法がある。不安の表れは，周囲から見て問題行動と見える場合が多い。落ち着きがないなど，子どもの問題と捉えてきた場面を，不安の表れと見ることで，適切な読み取り，解釈が可能となることが多い。そして，適切な解釈ができると，適切な関わり方が見えてくる。

> ポイント：不安時に安心感を与えるのが安定したアタッチメント関係形成となる。

4．身体活動を伴う楽しい遊び

遊びの要素をもつ関わりは，職員の敏感性を高めるとともに，子どもとの関係性をよいものにし，また子ども自身にもよい影響を与える。不健全なアタッチメント関係が形成された子どもは，安全基地から探索行動に出にくく，自然に湧き上がる好奇心や自発性を失い，現実を恐れて避けることで自分を守りがちである。

対人関係に関する探索行動も消極的であり，新たな信頼できる対人関係へ向かうことが難しい。このような傾向のある子どもには，楽しい遊びを通して自発性を高めることが有効である。夢中になって他者と楽しく遊ぶことは，ありのままに振る舞いながら心も体も相手に受け入れられる体験であり，他者への不安を低減することにつながり，アタッチメント関係を促進する。そうした体験をくり返すと，現実を避けて自分を守らなくてもよいという安心感が蓄積されるとともに，安心感の中ではじめて現実の自己に直面することが可能となる。言い換えれば，楽しい遊びは対人関係の再構築へのチャレンジを促進するものでもある。

「楽しい遊び」は，個人差があるため，個人のアタッチメントやトラウマ性症状，発達段階や身体能力，興味関心を考慮した上で行うことが望ましい。探索行動に出にくい子どもであれば，まずは，子どもに合わせる非構成的な自由遊びを行い，徐々に安全感を積み重ねていこう。無理なく構成的な遊びを楽しめるようであれば，そういった遊びを行うことで，子どもの世界を構造化し，安定したアタッチメント形成促進を助けよう。

> ポイント：身体運動を伴う楽しい遊びが安定したアタッチメント関係構築を助ける。

5．適切な解釈に基づいた応答

不適切な養育を受けた子どもの行動や信号を正しく解釈するには，アタッチメントやトラウマの理解を踏まえる必要がある。

例えば，子どもがいきなり，蹴飛ばしてきた場合，それをどのように解釈するかによって養育者の対応が異なる。「人の言うことを聞かない乱暴な子，何度言ったらわかるの」といった解釈・応答をしてしまい，さらに長いお説教をしてしまったり，怒ったりすることになりがちである。まず「本当にそうなのであろうか」と自分の見方を一度横において考える。こういった行動は，本当は関わってほしいのだけれども，これまでの経験から素直に要求を出せずに「蹴る」といった行為に現れていると解釈する。つまり，それは，生育経験を通して環境に適応した結果の「蹴る」といった行為なのである。子どもにしてみれば，たとえお説教や叱られることでも養育者に向き合ってもらっている時間であるため，「蹴る」行為はやめられないわけである。これは，注目獲得行動と呼ばれており，基本的に

は「問題行動は受け流し，よい行動は誉める」といった行動療法の理論をもとに関わるが，一方で，よい関係性を構築していかなければ，安定したアタッチメント関係は構築できない。問題行動の意味をアタッチメントの視点から解釈し，応答することと平行してアタッチメント関係構築に向けた関わりを行おう。

> ポイント：問題行動をアタッチメントの視点から解釈する。

6. チーム援助と担当性

　アタッチメントに焦点を当てた支援には，チームによる援助と担当制が大切である。子どもの主たる担当者がアタッチメント対象として機能しながら，その担当者を中心とした職員がチームとして援助することが重要である。子どもにとっての居場所である施設が安全で安心できる環境であることは，他者との新たな関係作りの基盤となる。主要な養育者である職員同士の間に不一致や衝突があると，虐待的な家庭環境で暮らしていた子どもにとって，かつての不安な環境の再現となってしまう。1人の担当者が個別的な関わりを通して安定したアタッチメントの形成を促しても，職員によって子どもへの応答が異なると，子どもの混乱はかえって高まってしまう。子どもの問題行動の意味とその対応方法について共通理解があってはじめて安定したアタッチメントの形成が可能となる。

　例えば，職員の言うことを聞かずぐずぐず言って困らせる子どもがいるとする。アタッチメントの視点から子どもの状態を理解した上で関わろうとするA職員は，ある程度子どもの要求を受け入れながら，ぐずぐず言う行動は受け流し，一方で肯定的な関わりを増やすようにする。しかし，B職員は大声で叱って言うことを聞かせようとしたり，長引くと怒鳴ったり，さらには「A先生が甘やかすからこんなことになる」と他の職員への批判を口にする。この場合，子どもは，A職員に依存してB職員とは表面的な関わりしかしない，いわゆる「使い分ける」傾向が生まれるかもしれない。あるいは全体としての安心感が改善しないため，B職員の「怒る」行為も向き合ってくれる体験と理解し，さらにぐずるようになるかもしれない。

　こうした例は，実は家庭でも親の間の不一致がある場合に発生する。職員間，あるいは家庭内の理解や関わりの不一致は，子どもに混乱を招き，問題を持続させる。その場合，まず，チームワークを改善することが先決である。そのことで

職員（養育者）の安全感・安心感を高めることが適切な支援につながる。不適切な養育を受けた子どもの示す特徴を，アタッチメントやトラウマの視点から共有することがチームワークの基盤となる。個別の治療だけでは不十分であり，ケアがその子の環境全体に及ぶこと，つまり，家や集団の施設や病院において子どもに一貫したケアを与える治療的子育てが行われる必要である。

> **ポイント：子どもの状態と対応方法の共通理解が子どもと職員に安心感を与える。**

V　学童期の支援

　乳幼児期に運よく受け入れてくれる大人に出会ったり，早期介入によって不健全なアタッチメントを修正する機会を得られればよいが，そういった体験を得られずに成長した子どもは不健全なアタッチメントの特質が強固になっていく。

　もともとのアタッチメントに関連する問題行動が定着するとともに，意識的に職員を振りまわし，憎まれ口をきくようになる。幼児期よりも要求を素直に出しにくくなり行動も複雑化してくるために，行動をアタッチメントの視点からのみでは読み取りにくくなる。また，職員としてはよかれと思って関わってもひどい口答えが返ってくると，つい，感情的になりやすくなる。口答えに対して，カーッとして応答するとさらに子どもが激高するといった負の循環に迷い込んでしまう。自傷や他害といった行動化は，生育環境で養育者から自分の経験を整えてもらう経験が希薄なため，混乱した気持ちを収めることができず，それらの行動によって表しているのであろう。

　幼児期の子どもと同様に，いけないことはいけないとしつこくなく，それでいてきっぱりと伝え，その場を離れてクールダウンの時間を作る，受け流すなどして，負の関わりの時間を長引かせることはやめよう。そういった対応と平行して，子どもを受け入れ，認めてあげること，一緒に遊ぶなどの肯定的な関わりの時間を作り，子どもとの関係性を構築していこう。

　行動分析表を作って，子どもの行動をアタッチメントの視点から分析することや行動分析の方法に準じて増やしたい行動と減らしたい行動に焦点を絞って，職員の関わり方を整理することも有効である。ただし，行動分析の方法に準じる場

122　3　子ども支援の実践

合には，子どもと話をして，子どもが納得し，自身で目標に向かってやってみるという意思決定を促す必要がある。

Ⅵ　実親・里親支援にアタッチメントの視点を活かす

　親自身も虐待やネグレクトを受けた経験がある場合も多い。親の特徴をアタッチメントの観点から理解することで支援へのヒントが得られる。例えば，攻撃的，アンビヴァレント，無差別的，回避的などの傾向は，いずれもアタッチメントの側面から理解できる。親自身が内面で不安を抱えており，自然に人を頼ることができないことを念頭に置くと，容易に振り回されずに一貫した支援ができるようになる。里親も，アタッチメントの課題を抱えていることがあり，また不安定な子どものアタッチメントに刺激されて不安定な部分が引き出されていることもある。

　支援者は，子どもの問題行動についてアタッチメントの視点から一緒に考える過程を通して，親のアタッチメントの特徴を理解し，不安を受け止め，信頼関係を形成する。それと平行して，遊びを通した関わり方など先に述べた子どもとの関わり方を親に伝えることが，親子関係の改善につながる。

> ポイント：アタッチメントの視点からの介入による子どもと実親・里親との関係調整に加えて，養育者のアタッチメントの状態把握が適切な支援につながる。

Ⅶ　おわりに

　子どものアタッチメントに焦点を当てた支援とは，子どもの不安・恐れを低減し，安心感・安全感を与えることである。個別の関わりのみならず，施設や家庭など子どもが生活する場が安心できる環境であることが求められる。また，実親に対してもこの視点から支援することが，信頼関係構築につながる。

参考文献

数井みゆき，遠藤利彦編著（2007）アタッチメントと臨床領域．ミネルヴァ書房．

数井みゆき編著（2012）アタッチメントの実践と応用．誠信書房．

徳山美知代，森田展彰，菊池春樹，他（2009）児童養護施設の被虐待児童とケアワーカーのアタッチメントに焦点をあてたプログラムの有効性の検討．子どもの虐待とネグレクト，11(2); 230-244.

（徳山美知代）

3-3

グループアプローチ

Ⅰ　はじめに

　本書が扱っている社会による子育て（ソーシャル・ペダゴジー）は，児童福祉施設，保育所，幼稚園，学童保育，学校教育など，基本的に，集団の中で子どもを育てる活動を念頭に置いている。その活動の全体が「グループアプローチ」であると言ってもよいくらいである。

Ⅱ　子育ての核となるグループアプローチ

　「グループアプローチ」による子育てを考えるとき，そこには2つの側面がある。「子どもの集団と関わる」という側面と，「集団で子どもと関わる」という側面である。もちろん，「一対一」で子どもと関わる場面も重要であるが，その場合も，複数の養育者の目で複数の子どもを見ているという背景の中で，一対一の関わりが行われる必要がある。

　アタッチメントの項でも指摘しているように，他のすべての人間関係が良好でない背景のもとで，ある特定の大人だけが安心感の基盤になるという状況は，子どもにとって好ましくない。複数の，しかも2，3人といった規模ではなく，さらに多くの大人が，よい関係を子どもと結び，基本的姿勢を共有しながら，それぞれがある程度役割分担をする必要がある。そのとき子どもは，大人の全体から支えられている，育てられているという感覚をもつことができる。

　集団としての子どもへの関わりが，本項が主として扱うもう1つの側面である。今日では，核家族化，少子化といった特殊な状況にあって，集団体験の不足

を心配しなければならない。集団の中で育てられる経験を子どもに提供することで，集団の一員として養育者に大切にされている感覚と，集団のメンバーから大切にされているという感覚が子どもに育つよう支援する必要がある。

子どもの成長とともにこれらの感覚がさらに一般化すると，地域全体から支えられている，社会全体から支えられているという感覚と，それに伴って，集団の一員として社会に貢献したいという役割意識，また貢献しているという感覚が生まれる。こうした感覚は大人になってからの大きな糧となるだろう。

Ⅲ　グループとしての子育て専門家

子どもを育てる場では，養育者間の連携が重要であり，その一部は子どもの環境の一部としても触れられている（3-1 参照）。専門家グループがグループとして円滑に機能しているかを常に意識し，もし対立や摩擦がある場合はそれらを改善することに努力を集中することが必要である。子どもの指導方針に対立があるまま，それぞれが「子どもにはこれがよい」と思いながら，しかも対立があるために普通以上に情熱的に子どもと関わるという状態は，実際は子どもを混乱に導く危険がある。ただし，グループ全体，あるいはリーダーの養育方針に問題を感じても，職員間の人間関係を円滑に保つために表面上方針に従った方がよいというわけではない。表面的に統一感があっても，背後に葛藤や相違があると，結果的に子どもによい影響をもたらさない。チーム作りの努力を通して，基本的姿勢を本当に共有できることが重要である。

この決して容易ではない努力には，次のような要素がある。まず，上下関係が適切な形になっており，上から下への力の支配が不適切に行われないことである。グループのリーダーの立場に置かれる専門家がよいリーダーになることは，養育者チームだけでなく子どもへのモデルとしても大きな意味をもつ。次に，集団における葛藤や不安を「あってはならない」ことと考えるのではなく，よいものにしていく窓口と捉えて取り組む。また，職場に楽しさをもたらす工夫が重要である。子どもへの対応と同じく，「エンパワメント（力づけ）」が専門家の間でも重要な課題となる。

たとえ特別よいチームであっても，葛藤や不安の材料がつぎつぎに発生するのが子育てという仕事である。それは，子どもは常に不安にさらされやすい存在で

あり，大人がその不安を適切に抱え，和らげていかねばならないからである。さらに，本書が扱っている「不適切な養育を受けた子どもの子育て」では，過去の環境や出来事に由来する子どもの感情が現在の生活の中にもち込まれてくる。些細なことから発生するトラブル，感情の爆発，子ども関係の葛藤などの多くが，過去の環境の影響がもち込まれたものである。それらは養育者にも強く作用して，不安，怒り，悲しみ，恥ずかしさ，無力感などの否定的な感情を掻き立てられやすい。そうした感情は，養育者チームにとって負担となり，養育者間の葛藤や対立につながりやすい。それらの感情に巻きこまれていくのではなく，「子ども」あるいは「子ども集団」を理解する窓口として捉え，否定的な感情の理解を共有しながら，養育者側の感情も子どもの側の感情も，チーム全体で抱えていくことが望ましい。

Ⅳ　子どもへのグループアプローチ

1．コミュニティーアプローチとしての生活

すべての子どもにとってグループアプローチが重要であることを前提として，ここでは特に，不適切な養育を受けた子どもの援助モデルとして，グループアプローチを考える。児童養護施設，情緒障害児短期治療施設等，そうした子どもを養育，治療することを目的とした場が主となるが，保育所，幼稚園，学童保育から学校に至るまで，子どもの集団と関わる多くの場が同じ役割を担っている。

不適切な養育から生じるアタッチメントの問題やトラウマからの回復には，安全感・安心感の積み重ねが必要である。そのためには，まず，子どもを取り巻く環境全体が安全であること，子どもがそのことを認識して実際に安心感をもてることが援助の基盤となる。そして，安全感・安心感は，養育者集団と子ども集団の全体から生まれるものである。さらに，不適切な養育から生じた歪んだ対人関係パターンや感情体験の修正のためにも，子どもを取り巻く生活環境，日常生活における人間関係などを通した関わりが重要である。

そのためには，集団における子どもの安全感・安心感を高めるようなグループの構造を提供する。例えば，1日および週のスケジュール，形式の決まった定期的ミーティングなど，生活のリズムを構成する活動は，それぞれの活動の内容面だけでなく，そうした構造が明示され，安定して運営されること自体が意味をもっ

ている。安定した日常が続くという感覚は，不適切な養育環境には欠けることが多く，そうした環境下では，子どもはいつ何が起こるかを予想できず，常に緊張して身構え続けることになる。新しい環境に入った子どもが示す，緊張や落ち着きのなさも，同じ心の状態から生まれる。始業式，終業式，から，正月，クリスマスなどの行事や儀式，あるいは誕生日という個人的な儀式も，子どもに生活の構造を与えるものである。毎年同じ行事があるという感覚は，普通あって当然のものなので意識されにくいが，生活のリズムと循環を体感する大切な機会である。

　子どもの施設では，複数の職員がローテーションによって勤務するのが通常である。その場合，職員の在・不在の予定が子どもに明示される必要がある。例えば，「今日は誰それがいるから何々の話をしよう」といった予定を子どもが考えることは，外部で起こる出来事や課題を受け身でこなしていくのではなく，生活に主体的に関わることを可能にする。児童養護施設では，家族との「面会」「外出」がきわめて大きな意味をもつ。それらに関する予定や約束が明示され，実際に守られることが子どもの安心感に大きく貢献する。ただし，実践現場では家庭の都合などにより，予定の明示と約束の実行がなかなか実現できないことがある。少しでも，約束通りに実行される工夫を続け，実現しなかった場合は，それによる失望を受け止め，「あきらめるしかない」「期待することが間違っている」といった考え方を生まないよう援助する。

> ポイント：生活全体を安心感の源にする。

2．援助技法としてのグループアプローチ

　生活の中に，一定の方式に従い定期的に開催するグループ活動を設定し，グループの力を活用して援助する方法がさまざま工夫され，実践されている。

　グループ活動を通して，①複数の子どもに同時に集中して関わる，②子どもの対人関係のもち方を観察する，③グループ活動の観察を通して日常の関わりへの示唆を得る，等を目指すことができる。施設内のグループアプローチの実践例としては，思春期を対象としたグループ（森田ら，2003），怒りのコントロールを中核にしたプログラムを養育者と子どもが共有するセカンドステップと称する実践（木村，2008），対人関係の学習と性教育の基盤でもある相互尊重の人間関係に関する学習を組み合わせた実践（徳山・森田，2007）などがある。

こうした技法を導入する場合，グループの場で行われる活動を日常生活に結びつけていくことが重要である。グループ活動は，子ども同士，子どもと施設職員，子どもと心理療法担当職員，施設職員と心理療法担当職員などのつながりを深め，施設内の人間関係全体を安心感，安全感の強いものになる。例えば，グループ活動を心理療法担当職員とケアワーカーがともに運営し，ファシリテーターとして指導することで，職員が相互尊重の関係性についての学習をする機会となるばかりか，心理療法担当職員と子どもの見方を共有できる。子どもの成長だけでなく，グループ活動を通して職員のスキルアップにつながり，日常生活の関わりに活かされる。生活からやや独立したグループ活動を営むことで，コミュニティとしての施設全体によい影響が及ぶことが目標である（徳山・森田，2007）。

3．実践例

さまざまなグループアプローチがあるが，グループアプローチの考え方を日常生活に結びつける方法として，相互の人権や価値を尊重し合う姿勢をベースに行うグループ活動の実践を紹介する。

1）目標

小学生であれば，「自分も人も大切に」活動することを伝え，対象によっては，この姿勢を少しかみ砕いて，「安全に」「ずるなしで」「積極的に」「楽しく」といった約束事を示して，さまざまのグループ活動を行う。指導者は，指示的に教えるのではなく，主にファシリテーションという姿勢で，子どもに問いかけ，意見を引き出しながら導いていく。

目標として，①人間関係を体験しながら，関係の作り方に焦点を当て，コミュニケーションの取り方などの社会的スキルを習得するという直接的効果と，②人との関わり方を子どもと養育者が共有することで，生活の場にも安全感のある環境を形成するという間接的効果の両者をねらう。

2）グループ活動を行う際のポイント

ファシリテーター：できれば，安全基地でもある職員と心理職がともにファシリテーターを努めることで子どもは安心感を得られるとともに，指導者は子どもの特性を理解した上での関わりができる。

アセスメント：グループへの参加決定時，毎回のグループ活動前後に子どもの状態把握を行い，個人に適した活動となるようにする。また，活動後に職員に子

どもの様子を伝えることで，日常生活に結びつける。生活グループでのもめ事などがグループ活動の対人関係や子どもの状態に反映される。日常生活の状態を把握した上で，グループを運営する必要がある。

進行方法：活動全体を通しての規範は，互いの価値を完全に尊重しあうことである。どのような活動をする場合も，相互尊重について確認しながら進行する。例えばオニゴッコの終了後，「安全に」「ずるなしで」「積極的に」「楽しく」の側面から問いかける。集中がとぎれないようにワンポイントの短い質問で，「安全だった？」「ずるなしだった？」と問いかけ，体験を振り返る。

開始時の言葉がけの例として，「この施設の子どもも大人も全員がとっても大切な人です。運動が好きではない子も好きな子も，絵を描くのが好きな子も好きではない子もいろんな人がいるけれども，みんなに価値があって，大切な人です。だから，自分のことを『勉強ができないから，だめだ。○○できないからだめだ』などと思わずに大切にしてください。それから，お友達や先生を大切にしてください。自分とみんなを大切にして，みんなで協力して楽しいグループにしていきましょう」などと相互尊重のことについて話す。多様性，「みんな違って，みんないい」ということもあわせて伝えていく。活動内容や振り返り方法などが示された本を参考にするとよい。

3）日常生活とつなぐ

この規範を施設の職員とも共有し，日常生活で問題行動が生じたときにも，この視点から振り返りを促す。このようにグループアプローチと日常生活が連動することで施設コミュニティ社会の環境を整えることをねらう。多様な人が同じコンセプトを理解して関わることはとても難しいことであるが，そのことが日常生活のチーム援助にもつながると同時に相互尊重の関わり方を職員が理解する機会となり，支援の質が向上する。

ポイント：自分も人も大切にすることと多様性の理解

V　おわりに

良好な人間関係構築を目指すグループアプローチの手法は複数あるが，いずれ

にせよその内容やスキルを子どもが理解するのみではなく，職員が理解し，子どもと大人，大人同士が共通の言語で語れるようになることが社会における子育てに役立つ。「どの活動を取り入れたか」，あるいは，「取り入れたからよい」のではなく，大人同士がまず，相互の人権や価値を尊重する姿勢をチームで共有すること，そして，子どもと共有することで子どもの養育環境を整えていくことが重要である。グループアプローチはそのきっかけや軸となるものでもあろう。

ポイント：グループアプローチは生活環境を整えるきっかけになる。

参考文献

木村　秀（2008）被虐待児への児童養護施設における環境療法―セカンドステップ・プログラムによる事例研究．淑徳大学大学院総合福祉研究科研究紀要，15; 81-98.

森田展彰，有園博子，肥田明日香，他（2003）児童養護施設における思春期児童を対象としたグループワーク．子どもの虐待とネグレクト，5; 185-198.

ウイリアム，K.，クレイドラー，J.，他／プロジェクトアドベンチャージャパン訳（2001）対立がちからに―グループづくりに生かせる体験学習のすすめ．C.S.L.学習評価研究所．

徳山美知代，森田展彰（2007）児童養護施設における治療的養育の手段としてのグループアプローチ．子どもの虐待とネグレクト，9(3); 62-72.

（徳山美知代）

3－4

学校における支援

Ⅰ　はじめに

　学校という場は，教科教育を中核におきながらも，子どもの人格的，情緒的成長を支援する場であり，子どもにとって大切な生活の場でもある。学校で子どもが経験する，大人との関係，子ども同士の関係は，子どもが社会に出ていくためのもっとも重要な経験の１つである。

Ⅱ　子どもの育ちにおける学校の役割

　教員は，教科教育の「教えるプロ」であるとともに，子育てに重要な役割を果たすという二重の役割をもっている。学校教育の「子育て機能」は，生徒指導，学級運営，健康管理，道徳教育，安全教育，給食（食育）などの中に分散していて，まとまった形で見えにくいが，その機能の役割はますます重要になっていると思われる。

　何より，子どもの安全の確保という点で学校の果たす役割は大きい。家庭や地域社会の力が低下している中で，学校がその役割を果たさなければ子どもを守ることができないという例が生まれている。子どもの貧困，居所不明児童など，学校と福祉が連携しなければ解決の難しい問題が近年注目されている。食育という基本的な部分でも，家庭の力の不足によって学校の役割が大きくなっている。「教育を受ける権利」だけではなく，「健康に成長する権利」の実現に向けて学校がもつ機能は大きいと言わねばならない（1-2）。学校が，子どもの人権を守るための「社会による子育て」の一翼を担っているという意識を共有することが，今後

いっそう必要になると思われる。

　ただ，1クラス30〜40名という子どもを1人の教員が担当する日本の教育環境には，育ち支援の観点から見て，さまざまの課題が存在する。不明児童に対して学校が十分な対応ができない事例があることにも，担当数の多さから見過ごされてしまう面を否定できない。さらには，学校内における「育ちの阻害」も存在する。例えば，いじめの存在は，育ちの支援の場であるはずの学校が，育ちを阻害する場にもなることを示している。また，子どもの発達の特性への対応が限界を越えると，集団としての学級が援助的機能を果たさなくなり，むしろ子どもの不安や混乱を増加させる結果となる。学校を，グループアプローチの場の1つと考えることは，今後ますます重要になると考えられる。

　ただし，多数の子どもを対象とするからこそ，逆説的だが，子どもの個別性を把握した上でクラスというグループに対応することが特に重要になる。多様な個別性への配慮なしにグループに対応すると，特定の子どもにとって否定的な影響を及ぼす危険があるからである。その意味で，ここでは，「子どもの個別性を把握した上での援助」について詳しく述べた後に，他の課題として，「クラス内の環境作り」，「保護者，養育者への関わり」，「学校組織によるチーム援助」について述べる。

Ⅲ　個別性を把握するための子どものアセスメントと支援

　子どもの自立を促し，個別の発達を支えるためには，個別性を把握しなければならない。集団として子どもを動かすことを常に要求される教員にとって，個別性を把握した個別的な援助との両立は，時にジレンマをもたらす。しかし，集団として子どもを動かす際に，個々の子どもとの信頼関係ができていなければ，大声を張り上げることで集団を統制できたとしても，子どもの表情は暗く，固くなるであろう。教員にとっても，統率できているという満足感がある一方で，個人を大切にしたい心が曇るだろう。

　個別性の把握のためには，心身の発達段階，学力・体力・対人能力・創造性，美意識や自然に関する感性や性格，興味関心，アタッチメントの発達，これまでの生育歴，養育環境といった視点がある。心身の発達や，学力・体力は，通常の学校教育の中ですでに注目されている要素である。ここでは，基本となる発達段

階に触れたのち，支援のために重要であり，また学校でも有効であるにもかかわらず，十分意識されていないことが多いと思われる，アタッチメント，成育歴から考えていく。

1．心の発達段階

　心の発達段階を理解することは，子どものアセスメントの基本である。詳細は別項に譲り（2-1参照），ここでは，発達段階は年齢ではないことに注意しておきたい。子どもに対する支援を子どもの年齢に照らし合わせて行うのではなく，子どもの状態がどの段階なのかを把握した上で，子どもの発達段階に応じた援助を行うことで，子どもの発達を促進することとなる。

2．アタッチメント

　アタッチメントは，不安や怖れを感じたときに養育者から安心感・安全感を与えられることで培われる。そして，他者に対する信頼感の基盤になる（2-5）。不安定なアタッチメントをもつ子どもは，過去の育ちの中で，不安が高いときに，助けを求めても安心感を与えられた経験が少なかったり，なかったりする。そうした環境の深刻な状態は，虐待やネグレクトとみなされるが，実は，その周辺に広がるグレーゾーンの領域が大きく，一見安定した家庭で育ったと見える子どもにもアタッチメントの問題があることは多い。子どもが不安定なアタッチメントをもっていると，教員が温かく接しようとしても，表情が硬かったり，拒絶したりすることがある。温かい関係を経験していないために，嬉しさよりも不安や恐怖を感じてしまう場合である。あるいは逆に，関係を求めて，普通以上に密接に関わってくる子どもがある。親しい関係を求めてくるので接しやすく見えるが，過度になって教員が対応しきれず，距離を置かざるを得なくなり，子どもが拒否されたと感じてしまう恐れがある。あるいは，時と場合によって関係のもち方が大きく変わる子どもや，攻撃的な行動でしか関わりを求めることができない子どもがある。教員が振り回されやすい子どもである。

　いずれの場合も，それらをアタッチメントの問題と理解すると，接し方のヒントが見えてくる。目標は，安定して一貫した関わりを続けることで，教員が安全感・安心感を与える存在となることである。上のいずれの場合も，一時の関わりではなく長期的で安定した関わりを続けることを目指して接することが重要であ

る。ただし、子どもが強い不安を感じていると思われるときにはしっかりと関わり、教員が安全と安心の源と感じられるようにする。攻撃性など、表面の激しい行動に惑わされず、子どもの関わり方の小さな変化に注目していくとよい。

3. 生育歴, 養育環境

養育環境や生育歴に深刻な問題を抱えている子どもの場合、「環境が悪いので仕方がない」と支援の難しさの言い訳にしてしまう恐れがある。養育環境や生育歴を知ることで、子どもを理解する手がかりとすることが重要である。以前の担任からと情報を共有したり、複数の教員で検討したりすることを通して、まずは得られる限りの情報で成育歴、養育環境の実態を確かめていく。この作業は、関わり方の工夫以前に、子どもへの見方を変える効果がある。つまり、「問題をもった子ども」ではなく、「大変な環境で生き延びている子ども」として見ることができるようになる。例えば、落ち着きのなさ、引きこもる傾向、集中力のなさ、といった問題が、いつ責められるかわからない環境で緊張している状態、それ以上混乱しないために外への窓口を狭めている状態、気になることを精一杯考えている状態と理解できるかもしれない。養育環境を知ることで、多くの問題を、上記のアタッチメントの問題として捉えることもできる。その上で、本来必要な養育環境の改善が難しいという視点ではなく、学校で何を提供できるかという視点から考えていくことができる。また、養育環境の改善のために学校ができる支援対策を考えることもできる。

4. 対人関係能力

子どもの特徴は、対人関係のあり方として理解できる部分が多い。先の2項目も、対人関係と大いに関係する。発達障害などの際立った対人能力の偏りに関しては他項に譲り（2-5）、ここでは一般的な児童・生徒の対人能力のアセスメントと援助について述べる。

近年、人と関わることが苦手な子どもや若者が増えてきている。「協力」や「援助行動」が適切にできなくなっているという現場の声も聞こえる。その背景としては、インターネットやゲームなどの機器による遊びの増加、遊び場の減少により、他者と体を張って関わる遊びが減少したこと、ケンカせずよい子で過ごすことをよしとして、深く関わらないことで衝突を避ける生活を子どもに望む大人が

増えたことなどが要因として考えられる。他者と深く関わらない生活は大人の社会を反映したものでもある。近所や地域との関わりが希薄になる中で、学校は、対人関係形成能力を育む重要な場となっている。

対人関係形成能力のアセスメントは、行動観察が中心となる。子どもの他者との関係について、どんな関わりをしているのか、他者と衝突するのか、あるいは関わるのを避けているのか、他者と衝突する場面はどんな場面なのかなど、状況と子どもの言動を観察することでアセスメントが始まる。その際、対人関係の問題の発生因として、①ソーシャルスキルの未獲得、②相手の気持ちの理解能力の不足、③情緒的な不安の高さ、という3つの側面が考えられる。

①であれば、経験の不足と考え、例えば「○○のときには、ありがとうと言おう」など、適切な関わり方についての助言を与えることで改善される。逆に言えば、こういった助言をしてみたときにそれを素直に受け入れることができれば、経験不足によるものと見立てることができる。

②であれば、普段の生活の中で他者を慮る言動があるかないかを観察するのが基本である。発達障害のアセスメント項目が参考になる。発達障害として理解できる場合も、そうでない場合も、相手の気持ちがわかりにくい子どもの場合、「相手の気持ちをわかりなさい」という指導では理解できない可能性が高い。「相手の気持ちをわかる」能力は、経験の中で体感として育っていくものである。その育ちが不足している原因としては、生来苦手な側面と、「気持ちをわかってもらった」経験が不足しているという側面がある。両側面が重なっていることも多い。「相手の気持ちを理解しなさい」という指導は、（少なくとも今の段階）できないことを要求されているという圧迫感を与えるか、「わかってもらえない」感覚をさらに与えてしまう危険がある。

支援としては、体験を共有することが有効である。例えば、子どもと並んで歩くことや、子どもと指導者がある箱を持ち上げるなどの自分の振る舞いと相手の振舞いとを合わせるといった協調活動、「あの廊下の貼紙を見て！」など指差しをして共同注意を促すこと、「あの飛行機はとても大きいと思うよ、君もそう思う？」といった自分の視点と相手の視点を比較対照することで視点取得を促すこと、遊びの体験を通した情動交流などがあげられる。

危険行動についても、②の文脈によるものか③の文脈によるものなのか、行動の状況を詳細に把握して考える必要がある。③の課題によるものであれば、対

人関係を求めることから生じていると考えられ，他の場面で安心感を与える関わり方を促進していくことで減少する可能性がある。②の課題によるもので，発達障害の要素が強ければ，刺激に反応しやすい，こだわりが強い，などの特徴も伴っていることが多い。短期的な支援では行動に変化が見られないことも②の側面が強いというアセスメントの根拠となる。

　学級内の環境が子どもに与える安心感の程度によって子どもの対人関係の作り方は異なるので，後述の学級環境のアセスメントも併せて行うことが必要である。

5．学力

　学力に関するアセスメントは，教科教育の中で当然行われている。ここで取り上げたいのは，学力のアセスメント法ではなく，個々のアセスメントに基づく支援法である。

　教科教育の目的には，各教科における学力の向上と，教科を通じて行われる思考力，記憶力，文章力などの一般的な学力の向上とがある。最終的に社会で生きていくことを目指す上で，後者を意識することが重要である。例えば，点数に現れる教科の成績を伸ばすために自分で考える思考力を伸ばす機会が減少するのは，生きる力をつける上で望ましくない。

　この2つに加えて，本書にとって重要なのは，学習に対する姿勢，意欲を伸ばし維持するという教育の目的である。「勉強は面白い」という体験を増やし，「もっと勉強したい」という気持ちを育てることが，どの年齢でも重要である。こうした姿勢や意欲さえ身につけば，学力は自然についてくるともいえる。しかし，環境に恵まれない子どもは，勉強に対して早くに自信を失い，学ぶ姿勢，意欲をもてなくなっていることが多い。

　子どもの学力のアセスメントが重要なのは，その上に立って指導をしないと，意欲を失わせ，学習から遠ざけてしまう危険があるからである。数値として現れる学力だけではなく，子どもがつまずいている点を具体的に明らかにし，その部分を解消できるような支援が必要である。たとえつまずきがすでにあったとしても，教えてもらう体験を通じてわかるようになると，「今わからないことでもわかるようになれる」という自信をもつきっかけとなる。

　個別に対応したいが時間がないのが多忙な教員の現状であろうが，個々の子どものアセスメントができていると，つまずきを発見するチャンスが増え，それを

3－4　学校における支援　137

修正するチャンスも増えるだろう。また，子どもの現状では難しすぎる課題に力
を注いで，子どもの意欲をそいだり，教員との信頼関係を損なったりする危険が
経るだろう。

6．身体的発達・身体能力

　身体的な発達は，不適切な養育環境を理解する窓口になる。虐待的あるいはネ
グレクト的環境による身体的成長の遅れはもちろんのこと，無表情，身体の歪み，
身体全体の緊張，あるいは，肩や顔の表情筋など特定部位の緊張に着目すること
で養育環境を想像することができる。さらには学校内が安心できる環境であるか
どうかのアセスメントにも結びつく。

　体育の時間や休み時間の運動の様子から注意集中の問題を捉えることもでき
る。「運動が苦手」といった全般的評価ではなく，教示の理解不足，体の部分へ
の注意集中の困難，筋力の弱さなど，より詳細に考えることで，子どもの特徴や
背景を理解することができる。

　また，子ども自身が自分の体の状態に気づけるよう導くことで，心身のバラン
スをよくしたり，怒りの爆発やパニックを防いだりすることができる。例えば，
怒りを爆発させやすい子どもに，落ち着いているときに「腹が立つと止められな
い方だから，だんだん直していこう」という目標を立てて共有し，「いらいらし
て危なかったら，ちょっと止まって深呼吸しよう」という工夫を伝えることがで
きる。緊張しているように見えるときに，どこに力が入っているか場所を言って
もらうことで，体の状態に気づけるように導くことができる。

　身体や運動に関する事柄は，人の目にはっきりと見えるので，弱点がさらされ
る「恥」の感覚につながりやすい。自尊感情が低下しないよう，人間は1人ひと
り違うという多様性を認め合える受容的な環境を学級や子ども集団に形成するこ
と，否定的な評価や言葉かけを行わないことが原則である。「それはだめ」では
なく，具体的にどうしたらいいのかを端的に伝え，理解度を言葉と身体表現によっ
て確認しながら，少しでも変化したことを褒めることをくり返す。それによって
子どもの自己効力感が高まり，自律性の獲得に向かう。

7．その他の個性（性格，興味関心，創造性，美意識，自然への感性など）

　ここにあげた内容は，学校教育の中では評価されにくいものである。しかし，

138   3　子ども支援の実践

表 1　行動観察の要点（中尾［2009］より抜粋）

- 全体の姿勢緊張
- 書字動作（不器用さ，頭の揺れなど）
- 発表動作（手の挙げ方，タイミング，読みの能力，応答方法など）
- 視覚認知機能（眼球運動，空間認知）
- 聴覚認知機能（音の弁別，傾聴能力他）
- 不器用さ
- コミュニケーション（発話の意図理解，話題の一貫性，知識，類推など）
- 話す・聞く（発音，リズム，言い間違い，聞き違い，文法の誤り，聴覚記憶など）
- 読む・書く（音読能力，内容把握，短期記憶，巧緻性，視覚記憶など）
- 心的ストレス（母子関係，友達関係，先生との関係など）
- 運動発達
- 知的発達

　こうしたさまざまの特徴の把握は，子どもの多様な側面を大切にし，育てることにつながる。また，教員がこれらに目を向けることで，それをモデルとして他の子どもにも多様な個性を大切にする姿勢が生まれる。「同じでなくてはならない」「変わっていてはいけない」というプレッシャーの多い子ども集団にとって重要なメッセージである。また，成績など数値で測れるもので人と比較する傾向の強い中で，数値にできないような特徴に目を向けることにはそれぞれ違った個性を尊重する意義がある。

　子ども集団では，個性を「いじり」の対象として，表面上楽しく笑っているようでありながら，少し間違うといじめに発展するようなコミュニケーションが多く見られる。「いじり」は，個性に注目しながらも，それに価値を置くのではなく，いじめに同調する力，あるいは人を1つの「キャラ」の中に閉じ込めて不自由にする力をもっている。教員が子どもの個性に注目するときに，からかいや笑いの対象とするのではなく，個性を評価する肯定的なメッセージになるような表現をとることが望ましい。

　ここまで述べてきた子どもの能力のアセスメントに必要な行動観察のポイントについては，表1参照のこと。

3－4　学校における支援　139

Ⅳ　クラスの環境作り

1．教員と子どもの信頼関係作り

　すでに述べたように，集団としての望ましいクラスの環境を形成するために
は，教員はさまざまの側面から子どもを把握し，個別の対応を行わねばならない。
その蓄積によって，子どもに安心感が培われ，教員への信頼感が形成されていく。
そして，子どもの安心感を蓄積するには，学級内に，多様性を認め，相互の価値
を尊重する「相互尊重」の規範を定着させる必要がある。

　ここで1つの実践例を紹介してみよう（クレイドラー，2001）。「フルバリュー」
という言葉をキーワードにする方法である。「フルバリュー」とは人には価値が
あり，それを互いに尊敬する「相互尊重」のことで，この言葉をクラスの約束事
とする。“ビーイング”という課題を通して，子ども自身に，「安心していられる
環境とするためにどんなことができるか」と問いかけ，各自に記入してもらい，
学級全体の約束として呈示する。自律を促すためにもよい方法である。その一方
で，教員が，①心も体も安全に，②正直に，③一生懸命に，④友達のがんばりを
支える，⑤自分も人も大切に，⑥楽しく！　と呈示して，遊びや授業，生活の中
で，適宜，自分たちの行動を振り返る時間を作り，お互いを受け入れる環境作り
を行う。そのように，子ども同士の安心感を培うことで，信頼感を構築すること
ができる。

　これは一例であるが，こうした具体的な方法を取り入れることには，教員の判
断で適宜子どもに注意を与えるのとは違った効果がある。学級全体の方針として
子どもにはっきり伝えることで，好ましくない社会規範や差別意識が，それにつ
いて意識しないままいつの間にか心に入り込むことを防ぐとともに，望ましい社
会規範を学級内に浸透させることができる。

2．集団のアセスメント

　個人のアセスメントと同時に学級集団のアセスメントも行う。以下のような視
点を参考に，学級集団の状態を把握する。

①目標：目標はグループ・個人にとって適切か。

②レディネス：子どもの意欲はあるか。課題を理解しているか。

140   3 子ども支援の実践

③感情：グループ内の雰囲気は，楽しそうか，グループ内に思いやりはあるか，
　共感的に関わっているか。
④行動・態度：どんな会話が行われているか。会話数は多いか，誰と誰の会話か，
　どんなことを表現しているか。受容的か。拒否的か。防衛しているか。相互の
　距離はどれほどか。

3．グループに対する教員の関わり方

　教員の姿勢は，「厳しくも温かく」が原則である。ルールや教育の基準に関し
ては厳しく，個々人は温かく受け入れるという姿勢である。教員の役割を，「リー
ダー」と「ファシリテーター」に分けて，使い分けを意識するとよい。

　1）リーダーシップ

　教員は，相互の心身の安全を確保するために相互尊重といった規範を確実にす
ることなどのリーダーシップをとる。揺らぐことなく，グループ全体をまとめる
リーダーシップは指導者としての教員に必要な関わり方である。

　2）ファシリテーター

　常にリーダーとして子どもたちを先導するのではなく，グループ活動を促進す
るファシリテーターとしての役割をとることが求められる。それによって子ども
個人の自発性が発揮されるとともに，グループ間の葛藤とその解決方法を子ども
たち自身が経験することができる。やがて，それらの力が内在化されて，問題解
決能力が高まるとともに，グループの凝集性も高まる。

　教員が，相互尊重の姿勢を基盤に，リーダーシップとファシリテーターとして
の位置づけのバランスをとって振る舞うことで，子どもに安心感を抱かせるとと
もに，自律を促すことにつながる。教員の相互尊重を基盤とした言動は，子ども
にとってのモデルとなる。グループ内の子どもの言動が不適切と思われるとき，
親や教員も含む大人の振る舞いをいつの間にか真似ていることがよくあるもので
ある。

Ⅴ　保護者や養育者への関わり

　保護者・養育者に対しても相互尊重の精神を基盤に関わる。保護者・養育者と
ともに子どもを育てる協力関係を作ることを心がける。子どものよいところを見

つけて，それを伸ばそうとする肯定的な関わり方を保護者・養育者と共有することで，関係性が次第に構築される。「学校に呼ばれること＝お叱りを受けること，悪いこと」と考える保護者も多い。仕事をもつ両親も多くなり，なかなか学校に足を運ぶ時間がとれない場合が多く，教員からの呼び出しにせよ，親からのクレームにせよ，問題が起こったときに関わるという関係になりやすい。子どものよい面を見つけて，育てる方法や相互尊重の姿勢を心がけ，その姿勢を子どもにも保護者にも伝えるようにしていれば，子どもや保護者を介して保護者全体に伝わり，協力的な関係が生まれやすいだろう。

Ⅵ　チームとしての学校組織

　学校組織を「チーム」と理解することが重要である。学校は担任制をとっているため，担任1人が抱え込んだり，担任の責任として任せてしまったりしやすい傾向がある。意見を出し合い，方針を共有しながら，教員メンバーの長所を生かし弱点を補うことによってよいチームを形成するという姿勢が好ましい。学校も子どもの育ちを援助するチームの1つと考え，子どもが多くの大人によって支えられていると感じることのできる場になることが重要である。以下に，チーム援助の観点から学校場面で必要になるであろういくつかの視点に触れておく。

1．専門性の尊重と協力

　学校のスタッフは，役割や専門性の異なるメンバーから構成されている。管理職という役割もあれば，子どもの心身の育ちという観点で重要になる保健教諭，スクールカウンセラー，スクールソーシャルワーカーなどの専門職も存在する。スクールカウンセラーやスクールソーシャルワーカーは，子どもの相談や親への対応のみならず，専門的な立場から教職員をサポートする機能をもっている。子どものアセスメントには，スクールカウンセラーの専門知識が大いに役立つであろう。保護者への対応に苦慮する場合にもアセスメントが重要であり，カウンセラーからの助言が役立つであろう。

2．クレーム対応

　クレームが発生した場合には，真摯に聴いて，必ず記録をとるようにする。そ

の上で，「保護者が求めていること」「何に怒っているのか」などを書面にして，教職員間で情報を共有した上で，教職員同士がコミュニケーションをとりながら対策を講じる。その際，教職員間に相互尊重の基盤ができていれば，スムーズに相談ができ，肯定的な意見も出やすい。また，1人で抱え込まずにすむので，精神的負担も軽減できるとともに，冷静に関わることができる。

　クレームを組織として吸い上げ，管理するための仕組みを作っておくことが大切である。苦情対応ポリシーの決定や実現するための規定やマニュアルを策定すること，そして，その運用実態を確認して，不都合の改善や加筆をくり返すことで，安定した仕組みができあがる。

ポイント：教員の関わり方の基本
・子どもの特性を理解した上で，支援のベースラインを作ろう。
・子どもや保護者に対して，教職員同士が相互尊重を基に関わること，そのことが，信頼関係を構築するベースとなる。子どもと一緒に楽しみ，よいところを見つけよう。そして，相手の視点に立つことを忘れずに。

Ⅶ　おわりに

　子どもを包容する場としての学校における支援にとって基盤となるものは，信頼関係である。教員と子どもとの信頼関係，信頼関係に基づいた学級，信頼関係でつながる教職員間，そして，教員と保護者との信頼関係が子どもの発達・成長を支える原点である。いじめや不登校，学力低下，特別支援教育など，教員は多様な側面からの対応が求められている。保護者に対する対応も課題となっており，授業内容の増加や事務作業の繁雑さも加わって，疲弊し，休職に追い込まれる教員も増加している。教員が元気で，子どもを抱える力を保つためには，「すべてを1人で，そして，パーフェクトにやらなければならない」という考えを捨てることが第一ではないだろうか。自身を，保護者，教員，他の専門職など，子どもをともに育てている社会全体の一部と考え，協力関係を作るようにしたい。

参考文献

宮下賢路（2010）教職員のためのクレーム　リスクマネジメントの最新技術．学校リス

クマネジメント機構.

中尾繁樹（2009）「特別」ではない特別支援教育1—子どもの特性を知るアセスメント
　と指導・支援. 明治図書.

ウィリアム・J・クレイドラー，リサ・ファーロン／プロジェクトアドベンチャージャ
　パン訳（2001）対立がちからに—グループづくりに生かせる体験学習のすすめ. C.S.L.学
　習評価研究所.

（徳山美知代）

3－5

性に関する援助

Ⅰ　はじめに

　社会の中で自立して生活できる子どもを育てるために，性に関する援助は最も重要な活動の1つである。学校においては性教育の基本的な方針や方法がすでに確立されている。ただし，学校における性教育は，健康的で標準的な環境にある子どもを念頭においた一般的な教育となっている。したがって，本書が特に対象としている，養育環境に恵まれない子ども，それを背景として性に関しても不適切な対応を受けたことがある，あるいは受ける恐れのある子どもについては，より踏み込んだ形での援助が必要である。児童養護施設においては，成育歴の中で性被害を経験している子どもがあり，また集団生活のなかで不適切な性的刺激にさらされる危険も常に存在する。ここでは，そうした状況を念頭においた性に関する援助について述べる。ただし，性の観点から不適切な環境や体験は，社会の目から隠されやすく，子ども自身も隠しやすい性質をもっている。性被害を受けている子どもの数は，認識されているよりもはるかに多いと考えられ，学校をはじめあらゆる場にそうした子どもがいることを意識して対応すべきである。

　また，残念なことだが，福祉施設や教育施設のような子どもが生活する機関では，その機関の中で性的被害が発生する恐れがあり，実際に被害が発生している。加害者は，職員，教師などの大人の場合もあれば，年長の子どもの場合もある。そうした被害は「あってはならないこと」だが，それが「あるはずがない」という感覚を生むと，予防対策が不十分になることがある。そして，発生したときに隠ぺいしたり，加害者の処罰だけで処理し，その後の発生予防や被害者のケアが不十分になることがある。子どもが生活する場には，常に性的被害が発生する危

3−5　性に関する援助　145

険があると考えて対処していかねばならない。

Ⅱ　性教育

　性教育は，性に関わる問題の発生防止のためにも，すでに起こっている問題を子ども自身が認識し，解決への糸口を発見するためにも，重要である。

1．性教育の内容構成
　性教育の国際的な流れは，「包括的性教育」として捉えられ，科学・人権・自立・共生を核とすることが「国際的性教育実践ガイダンス」に示されている。往々にして，性知識の伝達のイメージが強い性教育であるが，そうではなく，他者と関わりながらも自立的に生きるための教育なのである。つまり，生涯を通して変化する自己の身体を科学的側面からも受け入れながら，相互の人権を尊重した人間関係構築を基盤にし，社会の中で生きるソーシャルスキルを身につけることでもある。このように考えれば，親や施設職員，さまざまな立場の支援者が，その場に適した方法で子どもに生活する力をつけさせることが性教育の目的でもある。「教員ではないので性教育はできない」と思われている支援者もあるかもしれないが，そうではないことを改めて理解していただきたい。
　現在，性教育としてさまざまな取り組みが行われているが，包括的性教育の一例として，その教育の構成要素を表1に述べる。これを参考にして，対象となる子どもや集団に必要な要素に即した活動を行う。

2．性教育の方法
　複数の職員がチームを組んで性教育の時間を確保し，子どもの状態や特性に合わせた内容とツールにて，個別，あるいはグループで性教育を行う。被性的虐待歴をもつ子どもであれば，個別に行うといった配慮も必要となる。なお，現在は性教育の本も多数出版されているので指導者が取り組みやすい本を用いると導入しやすい。
　絵本の例：絵本を見ながら，話をすると話が展開しやすい。年齢，内容によって選ぼう。
・プライベートゾーン，マナーなどに関する本：『いいタッチ　わるいタッチ』（安

146 3 子ども支援の実践

表1 包括的性教育の構成要素

構成要素1 相互尊重：お互いの価値を認める
人は多様であり，それぞれに価値があるという多様性の理解を基本とする。勉強ができるから，お金があるから偉いのではなく，あなたが存在していること，今，ここにいて皆とともにいることに価値がある。「みんな違ってみんないい」という，多様な人を認め，受け入れる相互尊重に基づく人間関係を共有する。また，自己決定を尊重することで自己決定力を高める。人権教育であることを意識しながら実施する。相互尊重の関係性は個人の自尊感情や自己肯定感を高める。子どもに対する教育とともに，支配関係ではない相互尊重の関係性を基本に，職員自身が職員間および子どもとの関わりの中で相互尊重を体現していく。

構成要素2－1 自尊感情・自己肯定感の向上（情緒的な絆・つながり）
安定したアタッチメントの形成と生い立ちの整理が，性教育の基盤となる。養育者が安定したアタッチメント対象となることで，子どもはその対象像，あるいは関わり方のモデルを内在化し，自尊感情が高まる。並行して，家族との関係も含む現在までの経緯，経験を整理することで自己理解を高める。その作業を通して，例えば自分が悪かったなどの歪んだ自己理解を修正し，自尊感情・自己肯定感を向上させる。安定したアタッチメントの形成と，過去の整理によって，多くの人に大切にされ，支えられていることの理解を目指す。また，年月を経て命がつながってきたこと，父母がいたから命があることを理解する。

構成要素2－2 自尊感情・自己肯定感の向上（自己との関係のスキル）
身体をめぐって問題や悩みがあると，自尊感情・自己肯定感を損う恐れがある。子どもが自分の身体を理解し，心と身体の安定した関係が形成されることが目標となる。身体に関する全般的理解の中で，性への理解も形成していく。心と身体のよい関係のために，次のような要素が重要である。
①自分自身の身体についての理解と受容。その中に，男女差や発達の個別性の理解が含まれる。
②身の回りを清潔に保つ方法の習得：身だしなみへの関心の中で，性器を清潔に保つこと，月経への対処方法なども習得する。
③境界線・プライベートゾーンの理解：人との間の境界を意識し，自己と他者がそれぞれもっているプライベートな領域を尊重しあうことの意味を教える。

構成要素3 感情表現（他者との関係のスキル）
他者とのよい関係を実現するには，感情の理解と表現が重要である。また，性の歪みは，不安，不快，興奮といった感覚や情動を掻き立てることで，感情に深刻な影響を与える。感情を適切に表現することを学ぶことで，養育者も子どもも性の問題も扱いやすくなる。感情表現のスキルは，①自他の感情理解，②怒りのコントロール方法の習得，③表現方法（コミュニケーション・スキル）の習得のような要素を通して扱うことができる。

構成要素4 他者との関係と性
性に関して適切な表現や対処を可能にすることで，子どもは自分を守ることができるという安心感と並行して，他者を尊重する気持ちを育み，相互尊重の精神を具体的に学ぶことができる。年齢に応じて，次のような要素を組み入れることができる。
①適切な対人距離の理解，②いいタッチ・わるいタッチの理解，③自分を守る方法：

a. 自身が望まない行為を強要された際には「やめて」「いや」と言えるようにする。b. 大人に相談する：あなたを助けてくれる沢山の人がいることを理解する，④自慰のTPO：自慰行為は悪いことではないので，TPOを選び，人に迷惑にならないようにする。

構成要素5　命と性

性を生と命の中に位置づけるために，①性行為から命が生まれることを理解し，性的な行為の重みを理解すること，②妊娠，出産，避妊に関する科学的知識と対応方法を習得する。

構成要素6　性に関連する課題についての知識と対応方法

性に関わる諸問題：① HIV・性感染症（STD），②インターネットやメールの功罪と犯罪について：a. 犯罪としての売春・買春，b. 心身に及ぼす危険性，c. 友達に勧められたときに断る勇気と断る方法，③性被害・性加害の理解，④性化行動の理解と知識をもつことで自分を守ることができる。また危険に近づいたときに，早期にそれを自覚し，解決・相談することができる。

　藤由紀，岩崎書店，2001年）

・女の子，性被害予防に関する本：『わたしのはなし』（山本直英・和歌山静子，童心社，1992年）

・悪い人から身を守るための本：『Say "No"　やめてといおう！』（安藤由紀・かりやぞののり子，岩崎書店，2004年）

Ⅲ　日常生活における性の扱い

1．日常的配慮

　性の適切な扱いは，性教育の時間だけでなく，日常生活を通して実現される。性教育の基本姿勢である相互尊重の精神が日常生活の人間関係の中に実現されるには，常日頃からの取り組みが必要である。子ども間の関係を把握すること，特に支配・被支配関係が基調となっていないかをチェックする。性被害は力関係の中で発生することが多く，強いものから弱い者への支配があるところでは，性被害が発生するリスクが高くなる。

　また，物理的に死角が存在しないか把握しておく。職員の目が届かない時間帯や場所をなくすとともに，ある場合には，その場での被害発生を防止する具体的対策を立てる。

　身体を大切にする姿勢も，日常生活で自然に交わされる会話の中で伝えていく。例えば，幼児の場合，入浴中に体を洗いながら，「大切なところだからきれいに洗おうね」と語りかけて洗うなどである。性教育に含まれる，いいタッチと

わるいタッチの区別，人との距離などは，生活の中で場面に応じて伝えることではじめて実現される。

性の話題が出たときに，大人が恥ずかしがると，子どもはおもしろがったり茶化したりする。そうした姿勢は，性に関するからかいから，さらには攻撃へとつながる恐れがある。性の話題は，恥ずかしがらず，しっかりと毅然とした態度で取り上げる。

2．具体的応答法

子どもは性に関心をもっているので，子どもから問いかけてくることがある。最も効果ある性教育の機会と捉え，しかし力むことなく，子どもの発言や疑問に即して，一緒に考える姿勢で話をしよう。

また，相手を否定することなく，安全感を与える関わり方で応答する。そのために，「私は〜と思うよ」という，私（Ｉ）メッセージでの応答が役立つ。

　例１　　テレビで突然，セックスシーンが出てきたら
　応答例　「大人同士が仲良くしているんだね」
　　　　　「大人の触れあいだね」
　例２　　「先生，セックスしてる？」
　　　×「そんなの聞くもんじゃない」
　応答例　「どうして知りたいの？」
　　　　　「大人になって，大好きな人同士がすることなんだよ。しているかどうかは，プライベートなことだからナイショ」

3．性的な行動（性化行動）への対応

子どもの性的な行動について職員が戸惑って，強く止めるだけになったり，叱責して恐怖感を与えたりしてしまいがちである。はじめに強い注意を受けてしまうと，子どもはいけないことをしたと認識して，それ以上語らなくなる。そのために，性を話題に取り上げにくくなったり，隠れた行動が促進される恐れがある。そうした行動があったときは，すぐに注意するのではなく，どこで，誰から，そのような行動を学習したかを尋ねる。「どこで見たの？」「どんな風にするものなの？」「誰に教えてもらったの？」などの質問をする。

仲よくなりたくて近づくときに，過度に近づいたり，性的な行為となって現れ

たりする場合もある。そうした機会に，身体接触は仲良くする手段ではないことを教え，よいコミュニケーションの仕方を教えていく。

4．新しい文化づくり

こうした取り組みは，性も命と同じ大事なものとして，真剣に取り組み，話し合う文化作りでもある。性に向き合うことは，社会の中で性的な被害や犯罪に巻き込まれるのを避けることでもあり，子どもの安全を確保することにつながる。また，性は本来，生命をつなぐものであり，その尊いものである。子どもを育むプロとして，性に対する意識を高めていきたい。

> ポイント：日常生活の文化や日々の養育者・指導者の応答が包括的性教育となる。子どもと性について真摯な態度で向き合うことが，子どもとの関係を構築するきっかけともなる。

Ⅳ　発達障害や知的障害のある子どもに対する性教育

知的障害のある子どもに対しては，例えば，妊娠と避妊に関する知識を教えるとともに相手に対して「やめて」などと自己主張の方法を教える。また，発達障害があり，他者の視点をもちにくい子どもに対しては，自分にとって大切なこととして教える。例えば，「人に見られて恥ずかしい」ではなく，「自分にとって大切なところ」としてプライベートゾーンを教える。いずれにせよ，簡潔，明確，具体的に，していいことと悪い行動を教える。

> ポイント：子どもが理解できる方法で自分と相手を傷つけない方法を教える。

Ⅴ　性的問題が発生した際の対処

性教育を行い，生活において配慮をしていても，性的問題が発生する危険は常に存在する。配慮に不足する場合は特にそのリスクは高い。いずれの場合も，性的問題が発生すれば，性への適切な扱いを実現する機会と捉えて，積極的にかつ

150　3　子ども支援の実践

丁寧に解決対策を講じなければならない。以下に例として児童養護施設内での対応法を簡単に紹介する。

1．聴き取り

　性的問題を訴えてきた子どもから事実を確認する。事実確認のための聴き取りは，受容し安心感を与えるよう努める。子どもの話を受容すること自体に意味があるので，どんなことが語られても否定しない。当該児童が打ち明けてきた場合は，訴えること自体が子どもにとって強い不安や恐怖を伴うことを考え，その後も面接者を変更することなく，その担当者が継続して話を聴くようにする。基本的に，1回の面接で必要な情報をすべて聞き取るようにする。担当職員に打ち明けづらいと考えられる場合は，「誰だったら話せる？」と子どもの希望に沿う。

1）応答

　ポイントを絞って簡明に聴くよう努める。基本的にオープンクエスチョンで聴く。上手く答えられなかった場合には，「昼だった？」「それとも違うとき？」などの選択肢を与える。事実確認にとらわれて子どもの感情を無視することや否定的な言葉がけ，「このことは他の人に言わないから話して」といった取引は不適切である。

〈具体例〉

　「ここは安全な場所だよ」と安全確保を伝える。「何が起きたのかな？」，場所や時間が曖昧であれば「いつだったか覚えている？」などと尋ねる。なぜ（Why）？という質問はせず，「どういうふうに始まったの？」「どうやって終わったの？」など，プロセス（How）に焦点を当てる。もう少し，詳しく聞きたいときには，「そのことをもう少し，詳しく話してくれる？」とオープンクエスチョンで尋ね，できるだけ，具体的な内容を聞く。

　「あなたが悪いのではない」といった説明を，面接の中で行う。また，「何か聞いておきたいことある？」「今まで気づかなくってごめんね。これからはあなたを守るからね」などと伝え，最後に，話してよかったという気持ちを子どもがもつことが目標である。

2）加害児童への聴き取り

　加害者は被害体験をもつ可能性がある。被害体験があってそれに対する対応が不十分な場合，当人は「自分だって○○をされた」という被害者意識をもってお

り，それが解消しない限り，加害体験を振り返れないため，被害体験がある場合はそちらから先に聞く。そして，加害の事実に対しては，人格は尊重しつつ，してしまった行動に対して，どうやって償うか，再発しないように何をするかを具体的に考え，実行する。良い点を認めるとともに，課題を確認すること，さらに内省を促し，自分で目標を設定できるように導く。

3）安全の確保・心理的援助

聴き取りの後，被害児童の安心できる生活空間を作るために，加害者と被害者の居住空間を分離した部屋割り，生活のスケジュール，加害児童への対処などを行う。自分から被害を打ち明けてきた場合には，話すことに対して気持ちの準備ができていることもあり，トラウマの再現やフラッシュバック，怒り，うつのような精神症状が出る危険性は少ないとも言われている。しかし，どの程度心理的苦痛が継続しているかを，心理療法担当職員とも相談しながら確認し，その状態に合わせた対応方法を検討する。トラウマ症状診断ツールを用いて，その結果を用いて，「例えばどんなことがあるの？」と尋ねることで，具体的に子どもが感じている苦痛を理解できることがある。ただ，「しんどくない？」と尋ねても，その問題を回避したい気持ち，職員を心配させたくない気持ち，全般的な不安などから「大丈夫」と否定する傾向があることに留意する。

さらに周辺児童に対してどのように説明をするのかを，スタッフの間で十分協議して，「皆が納得できる」説明内容を考えた上できちんと説明する。

2．組織としての対応

1）報告

対応した職員は，主任等の責任者に口頭で報告するのはもちろんであるが，報告書を作成して残す。報告書には子どもの言葉をできるだけそのまま，記録する。動作や表情なども記録する。PTSDを発症しているかどうか，子どもの感情・認知・行動の側面からアセスメントし，記録する。

2）施設内会議と職員のメンタルヘルス確保

初動対応の段階から，施設内会議を通して，スタッフ間で情報の共有をしながら進めることが重要である。もちろん，守秘義務は遵守のこと。

性的被害はさまざまの感情を掻き立てる出来事であり，職員の間にも，不安や憶測が広がりやすく，また，二次的外傷性ストレスを経験しやすい。職員間で事

152 　3　子ども支援の実践

態の理解にずれがないということが安心感をもたらす。

> ポイント：被害者，加害者ともに，安全感・安心感の確保を第一に。加害者
> はかつての被害者であった可能性も念頭におこう。アセスメントと施設内
> 外の的確な情報共有が子どもと職員を守ることにつながる。

Ⅵ　おわりに

　包括的性教育は，他者とともに自立的に生活していくことが目標であり，科学・人権・自立・共生がその核をなす。そのためには相互尊重の関係作りが基盤となる。また，性的な問題が生じた際の聴き取りや対応は安全感・安心感確保が第一であり，聴き取りも相手を尊重したかかわりを行う。

参考文献

1）クリシャン・ハンセン，ティモシー・カーン著／本多隆司，伊庭千恵監訳（2009）性問題行動のある知的障害者のある知的障害者のための16ステップ．明石書店．
2）太田敬志, 木全和巳, 中井良次, 他編（2005）子どもたちと育みあうセクシャリティー—児童養護施設での性と生の支援実践．クリエイツかもがわ．
3）田代美江子（2014）学習指導要領の枠組みの中で日本の性教育の可能性を考える—「日本における包括的性教育の手引き」構築の手引き．季刊セクシャリティ，65; 22-23.
4）ティモシー・J・カーン／藤岡淳子監訳（2009）性問題行動・性犯罪の治療教育2　回復への道のり：パスウェイズ—性問題行動のある思春期少年少女のために．誠信書房．

（徳山美知代）

3−6

子育てに問題を抱える親の理解と援助

I　はじめに

　子育てに困難をきたしている親の援助を行う場はさまざまである。「子育て支援」に関わる機関はすべてそうした仕事に携わっている。保健所，民間機関などが行う子育て相談は，親への援助を直接行う活動である。保育所，幼稚園，学校，養護施設などは，子どものケア，養育，教育などを本来の業務にしているが，それに伴って親への対応が重要な要素となっている。児童相談所は，子どもの福祉の実現という目標のために親への対応を行う。このように見てきて浮かび上がるのは，親を援助，教育，治療する公的機関が意外に少ないことである。親自身が不適切な養育を受けたことで問題を抱えている場合，それを対象として十分な援助を提供できる機関は限られている。特に，子どもの学齢期に達すると，親が自覚をもって相談機関を訪れない限り，十分な親への支援が提供されにくい。子育てに困難を抱える親の多くは，子育ての問題を指摘されることに不安を感じるため，積極的に相談に訪れない傾向がある。学校において親の子育てに問題を認識しても，それに対して対処する道筋は限られている。また，虐待通告を受けた対応では，はじめから問題のある子育てとみなされる対応になるため，親は援助に対して拒否的になる傾向がある。

　こうした困難を解消していくために，2つの視点が重要である。その第1は，本書の柱になっている，子育ては社会の仕事という理念を広め，共通理解にしていくことである。第2は，子育てで抱える親の問題を，親個人の問題と考えず，親の子ども時代の体験に遡る，「子育て問題の連鎖」の一部として捉えることで

ある。その意味で，現在の親の援助は，過去からの負の遺産の解消策であり，同時に将来に負の遺産を残さないための予防策である。社会という横軸から見ても，過去から未来という縦軸から見ても，大きな文脈の中で子育てを考える視点が必要であり，こうした視点を生かすと過去の文脈の中にとらわれて身動きができなくなっている親を援助して，過去のよいもの（資源）をより生かし，悪いものからは距離をとり，孤立している親を現在の社会の中につなげていく仕事がしやすくなる。多くの専門家がそのような視点をとることで，多くの人が関わることになり，親が子育ての相談をしやすい空気が生まれる。その結果，自分の子ども時代の体験への問題意識に基づいて自覚的に相談する親も増えることが期待できる。

> ポイント：子育てに困難を生じている親を助けるためには，①子育ては親のみが担うものではなく社会全体で担うものであり，積極的に助けを借りよう，②親個人の問題と考えず親の子ども時代の体験の影響を考える必要がある，という２つの視点が重要である。

Ⅱ　親自身が子ども時代に受けてきたケアが子どもへのケアの仕方に影響する

　不適切な養育の要因は多様であるが（4-1表1を参照），特に注目されてきたのは，親自身の子ども時代に受けてきた養育の影響である。不適切な養育や虐待を受けた人が，親になった場合には，子どもとの関係においてその関係性を再現してしまうと考えられている。特に，虐待を受けて育った親では，子を目の前にしたときに，自身が受けた虐待的な養育体験の記憶が活性化され，子どもに対して強い感情的な反応を生じたり，立場を変えた形で虐待的な養育を再現してしまう場合があることが指摘されている。母親が子どもと2人でいると不意に正体不明の不安，恐怖，嫌悪感が生じ，母自身の親との間の葛藤やつらい思い出がそこに現れてくる現象は，「赤ちゃん部屋のお化け」と名づけられている。虐待する親が，心理的に子に過剰に同一化して，親子が入れかわったように感じる現象を「役割逆転」と呼んだり，虐待する親では，「子から罰を受ける恐れ」等の歪んだ認知が生じることが指摘されている。

3－6　子育てに問題を抱える親の理解と援助　155

　虐待を受けた子が親になって虐待を行う現象は「虐待の世代間連鎖」と言われるが，すべての例が「連鎖」するわけではなく，その伝達率は 30 ± 5 ％と計算されている。しかし，被虐待体験をもつ者はそうでない者に比べると，虐待を行なう率は 6 倍という報告もあり，被虐待体験が虐待の大きな要因であることは確かである。虐待が連鎖するメカニズムとしては，子ども時代に体験したケアが，アタッチメントに関する内的作業モデル（以下 IWM）[注]として心の中に残り，それが子育て状況により活性化され，養育行動に反映されると考えられている。さらにアタッチメントの IWM と養育行動をつなぐものとして，養育に関する IWM があると考えられている。それによれば，図 1 のように，虐待を受けた体験をもつ親では，子ども時代の IWM（幼児期に養育者からどのようにケアを受けるかということに関する心のモデル）が不安定なため，それが成人期の IWM（大人として，他者からどのようにケアを受けるかという心のモデル）にも影響して，これがさらに自分が親の立場になったときの養育の IWM（どのように子どもにケアを提供するかということに関する心のモデル）の機能不全につながり，子どもに関わるときに虐待的なやり方になると考えられる。つまり子ども時代に被害を受けて生じた関係のモデルが訂正されないままで自分が養育する側になったときの関係性のもち方に引き継がれて虐待の世代間連鎖が生じるといえる。

　例えば，親が子どものケアをするのではなく，子どもが親のケアをする「役割逆転」の現象は，安定したケア体験を内在化できていない親が，ケア提供を求められる場面で逆に子どもからケアを求める行動をとってしまうために生じていると考えられる。虐待という極端な場合でなくとも，親自身が受けてきたケアが，子どもとの間でくり返される場合が多いため，親自身の生育史を検討することが援助者にとって重要である。敏感性のある親に育てられた親は安定型の IWM をもつことになり，子どものニーズへの感受性をもった対応ができる傾向が強い。しかし，子ども時代にケア欲求を出してもあまり受け止めてもらえなかった場合には回避型となり，子どものケア欲求への応答が乏しくなりやすい。また一貫性のない養育を受けて育つとアンビバレント型になり，親になっても一貫性のない養育を行いがちである。

注）内的作業モデル（Internal Working Model：IWM）とは，子どもが養育者からどのようにケアをもらうことができるかという方法について，心の中に作られたモデルである。アタッチメント行動を決定するモデルといえる。

156　3　子ども支援の実践

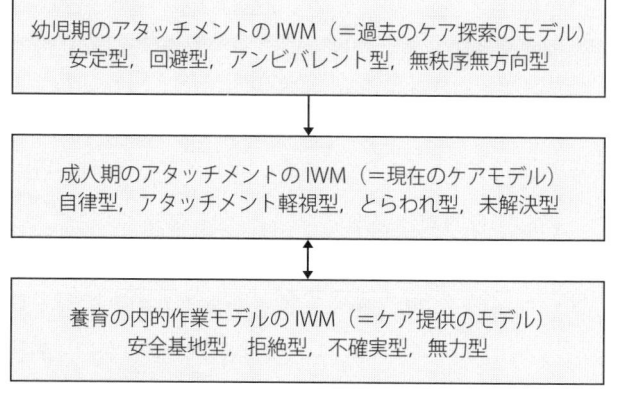

・成人のアタッチメントの4類型
「自律型」：内在化された養育者との関係の記憶について肯定的側面も否定的側面もまんべんなく意識化できて，一貫性のある記述ができる。
「アタッチメント軽視型」：アタッチメント表象特に否定的な側面に一貫して触れないようにしている特徴をもつ。
「とらわれ型」：アタッチメントに関する表象にこだわりを示す。
「分類不能型」：養育者との関係について一貫性をもった言語化ができず，混乱している。
・養育の内的作業モデルの4類型
「安全基地型」：自分と子について，肯定的に語りながらも，子どもの安全性に対する脅威についても注意が払われており，バランスがとれた柔軟に統合された考えをもつ。
「拒絶型」：自分や子どもを否定的に評価し，関係を持つこと自体に意味を感じないと述べる。
「不確実型」：認知的な分割を用いて，極端に子どもを理想化して述べたり，ある場合には急に否定的な評価をしたりする。
「無力型」：養育に関する内的なモデルは解体しており，親子の関係性は混沌としているため，「役割逆転」の現象が生じ，母親は自分が子を守るケアを提供できないと感じてしまう。

図1　アタッチメントからみた虐待・養育スタイルの連鎖

　親自身がよいケアを受けてこなかったことが，子どもへの不適切なケアにつながっていることを考えると，これを変えていくには，親を責めることなく，援助者がよいケアを提供することが必要になる。ところが，子ども時代によいケアを受けられずに育っていて，それがモデルとして定着している人は，困っても助けを求めなかったり，ケアを受けることに過度に執着したり，ケアをもらうためにわざと危険な行動をとるなどの傾向がある。これが続いている場合，援助者がケアを提供しようとしても，少なくとも最初は難しい反応が返ってくることを覚悟する必要がある。

Ⅲ　親の評価と援助の要素

親への援助は多元的に行わねばならない。親が抱える多様な問題に対して，それぞれ援助を考えることになる。図2は，アタッチメントモデルに基づく，虐待する親のもつ要因と，援助方法の関係を示したものである。ここに見られる各要因は，虐待に至らない子育ての問題や悩みにも共通するものと考えられる。次に，各要因に向けた援助の方法を概観する。

1．環境要因への援助

経済的援助，地域における育児援助，保育所，電話相談，母親グループ，家族関係の調整，そのほか親のストレスを軽減する方法などがあげられる。こうした具体的な援助やケースワークは，まだ虐待にまで達してない事例に対する予防的働きかけや，深刻な虐待事例への最初の働きかけにおいて，大きな意味をもつ。

2．現在の家族関係の調整・家族療法

問題の焦点となっている親と子のみならず，もう一方の親や，他の親族についても介入・援助できることが望ましい。虐待ケースでは，必須となる。父親に母親を支える力がないだけでなく，父親自身が母親にケアを求めている場合がしばしばある。それによって母親の負担が増え，そのストレスから不適切な養育につながっている場合がある。特に，父親がアルコール・薬物依存症やDVの問題をもつような場合は，父親が母親に心理的に強く依存している場合が多く，世話をされる子どもに父親が嫉妬して，母親は，父親という「子ども」をもうひとり抱える状態になる。一方，母親の側が男性に依存的な場合に，子どもの養育に目が届かない場合がある。いずれの場合も，家族関係の調整にあたる必要がある。さらに祖父母などの親類についても援助における助けになってくれる場合も多いが，逆に親が祖父母からの不適切な養育があった場合もある。3，4世代の家系図を書いて，その影響を包括的に見直して支援することが有用である。

3．親子関係の表象（心の中のモデル）に対するアプローチ

問題を抱える親では，幼児期および現在のケアを受けるモデルが不安定になっ

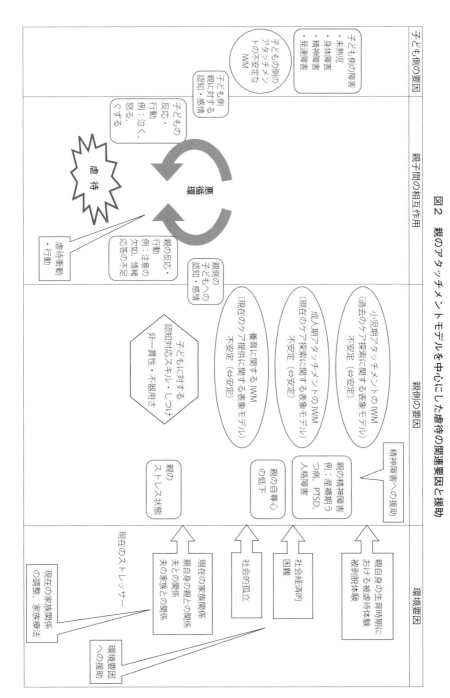

図2 親のアタッチメントモデルを中心にした虐待の関連要因と援助

ていることが，子どもに対してケアをどのように与えるかというモデル（養育の
モデル）を不安定にしている可能性がある。つまり，簡単に言えば，小さいとき
に他人からよいケアをもらえなかったことを大人になるまで引きずってしまって
いるため，今度は親としてケアを与えるのが難しくなっているのである。そのよ
うな場合に最も根本的な解決につながるのは，幼児期において親から十分なケア
をもらえなかった体験あるいは虐待により傷つけられたトラウマ体験を整理し直
すことである。こうした親自身のつらかった過去を話題にして，しっかり治療的
に扱うことである。ただ，親の過去のトラウマを直接に扱うには，援助者との間
に安定した信頼関係が築かれている必要がある。特に，被虐待体験をもつ母親は，
ケアを受けることに関するモデルが不安定なため，援助に対して拒絶的，両価的
になりやすい。当面，信頼関係の形成を主眼に援助を行う必要がある。援助者か
ら安定してケアを受けられるところまで信頼関係が形成されれば，特別な治療的
アプローチがなくても，養育のモデルが安定化して，子どもに対する感情が安定
する場合がある。

4．養育行動への援助

　子どもの行動に対応する具体的なスキルを取り上げることが有用である。子ど
もの話を引出し，寄り添うスキル，子どもの行動を褒めるスキルなどを練習する
ことは，子どものニーズを中心にする考え方にふれることにもなる。また，養育
者が子どもへの指示を出す場合，否定的な方法，感情をあらわにしてぶつけるや
り方，質問や指示を連発する方法は効果がないだけでなく，かえって子どものア
タッチメントを不安定にして，子どもがケアを欲しいときにそれを素直に出せな
くなったり，すねるとか攻撃的になるなどの難しい行動を増やしてしまう。こう
した悪循環が虐待へつながることに気がついてもらうことが大事である。そして，
より適切な指示の出し方（例えば，短く，肯定的なメッセージ，感情的になりす
ぎない落ち着いた態度や表情）を学んでもらう。

5．精神障害への援助

　親が産褥期うつ病やPTSDや統合失調症やアディクション（アルコール・薬
物依存症やギャンブル障害）などの精神障害をもつかどうかを調べて，これが養
育に影響を及ぼしている場合，これらの障害に対する治療や支援が有用である。

160 3 子ども支援の実践

> ポイント：虐待をする親を支援するためには，環境要因，現在の家族関係，
> 親子関係の表象，養育行動のスキルの５つの要因について取り組む必要が
> ある。

Ⅳ 親への働きかけの実際

1．親との関係作り

親への支援のためには，まず，親に自分を援助してくれる存在であると感じて
もらうことが重要である。不適切な養育が行われている場合，多かれ少なかれ親
に対人的不安定があるため，信頼関係を築くこと自体が，すぐには達成できない
課題である。関係を形成しにくいことを理由に支援をあきらめるのではなく，達
成に向けての工夫をしていく。

子どもを分離するなど虐待への介入という立場で対応している場合には，関係
作りがいっそう難しい。ただし，虐待という問題への介入を目標とする場合でも，
養育上の問題を直接に取り扱う前に，親自身が生活や健康などで困っている点に
ついて取り上げていくことで関係を粘り強く作っていく対応が必要である。親が
被虐待体験をもつ場合，自分自身がケアされた経験がなく，自分の価値を感じる
ことができていないので，まずは自分自身がケアされる体験が必要である。

2．自分の養育行動を変える動機づけ

親が自分の養育について見直して，よい方法を見つけ出すことに取り組む動機
づけを行う。親自身が養育に不安を感じていて，それを援助してほしいと思って
いる場合には，通常のカウンセリングの手法を中心に用いて，その不安を受けと
め，一緒に解決策を探していくことになる。しかし，虐待の問題を生じている場
合には，自分が虐待をしたという意識がはっきりなく，自分が行動を変える必要
があるとか，そのために援助が必要であるとか感じていない場合が少なくない。
こうした場合には，問題行動を変化させるために開発された動機づけ面接の手法
が有用である。動機づけを行う場合，親を責めるのではなく，よい成果を得るた
めに親自身がどのような変化を目指せばよいかを考えてもらい，その目標と現状
の差を示すとよい。

3-6 子育てに問題を抱える親の理解と援助 161

表1 自分の養育を変える動機づけを行う

①あなたは親からどのような養育を受けてきましたか（言葉や態度）？それによって，父親に対してどんな気持ちを感じていましたか？その他の影響は？	②あなたが，親にどのようにどのようにしてほしかったと感じていますか？（＝あなたが望ましいと思う父親の態度や言葉）	③あなたは，子どもに対して父親としてどのような養育を与えてきましたか？（言葉や態度）それによって子どもは，あなたに対してどんな気持ちをもっていると思いますか？

表2 夫婦関係やその他の人間関係のよいモデルになること

ひと＆関係	よいモデルになっていた点 具体的な場面	悪いモデルになっていた点 具体的な場面
あなたの父と母の関係 あなたの父と親戚や知人との関係		

ひと＆関係	よいモデルになっていた点 具体的な場面	悪いモデルになっていた点 具体的な場面
あなたとパートナーの関係 あなたと親戚や知人との関係		

　表1は，その一例のワークである。①自分が小さいときに，親に対して感じていた気持ち，②自分がどのようにしてもらいたかったか，③今，子どもが親の自分に対して抱いていると思われる気持ち，の3つを書き出してもらい，②と③を近づけるはどうすればいいかを考えてもらう。

　表2は，直接子どもにどのようにしたかということだけでなく，夫婦関係やそのほかの人間関係で自分がよいモデルを示してきたかどうかを考えるためのワークである。DVを行っているが子どもへの直接的な暴力はしていない父親などの場合に有効であり，家族全体の関係性の視点から養育について取り組む姿勢を促進することができる。

3．親のスキル訓練

　子どもに対応するスキルを向上させるという観点からの援助も重要である。子どもが出すケアの欲求のサインに気づき，それに的確に反応・対応できるようになること，つまり，親の敏感性の向上とスキルの獲得が目標となる。こうした介入を，ペアレンティングプログラムと呼ぶが，いくつかの実践的なプログラムの資料や研修が日本でも実用可能であり，これらを学ぶことは有用である。

　例えば，代表例として PCIT（Parent-Child Interaction Therapy）という親子間の養育スキルを練習するプログラムがある。PCIT では，2〜7歳児の親と子のプレイや課題を行う場にセラピストがコーチとして加わり，週1回90分の訓練を10〜14回行う。プレイや課題を通じて，親子の交流に介入し，子の行動上の変化や親の養育ストレスに変化をもたらすものである。治療者は，親との面接でまずスキルを教えた上で，ワンサイドミラーを用いて親子の関わりについて無線で教示したり，親子の横にいて，ライブでコーチをしたりする。PCIT で教えるスキルには，2系列がある。1つは，「子どもへの関わり」（Child-Directed Interaction：CDI）のスキルである。具体的には，子どもの適切な行動を言葉で表す，適切な行動を真似る，適切な言葉で応じる，適切な行動を誉める，子どもの適切な行動に注意を払う，不適切な行動は無視する等である。もう1つは，「親への関わり」（Parent-Directed Interacton：PDI）と呼ばれ，子どもへのしつけについて学ぶものである。行為障害などの問題行動を示す子どもとその親や，虐待事例に対しても応用され，有効性が確かめられている。PCIT の手法をより簡便に教える CARE というプログラムも注目されている。PCIT や CARE 以外にも，コモンセンス・ペアレンティングやトリプル P や MY TREE ペアレンツ・プログラム，Circle of Security（安全感の輪子育てプログラム）など多くの実績のあるプログラムがある（推薦図書参照）。

4．認知行動療法を用いた認知的再構成と再発防止計画

　虐待の衝動や行動化に対し，認知行動療法的なアプローチが役に立つ。子どもに対して不適切な関わりを生じるきっかけやハイリスクな状況，危険な徴候を同定させ，その対処法を練習させることが有用である。図3は認知行動療法のモデルで虐待場面を分析した例である。「親自身が疲れているときに，子どもが言われたことをやっていなかったので注意したら，言い訳をした」という出来事があっ

3－6　子育てに問題を抱える親の理解と援助　163

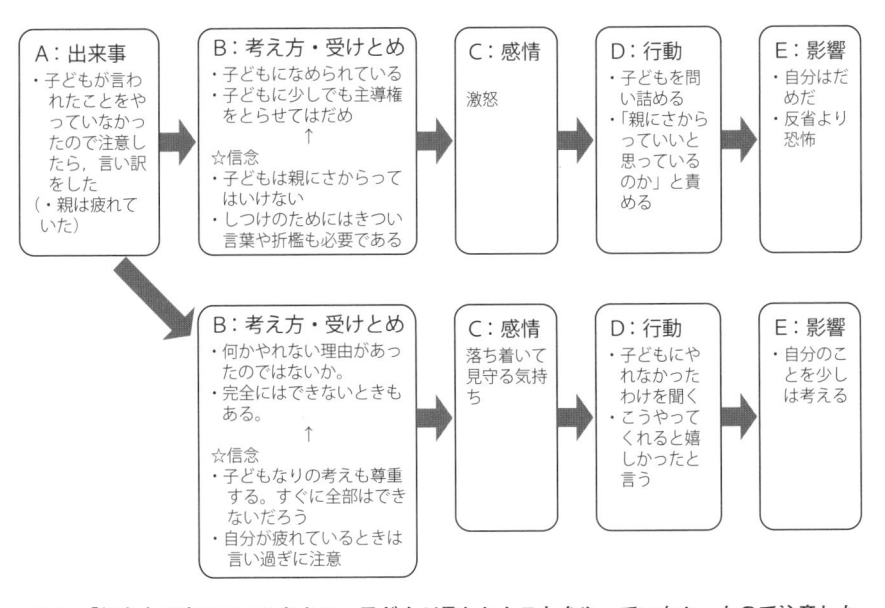

図３　「親自身が疲れているときに，子どもが言われたことをやっていなかったので注意した
ら，言い訳をした」という出来事があったとき

た場合の親の信念や認知の仕方によって，感情や行動が影響され，虐待を生じる
というのである。虐待的な親にみられがちな認知を表３にまとめた。「子どもに
ちゃんとしたことを教えたい」という最初の意図が，「絶対にわからせよう」「な
められてはいけない」などとエスカレートするようなときに頭に浮かんでいる考
えを取り上げる。これに対して，「やれなかった子どもなりの理由があるのかも
しれない」「完全にはできないこともある」などの機能的な思考への切り替えを
自分に促すセルフトークを検討する。他には怒りのレベルを下げるための呼吸
法などのリラクセーション，対処行動として，「人に相談する」なども検討する。
衝動を生じる場面のロールプレイやイメージ想起を行わせると，感情や認知の問
題を意識化しやすく，またこれを乗り切る対処スキルも身につきやすい。最終的
には，表４のように再発防止プランをまとめておくのも有用である。
　以上のような内容を含む虐待が生じた親子関係の再構築において有効性が示
されているプログラムとして，AF-CBT（家族のための代替案：認知行動療法）
がある。このプログラムでは，虐待によりいったん関係が難しくなってしまった
事例に関して，親子それぞれについて自分の感情マネージメントするスキルや養

164　3　子ども支援の実践

表3　DV や虐待を行う人格障害傾向の父親に生じがちな認知の例

1．こうでなければいけないという考え方（自分や子どもに対する過剰な期待，完璧主義）	1）何でも完全にできないと，それはうまくいかなかったと思ってしまう 2）何か間違ったことを少しでもすると，「だめだ」と極端に思いこんでしまう 3）自分の責任でないことまで，自分が悪いからうまくいかないと，自分を責めてしまう 4）子どもの行動について，何でも「すべき」「すべきでない」と考えてしまう
2．極端に，ダメなところをばかりみてしまう考え方	1）十分にできなかったことばかり考えて，必要以上に否定的に考える 2）よい点やうまくいったことがあっても，それを見落としたり，あまり意味がないことだと考えてしまう 3）「子どもは何とかさぼろうとしている」などとあまり根拠もないのに心を読みすぎてしまう 4）まだ先の話であわてなくてもよいのに，先取りして心配なことを考えてしまう
3．親や夫という権威的な立場から見方＝「上から目線」の考え	1）他者への信頼感や自信を育てるには，他人や自分への尊重を親自らがもっている必要があることを忘れてしまい，親がむきになったり相手を傷つけるような悪い見本を示しても気がつかない。「自分はよい親だ」「正しいことを厳しく熱心に指導しているのだから，子どもはわかるべきだ」 2）親との同じ考えであることを押しつける。「自分が考えていることは正しいのだから，同じように考えるべきだ」「子どもは親に従うべきだ」 3）妻は男性に従うべきだなど，家族全体の中での安心や平等や信頼を軽視する考え方

表4　不適切な養育の再発防止プラン

〈危ない状況・きっかけ〉 ・仕事して家に帰ったとき ・ビール飲んで酔っぱらっている ・下の娘の明日の学校の用意ができていないとき	→	〈対応方法・変えること〉 中学生の子どもの機嫌が悪いときは近づかない。
〈感情・身体の反応〉 ・いらいら，疲れている，だるい ・とげとげしい話し方	→	早く寝てしまう。 親としては納得できないが，自分が同じ年頃のことを思うと，しかたがないとあきらめる。
〈ピンチをまねく考え〉 ・「何度も同じことを言わせないでくれ」 ・「生意気な態度をとるな」 〈ピンチをまねく行動〉 ・気持ちすべてを声に出してしまう	→	息子なりに頑張っている部活

育スキルの訓練を行った上で，統合が可能だと判断されれば，再会場面についての準備を行った上で，面会やその後の交流，虐待の再発防止を行っていくものである。

> ポイント：できるだけ具体的な場面で生じる「心のつぶやき」＝認知と行動のパターンを取り上げて，練習すること。

5．親の被害体験の整理

被虐待体験をもつ親が虐待を反復する場合，不適切な養育に基づくアタッチメントの内的作業モデルの問題や外傷性記憶の再演という側面がある。こうした状態を改善するためには，親自身が援助者などから安定したケアを受けることと，および過去の生育時期に受けた体験やそれにまつわる感情・認知について再度これを整理することが必要である。「親に対して否定的な感情を述べることはよくない」という考えを打ち破り，つらさを話せる場や視点をもてることが有効であり，アダルトチルドレンをキーワードにした自助的な手法も有効である。より本格的にトラウマ記憶の整理をするにはPTSDに対する認知行動療法が有効である。また，親子同席の場で養育に関する記憶や感情を扱うと，親自身の生育期の体験の整理と，今の子どもとの関わりが重なりあい，そこに焦点を当てることで大きな改善が可能になることが指摘されている。

6．合併する問題への対応

虐待の背景に養育者や被害児童の精神障害や発達障害やアディクションがある場合，その治療が虐待の改善をもたらす可能性がある。児童福祉機関と，これらへの治療・相談機関が連携して，対応を行うことが望ましい。

V　おわりに

ここでは虐待的な親を中心に，その心理の理解と介入方法を述べた。深刻な虐待のケースに関する記述が多くなったが，そのようなケースであっても，現在の親子関係に影響を与えている要素，特に過去に親自身が受けた養育の影響を評価し，さまざまの要素に複合的に介入・援助を行うことで改善が期待できるという

ことは，逆に，親への支援に困難を感じている多くの現場でのヒントになる。「Ⅲ　親の評価と援助の要素」を参照すれば，多くの場合に支援が可能な要素を見出していくことができるだろう。また，今述べた「協働的コミュニティ対応」は，子育ての問題に関わるあらゆる現場で必要となる姿勢である。

推薦図書

《発達心理学からみた親子関係の理解》

数井みゆき，遠藤利彦（2005）アタッチメント―生涯にわたる絆．ミネルヴァ書房．

数井みゆき，遠藤利彦（2007）アタッチメントと臨床領域．ミネルヴァ書房．

青木　豊（2012）乳幼児‐養育者の関係性―精神療法とアタッチメント．福村出版．

セルマ・H．フレイバーグ／詫摩武俊，他訳（1992）小さな魔術師―幼児期の心の発達．金子書房．

渡辺久子（2008）子育て支援と世代間伝達―母子相互作用と心のケア．金剛出版．

《養育に関するプログラムの参考資料や参考頁》

・PCIT：PCIT-JapanHP：http://pcit-japan.com/

・CARE：CARE-Japan の HP：http://www.care-japan.org/

・Circle of Security（安全感の輪子育てプログラム）：http://circleofsecurity.net/category/international-news/japan/

・My Tree ペアレンティング：http://www.9.zaq.jp/empowerment_center/mytree.html

・コモンセンスペアレンティング：http://www.csp-child.info/
　野口啓示（2015）むずかしい子を育てるコモンセンス・ペアレンティング・トレーニングマニュアル（DVD 付）．明石書店．

・AF-CBT
　犬塚峰子（2014）AF-CBT（家族のための代替案：認知行動療法）の取り組み―虐待的関係にある親子の回復を目指して．CAP ニュース第 91 号．

・トリプルP
　NPO 法人トリプルP ジャパンの HP：http://www.triplep-japan.org/

（森田展彰）

3-7

地域における予防：
乳幼児と親のための支援

I　はじめに

　ヒトの子育ては，チンパンジーなどの他の哺乳類と比べて，養育にかかる親の負担が大きいと言われている。ヒトの赤ちゃんは，生理的早産と呼ばれる未熟な状態で産まれてくるため，大人による養育を絶対的に必要とする。その上，一人前になるまでに長期間を要する。進化的に，ヒトは複数の養育者で複数の子どもを養育する形態をとってきた。ところが近年，核家族化・少子化・家庭外での長時間労働が進んだことで，1人の養育者（主に母親）が慣れない子育ての責任を一手に背負う状況が起こっている。そうした状況では，母親が子育てに負担や不安を感じるのは必然的なことかもしれない。現代社会において，子どもが共に育ち，親が共に子どもを育てる場を作ることが地域における予防的支援の基本的な考え方になる。加えて，親子が抱える個別的で具体的な困難には，専門的な支援が必要になる。

　本章では，まずリスクに応じた支援についての基本的な考え方を整理する。次に，予防的な役割を果たす地域での子育て支援の実際とその役割について述べる。最後に，関係性の問題への早期介入として，アタッチメント理論に基づく親子関係性支援（サークル・オブ・セキュリティ・プログラム）を紹介しながら，子育て支援の現場に応用可能な視点について説明する。

Ⅱ　リスクに応じた支援についての基本的な考え方

1．リスク要因と保護要因

　どのような問題も，たった1つの原因で生じることは少なく，複数のリスク要因と保護要因のバランスにより引き起こされることが多いものである。例えば，寒い季節に周囲で風邪が流行っていることはリスク要因だが，手洗いやうがいに努め，栄養や十分な睡眠をとっていれば保護要因になる。子育てにおいては，親，子，親子を取り巻く環境すべてにリスク要因と保護要因がある。例えば，親の抑うつはリスク要因だし，子どもの手がかかる気質，病気や障害はリスク要因である。親族などからのサポートがないことや貧困もリスク要因である。一方，親のアタッチメント安定性，子どもの順調な発達，夫婦関係のよさなどは保護要因になる。リスク要因を減らし，保護要因を増やすための働きかけが必要である。

2．ハイリスク支援とローリスク支援

　いくつもの深刻なリスク要因がある場合はハイリスクとみなせる。地域の親子の多数はリスク要因が少ないローリスクであり，その場合には，Ⅲに述べる「子育てひろば」のように，共に育つ・共に育てる場があることが役に立つだろう。一方，ハイリスクを抱える親子には，より専門的な支援を，複数の支援者が連携しながら，支援者が親子のもとに出向いて行くようなアウトリーチも含めて行うことが必要になる。アメリカでは，人の生涯にわたる精神的健康を促進するためには，成長して問題が表れてから対応するよりも，乳幼児期に養育者と健全な関係性を育めるよう支援することがもっとも効果的であるという検証に基づき，ハイリスクの乳幼児とその親への支援がさまざまに取り組まれている。日本でも，リスクの見極めと，リスクに応じて必要な支援を親子に届ける仕組みを作ることが今後さらに必要であろう。

> ポイント：リスクに応じて必要な支援を提供する。

Ⅲ　地域での子育て支援

1．社会での子育てという視点

　日本では，国の少子化対策として子育て支援が始まった。1994 年のエンゼル
プラン（「今後の子育て支援のための施策の基本方向について」）は，子育てと
仕事の両立を支援することを主眼に保育サービスの充実に関する取り組みが中心
だったが，次第に，子育てをする家庭への支援の必要性が認識されるようになっ
た。2010 年に政府が発表した「子ども・子育てビジョン」では，子育ては家庭
や親だけで担われるものではなく，社会全体の力で支え見守るべきだとの理念が
掲げられた。保育の充実や，仕事と家庭が両立できるワーク・ライフ・バランス
の実現に加えて，特に育児に専念している専業主婦の不安やストレス，孤立を支
援するために，さまざまな機関が子育て相談に取り組み始めている。生活のさま
ざまな場で子育ての相談ができる環境が育ちつつある。

2．妊娠期から出産直後のサポート

　妊娠・出産・子育てという生活上の変化は，たとえ望んだ喜ばしいことであっ
ても，ライフイベントとしてのストレッサーになる。慣れない育児や母親が体験
する変化についての知識や支援を提供することが必要である。

　自治体や産科・助産院では，赤ちゃんを迎える予定の両親に心理教育を行って
いる。また，赤ちゃんの生後 1 カ月の検診は出産した病院で行うことが多く，赤
ちゃんの全体的な成長を見ることが検診の目的だが，母親にとっては育児をめぐ
る具体的な疑問を尋ねる機会になる。検診までの約 1 カ月間，慣れない育児や生
活の急変をめぐる戸惑いを相談できる窓口を用意している病院や助産院が増えて
いる。特に，出産直後の母親はマタニティ・ブルーズや産後うつにかかるリスク
が高く，そうした問題についての知識を妊娠期から伝え，早めの相談につなげる
取り組みも増えている。

　保健センターでは，検診や育児学級などの機会を利用して保健師に発達上の心
配や育児の悩みを相談することができる。保健師は電話相談や訪問相談も行って
おり，問題に応じて専門機関の紹介もしてくれる。

　厚生労働省は，多様なネットワークで子育て力のある地域社会を目指して，乳

170　3　子ども支援の実践

児の全戸訪問（こんにちは赤ちゃん事業）を市町村が実施することを推進している。生後4カ月の時点で検診をしている自治体がほとんどなので，それ以前に家庭を訪問し，養育環境を確認し，母親の悩みや不安を聞き，子育て支援の情報を提供する。この事業においても，生後できるだけ早い時期に訪問した方が，母親の不安をサポートできる効果が高いことが報告されている。

> ポイント：慣れない育児や生活の急変で戸惑う出産直後のサポートが大切。

3．親子が集える子育てひろば

　3歳未満児の7〜8割は家庭で子育てされている。また，家庭で子育てしている親は，保育所に子どもを預けている親より，子育ての負担感が大きいことが報告されている。保育所に子どもを預けることは，保育者とともに育児を担えることに加えて，いつでも相談できる場があることが親にとっての安心感になっているのだろう。家庭で子育てをしている親と子どもに対しても，孤立を防ぎ，子育ての負担や不安を軽減することを目的として，厚生労働省は子育て支援拠点事業を推進している。子育て中の親子が気軽に集い，相互交流や子育て中の不安・悩みを相談できる場を提供するために，「子育てひろば」などを市町村（社会福祉法人，NPO法人，民間事業者への委託も可）が実施している。公共施設の空きスペース，保育所，児童館など地域の身近な場所（2010年度は5521カ所）で実施されており，親子が自由意思で参加できる。スタッフが日常的に関わりながら相談に応じ，母親同士をつなげるなどの役割を果たしている。

　このように，地域のすべての親子に届く支援を広げながら，問題やリスクに応じて専門機関につなげていくようなネットワーク作りが目指されている。

> ポイント：地域で気軽に参加できる「子育てひろば」などでの見守りと，困っていることに積極的に手を差し伸べる支援とのネットワーク形成が大切である。

Ⅳ　親子の関係性支援

　ハイリスクの親子には，リスクに応じた支援が必要になる。例えば，母親の産

後うつには医療機関との連携が必要であるし，子どもの発達の問題には療育などの支援が必要となる。貧困にはケースワークなどの福祉的支援や就業支援が不可欠で，虐待などが起きている場合には児童相談所などによる危機介入が必要になることもある。

　子どもにとっては，乳幼児期に養育者と健全な関係性を育めることが，その後の発達や精神的健康に重要な影響を及ぼす。親が子どもに対して感情的になってしまうなど，不適切な養育から抜け出せない場合には，親子の関係性に焦点づけた支援が必要になる。親子の関係性の改善に効果が実証されているプログラムは欧米で数多く開発されており，日本でも実施されているものが複数ある。その中でも，子どものアタッチメント改善に効果が実証されている「サークル・オブ・セキュリティ（COS）プログラム[注]」を紹介し，子育て支援の現場に応用可能な視点について説明したいと思う。

V　安定したアタッチメントを育むために必要な関わり

　危機的場面で不安などのネガティブな情動に陥ったときに，自分より強くて大きな存在に近接することで安全を確保し安心感を得ようとする本能がアタッチメントである。そうした場面で，子どもは泣くなどの信号を養育者に送る。そうした信号に養育者が気づき，応答してもらえることを通して，子どもは安心と信頼に満ちた健全なアタッチメントを形成する。そのために，養育者には，①子どもの行動を観察できること，②子どもの欲求や気持ちを適切に推測できること，③適切に応答できることが必要になる。COSプログラムでは，養育者がこのような関わりをできるようになるための支援を通して，子どものアタッチメント健全化を目指している。子どもにとっては複数の養育者（母親，父親，祖父母，保育者など）との間で複数の健全なアタッチメントを形成できることがプラスに影響するため，以下に述べることはすべての養育者に当てはまることだが，便宜上「親」と表記する。

注）COSプログラムをより簡便に実施できる「サークル・オブ・セキュリティ・ペアレンティング（COS-P）プログラム」が2009年に開発されており（Cooper, Hoffman & Pawell, 2009），その日本語版として「安心感の輪」子育てプログラムも作成されている（北川ら，2013）。このプログラムは日本において，地域の子育て支援，社会的養護，医療，発達支援などさまざまな現場で，子どもと養育者の関係性を支援するために活用されている。

172　3　子ども支援の実践

1. 安心感の輪に沿った観察

　COS プログラムでは，「安心感の輪」の図（56頁）を用いながら，これに基づいて子どもを観察する練習をする。

　この図の左にある両手は親である。子どもは親を「安全基地」として外界を探索し（輪の上半分），疲れたり不安になったりしてアタッチメント欲求が高まると，親を「安全な避難所」として駆け込んでくる（輪の下半分）。子どもは決してランダムに動き回っているのではない。しがみつくばかりでもないし，飛び出したら戻ってこないわけでもない。子どもにとってはいつでも親が世界の中心である。安心感の輪に基づいて子どもを観察できるようになるだけでも，親は効力感をもてたり，子どもは親に関心をもってもらえる体験になったりし，よい循環のきっかけになることがある。

> ポイント：子どもの行動を観察してみよう。
> 　子どもは，安全基地である親を起点に外界を探索する。そして，必ず，安全な避難所である親のところに帰ってくる。

2. 子どもの欲求や気持ちの推測

　子どもが泣いているとする。親は多くの場合，「寂しいのかな？」「不安なのかな？」などと，子どもの気持ちを推測した結果，「もう大丈夫よ」などと抱いて慰める。子どもが健全なアタッチメントを育める親は，子どもの視点に立って，子どもの気持ちや欲求を適切に推測できる内省力（洞察力，マインド・マインデッドネスなどともいう）が高いことがわかっている。「子どもが泣いているときは抱っこしてあげよう」などと行動レベルで教えることよりも，内省力を高める支援をする方が，子どもが成長しても場面が変わっても必要な応答を親自身が判断できるようになる。COS プログラムでは子どもの行動を観察し，そのときの子どもの気持ちや欲求を推測する練習を行う。

　内省力の問題は，子どもの気持ちに関心が低いという問題や，子どもの気持ちを歪んで推測するという問題として現れる。例えば，子どもが泣いているとする。前者の場合，「赤ちゃんは泣くもの。別に何も思っていないだろう」と捉えたり，「この子は泣き虫だから」と子どもの特性のせいにしたりすることだろう。後者の場合，「私を困らせるために泣いている」など，必要以上に子どもの悪意を読み取

るかもしれない。

　そうした親にとっては，安心感の輪に沿った観察練習を通して，子どもが泣いているときは安心感の輪の下半分にいると理解できるようになることが大きな一歩である。子どもが輪の上半分もしくは下半分のどちらにいるかを特定できれば，必要な応答の原則がわかる。上半分なら探索を見守ればよい。下半分なら不安や混乱を落ち着かせる関わりが必要である。

> **ポイント：子どもは安心感の輪のどちらにいるか？**
> 　上半分にいるときは，探索欲求を支えてほしい。
> 　下半分にいるときは，アタッチメント欲求に応えてほしい。

3．適切な応答

　子どもの気持ちや欲求がわかるようになると，「必ず応えないといけないのですか？」という質問や，「わかっても，応えることができない」という訴えをする親が多くいる。こうした実際問題への考え方を3つ提示する。

1）試行錯誤でよい

　COSプログラムを通して子どもへの理解が高まると，「これまでいかに気づいていなかったか」と自責的になったり，「今でも子どもが何を求めているかわからないことがある」と不安そうに述べたりする親がいる。子どもは自分と違う人間だから，子どもの気持ちや欲求は推測するしかない。試行錯誤でよい。トローニックという研究者が，良好な相互作用をしている母子の間でさえ，子どものシグナルにマッチした応答を母親がしていた確率は30％程度だったと報告している。子どもが泣いているとすると，親は，「オムツかな？　おなかすいたのかな？　ああ，眠かったんだ！」というような試行錯誤の末に，子どもの欲求を了解できれば十分ということである。

　成長につれて子どもの気持ちは複雑になり，親に素直に訴えないことも増えてくる。そういう場合でも，子どもが何か問題を抱えていそうなときに，子どもの気持ちを推測し，子どもが求めている応答を見つけ出す試行錯誤を親は恐れないことである。1人で混乱しているとき，自分の気持ちに誰かが関心を向けてくれていることそのものが心丈夫なのである。

> ポイント：子どもが何を求めているのかに気づき，どう応えるのがいいのか
> を見つけ出すことは試行錯誤でよい。子どもの心に関心をもつことが大切
> である。

2）毅然とした態度も必要

　子どもの欲求がわかってくると，それにすべて応えないといけないのかという
質問がよくなされる。そんなことはない。大人の役割は子どもを危険から守り保
護することである。子どもはそのために，自分より「強くて大きな」大人を求め
る。だから，必要なときは毅然とした態度を親はとるべきである。子どもがいく
ら楽しそうに遊んでいても，危ない行動であれば毅然と制止して安全を守ること
が大切である。社会生活を行う上で必要なことに子どもを方向づけることも必要
である。

　一方，そういうときでも，子どもの気持ちに寄り添う「優しさ」は大切である。
「子どもより強くて大きい態度」と「優しい態度」の両方が大切だが，どちらか
に偏ると問題である。「強くて大きい態度」だけだと，強制的な関わりになる。「優
しい」態度だけだと子どもを守れない。両方の態度を両立するためには，大人の「賢
さ」が必要である。例えば，夕方の公園でいつまでも遊びたがる子どもを無理や
り連れて帰るのは「強くて大きい態度」に偏っている。遊びたい気持ちを受け止
めすぎていつまでも帰れないのは「優しい態度」に偏っている。「遊びたい気持
ちもわかる」，「でも帰らないといけない」，両方を踏まえて，子どもが気持ちを
切り替えられるよう工夫できることが「賢さ」であろう。

> ポイント：(「安心感の輪」の図の右下に書かれている原則)
> いつだって：子どもより大きく，子どもより強く，子どもより賢く，優しい
> 存在でいよう。
> できるときは：子どもの欲求に応えよう。
> 必要なときは：毅然と対応しよう。

3）わかっていてもくり返してしまうパターンを乗り越えるために

　子どもが不安なときは慰めることが必要だと頭でわかっていても，ついつい
「泣くな」と叱ってしまうなど，子どもの欲求に親がどうしても感情的になって
しまうことがある。そういう場合，親自身が不安で落ち着かない気持ちになって

いて余裕をなくしている。もしかしたら，親自身も泣きたい気持ちを生育史の中で我慢してきたのかもしれない。支援者はそのような親の気持ちに寄り添う「優しい態度」と，子どものためにいつものパターンを乗り越えることを励ます「強くて大きい態度」を両立させながら，親を援助することが必要である。こうした援助は，親の傷つきや防衛という深くて強い感情や心の動きを扱うために，臨床的訓練やスーパービジョンが必要だろう。支援者は少なくとも，"困った親"という捉え方だけでなく，"親も余裕がない"と理解できることが大切である。

「支援など必要ない」という態度の親もいることだろう。そうした親については，育ちの中で誰かに支えて助けてもらえた経験が希薄だったのだろうと推測できる。他者の助けを期待しにくい親の経験に基づく必然を理解しつつ，それでも，人は困ったときには人とのつながりを求める本能が根底にあることを信じて手を差し出すことが必要である。

COS プログラムのように，親のよいところを強調する働きかけは受け入れられやすい入口である。親がついついくり返してしまう問題のあるパターン（例えば，「泣くな」と子どもを叱ってしまうパターン）について，例外的であっても子どもの欲求に応えていた場面（例えば，不安で駆け込んできた子どもの手を握ってやった瞬間）を見逃さず，その意義を強調することで，そうしたよい関わりが増えるだろう。よい関わりが増えることが，悪循環を断ち切る糸口になる。

> ポイント：
> ・不適切な養育をする親の背景を共感的に理解しよう。
> ・その上で，子どものために，いつもの応答パターンを乗り越えることを支えよう。
> ・まずは，親のよい応答を強調し，それを増やしてもらうことを励まそう。
> ・親の傷つきや防衛を扱う支援には，臨床的訓練や支援者の支えが必要である。
> ・どんな親も，不安な気持ちに寄り添ってくれる存在を求めている。支援者も試行錯誤を恐れずに，手を差し伸べよう。

VI おわりに

本書の「アタッチメント」の章で述べた通り，必要なときには安全と安心を与えてくれる「安心の基地」があるからこそ，自律的探索が可能になる。自分が親

になるまで子育てに触れる機会をもちにくいなか，核家族で慣れない育児の責任を一手に背負う母親にとって，どのような「安心の基地」を社会は提供できるだろうか。長時間労働や保育施設不足といった社会の大きな問題の改善も期待されるが，支援者が果たせる役割もある。子どもが養育者から必要とする関わりは，養育者が支援者から必要とする関わりでもある。相手に関心をもち，欲求や気持ちを推測し，適切に応答することである。また，支援者にも「安心の基地」が必要である。支援のなかで手ごたえを得にくいときや支援者の気持ちが落ち着かないときに，迷いや不安を受け止めて支えてくれるような職場内での関係，スーパーバイスや研修を大切にしてほしい。

参考文献

Cooper, G., Hoffman, K. & Powell, B. (2009) Circle of Security Parenting Program. Facilitator DVD Manual 5.0.（北川　恵，安藤智子，松浦ひろみ，他訳（2013）「安心感の輪」子育てプログラム認定講師用 DVD マニュアル日本語版 1.0.)

北川　恵（2012）養育者支援：サークル・オブ・セキュリティ・プログラムの実践．数井みゆき（編著）アタッチメントの実践と応用，pp.23-43，誠信書房．

北川　恵（2015）アタッチメントに基づく親子関係支援：サークル・オブ・セキュリティ・プログラム―在宅での支援・治療①．（青木　豊編著）乳幼児虐待のアセスメントと支援，pp.101-115，岩崎学術出版社．

無藤　隆，安藤智子（2008）子育て支援の心理学―家庭・園・地域で支える．有斐閣コンパクト．

（北川　恵）

古様バス・古様対応

4－1

児 童 虐 待

Ⅰ　はじめに

　子どもの養育，ケアを考える上で，「虐待」は，どのような現場でも欠かせない視点である。どのような場で出会う子どもでも，背後に虐待的な環境があるかもしれないと考えておくと，その考えなしに接する場合と比べて，対応の適切性に大きな差が生まれる。もし虐待的な環境が背後にあるにもかかわらず，それを考慮せずに接すると，子どもに大きな不利益をもたらす危険がある。

　虐待に関する対策には，「予防」「発見」「介入（通告,保護）」「回復支援（ケア,治療）」といくつもの局面がある。ただし，虐待を受けた子どもは，将来子どもに虐待的に関わるリスクが高まることが知られている（世代間連鎖）ので，回復のための支援は将来の虐待の予防でもある。つまり，これらの対策は，相互に関係して円環を描いている。

　「虐待」は，厚生労働省の指針により，「身体的虐待」「性的虐待」「ネグレクト」「心理的虐待」の４タイプに分けられている（表１）。実は，日本語で虐待と訳されている英語の「abuse」には，「neglect（養育放棄）」は含まれず，「虐待とネグレクト」と併記するのが普通である。つまり，暴力的な関わりや親の都合で子どもを利用する「abuse」と，必要な養育をしない「neglect」には，その背景や影響に違いがあり，時に分けて理解することが必要である。例えば，虐待対策において，暴力的な側面のみに注目して「ネグレクト」への対策が２次的にならないように気をつけなければならない。また，身体的虐待にネグレクトの要素が重なっている場合も多く，子どもの成長に必要な「世話」や「理解」を補い，回復,成長を促進するための援助が必要である。

180   4   危機介入・危機対応

表1　子ども虐待の種類と具体的行為

身体的虐待	・外傷としては，打撲傷，あざ（内出血），骨折，頭部外傷，刺傷，タバコによるやけど。 ・生命に危険のある暴行とは，首を絞める，殴る，蹴る，投げ落とす，熱湯をかける，布団蒸しにする，溺れさせる，逆さづりにする，異物を飲ませる，食事を与えない，冬戸外に閉め出す，縄などにより一室に拘束する，など。 ・意図的に子どもを病気にさせる。
性的虐待	・子どもへの性交，性的暴行，性的行為の強要・教唆など。 ・性器や性交を見せる。 ・ポルノグラフィーの被写体などになるよう子どもに強要する。
ネグレクト	・子どもの健康，安全への配慮を怠っているなど。例えば，家に閉じこめる（子どもの意思に反して学校等に登校させない），重大な病気になっても病院に連れて行かない，乳幼児を家に残したままたびたび外出する，乳幼児を車の中に放置するなど。 ・子どもにとって必要な情緒的要求に応えていない（愛情遮断など）。 ・食事，衣類，住居などが極端に不適切で，健康状態を損なうほどの無関心，怠慢など。例えば，適切な食事を与えない，下着など長期間ひどく不潔なままにする，極端に不潔な環境の中で生活させるなど。 ・親がパチンコに熱中している間，乳幼児を自動車の中に放置し熱中症で子どもが死亡したり，誘拐されたり，乳幼児だけを家に残して火災で子どもが焼死したりする事件も，ネグレクトという虐待の結果であることに留意すべきである。 ・子どもを遺棄する。 ・祖父母，きょうだい，保護者の恋人などの同居人が身体的虐待，性的虐待，心理的虐待に掲げる行為と同様の行為を行っているにもかかわらず，それを放置する。
心理的虐待	・言葉による脅かし，脅迫など。 ・子どもを無視したり，拒否的な態度を示すこと。 ・子どもの心を傷つけるようなことをくり返し言う。 ・子どもの自尊心を傷つけるような言動など。 ・他のきょうだいとは著しく差別的な扱いをする。 ・子どもの面前で配偶者やその他の家族などに対し暴力をふるう，など。

＊厚生省子ども虐待対応の手引き（日本子ども家庭総合研究所，2014）を主に参考にした。

Ⅱ　虐待のリスク要因

　虐待に関連する要因は多様である。「虐待する親」という特別な型があるのではなく，さまざまな要因が重複して生じることが多いのがわかる（表2）。要因を大別すると，性格や精神障害のような親側の個人的要因と，貧困や社会的孤立

表2　従来の研究で指摘された虐待の発生要因（森田，2003）

要因の分類	要因	従来研究の所見
親自身の要因が中心	親の年齢	親が20歳以下の若年であることは、それ自体で危険因子になる。
	親の認知行動上の特徴	・臨床記述された虐待親の心理傾向：自己中心性、攻撃的、低い自尊心、不満足、防衛的、低い自尊心、等。 ・Merrillによる虐待親の3類型（常に攻撃的な群、強迫的で柔軟性の乏しい群、受動的な群）。 ・対照群をおいた心理テストによる所見：MMPIにおけるK, Lieスケール、攻撃性が高い、PFスタディでGroup Conformityや内罰的傾向性が高い、エリクソンの発達段階の質問紙で低い達成度、TATで低い病理生成性と攻撃性、独立性の無関心さ、等。
	親の精神障害	・虐待と関係が示唆される親の精神障害：気分障害、不安障害、PTSD、人格障害、反社会的行動、物質乱用等である。 ・米国やカナダの大規模研究では、親が精神障害をもつ場合に虐待をしている確率は2～3倍。斎藤による全国養護施設における虐待を理由に入所している児童の親についての調査で、実母の49.3%において精神障害が存在したという。実父の33.1%。
環境要因が中心	夫婦関係やその他の人間関係	結婚における困難、配偶者との関係の歪み（極端に支配的─従属的、攻撃的─受動的）、家族や友人からの孤立、重要な家族メンバーのサポートの欠如や減少。
	社会経済的要因	貧困、悪い住環境、社会的子育てのサポート（ベビーシッターや保育所など）の不足や急な減少。
	妊娠出産・子どもの要因	・妊娠・出産に関する問題：異常な妊娠、異常な陣痛・分娩、未熟児 ・妊娠・出産における心理社会的状況：その時期に家族が強いストレス状態、望まない妊娠、出産、性の子ども、非嫡出子、何らかの理由で出生前後に母子が分離していること。 ・子どもの障害や特性：先天的異常、慢性病、発達障害、多動、育てにくい気質等。
	親子関係の認知やコミュニケーションスキルの問題	・親子関係に関する歪んだ信念：我が物化子ども観、子どもは親に従うべきであるという考え方。 ・子どもに対する認知：行為に対する実験的心理学の所見：共感性が乏しい、子どもの感情シグナルの解釈が不正確（偶然性感情を有定的にみない）、敵意があるとみる等。 ・しつけのスキル：スキルの低さ、一貫性のなさ、力の誇示によるしつけをしがち等。
個体要因と環境要因の両方の関与	親自身の被虐待体験	親自身の被虐待体験（本文に詳述）。
	被虐待体験以外の強いストレス、喪失体験	虐待以外の強いストレス、心的外傷体験（災害や事故や戦争、いじめ、強姦、DVなど）、離婚等の喪失体験。 過去のストレスによるPTSD等の長期的影響と、現在のストレスによるものの両方が養育を困難にする。

4─1　児童虐待

のような環境要因がある。一方，親子のコミュニケーションや認知の問題では，個体と環境の相互作用が問題を形成している。例えば，虐待する親では子どもの認知に歪みがあることが多く，「泣くのは自分を困らせようとしている」等と考え，怒りを生じる。子どもがそうした親の態度に反応して，さらに不安定な情動が生じ，泣いたり，しがみついたりといった反応を示すと，それがさらに親を刺激する。こうして両者の反応が互いに緊張を強めていき，虐待が生じるという過程を考えることができる。

　虐待が発生したときの対応には，まず発見，通告があり，その後，深刻なケースでは保護，援助によって子育ての改善が見込めるケースには在宅支援という道がある。保護した後のアセスメントによって在宅支援が選ばれる場合もある。

> ポイント：虐待は特別な親に生じるのではなく，さまざまなリスク要因が重なって生じるものである。それらの要因を明らかにして支援することが大事。

Ⅲ　通告と児童相談所を通じての介入・分離

　虐待が疑われる場合，子どもの安全を確保するための緊急の課題は，通告から保護に至る介入である。現在進行形の虐待が生じている場合，その状況を変える介入が必要であるため，すべての機関，あるいはすべての市民に，児童相談所（または福祉事務所や市町村）への通告を行う義務がある。

　欧米では，医師などの専門家が通告を怠れば罰則（免許停止など）がある場合が多く，どういう介入を行うかよりもまずは通告することが専門家の義務として捉えられている。日本では罰則規定はないが，通告は子ども虐待防止法で定められた義務である。この理解はかなり社会に浸透し，通告数の増加の一因になっている。虐待を疑ったら，虐待かどうかを確認したり，介入・援助の試みを行うより先にまず通告することが必要である。

　通告に際して，守秘義務を考えてためらう場合がある。しかし，子ども虐待防止法第6条において，子ども虐待に関する通告については守秘義務違反にはあたらないことが明文化されている。つまり，虐待を疑われる場合には，親との関係を心配するのではなく，子どもを直接守ることを最優先とした対応が必要である。

　通告の上で，強制的介入や親子分離を行うか，支持的介入（子育て支援）によっ

て改善を図るかという選択がある。実は，通告よりもこの判断のほうが難しい。これを判断する上で，①親が虐待に対する責任を感じているか，②親が子どもに対して共感的視点をもて，そのニーズを優先にできるか，③家族が関係機関による長期的な援助の必要性を認識できるか，という観点が重要である。この3つの問いへの答えがすべて「いいえ」なら，支持的介入の効果は低く，法的介入を含む強制的な調査や親子分離も考慮に入れた対応（立ち入り調査，一時保護，親の同意によらない施設入所，親権喪失など）が必要である。その判断と介入は，児童相談所の役割だが，他の専門家がその必要性を認識しながら児童相談所が十分に動いてくれないと感じられる場合もある。その場合，ケース会議を要請したり，虐待防止活動を行っている民間団体などに相談することも必要になる。

Ⅳ　親への対応：親として取り組む責任の明示

　虐待をした親への対応は，児童相談所を中心に検討されている。「社会による子育て」を趣旨とする本書では，介入の詳細は割愛し，子育てに対する基本姿勢に関わる親への対応について述べる。なお，子どもへの対応スキルの訓練等は親への支援を扱った章（3−6）の記述がここでも当てはまる。

　虐待を行った親に対しては，親として取り組む責任を明示することが重要である。子ども虐待は，子という被害者がいる加害行為である。しかし，一般に傷害や暴行にあたることでも，家庭における「しつけ」だから許されるという考えが加害者にある。特に虐待やDV体験を自身がもつ親の場合には，暴力的人間関係をモデルにして「自分も叩かれて育ったから，少しくらい叩いてもしょうがない」と考えている場合がある。DVにおける夫妻の関係でも同様である。こうした場合，家族関係における「権力構造」が加害側の歪んだ認知を生んでいる。つまり，子どもを親の私物として考え，親が自由にしていいという誤った親権意識がそこに働いている。こうした社会文化的な認知の歪みに加え，被虐待体験をもつ親は，アタッチメントに関連する心理的表象の歪みによってケア提供とケア探索が混乱している。

　こうした歪んだ社会的，心理学的な認知に縛られている親は，支持的な援助のみで虐待的な方法から離れるのは難しい。その場合，法的な枠組みを用いて，加害責任や本来的な親の養育責任を明らかにして，修正を求めていく必要がある。

北米では，子ども虐待やDV加害者に対して，子ども虐待やDVに特化した裁判における条件づけや，その1つとしての治療命令という枠組みが存在する。日本にはこうした制度がないため，現在日本で使える法的枠づけとしては，刑法上の処罰を別にすれば，児童相談所を中心にした家庭分離，親権停止・停止（DVでは保護命令）をてこにした働きかけになる。児童相談所の経験からして，こうした強い枠組みを使うことは，親自身にとっても治療的である。たとえ親が虐待を否認しても，結果的に子どもに十分なケアを与えられずダメージを与えていることを示し，その加害責任の取り方を示すことができるからである。修復的司法の立場から，加害者がもつべき責任として，説明責任，再犯防止責任，謝罪賠償責任の3つがあげられている。これを虐待する親に当てはめると，以下のようになる。

①説明責任（自らの行動を引き受け，「問題とされる行動」を振り返る）：親の責任・権利の歪んだ認識を改め，自分が子どもに与えた影響を知ること。

②再犯防止責任（振り返りをもとに将来の再犯罪を防止する）：分離を受け入れるなど自分の親としての権利・責任の限界を認め，養育能力の向上に取り組むこと。児童相談所，その他の機関で養育に関するプログラムを受けること。

③謝罪・賠償責任（家族や地域社会といったコミュニティを含む被害者に対する謝罪と具体的な償いの行動をとる）：まずは，子どもに謝ること。子どもが虐待によって受けたダメージの回復に協力をすること。

家庭分離など強制的な措置をとると，親と敵対的な関係を招きかねず，決断の難しい場面となる。しかし，加害責任をあいまいにしたまま分離や措置を行うと，さらなる親の混乱や再虐待を生じる危険を高める。むしろ親がとるべき上記のような加害責任を明示した上で，これに対して親が行った努力を評価する枠組みを一貫して示すことが望ましい。それが，親にとっても安定したケアをもらえる体験につながる。時間的な一貫性だけでなく，社会的レベル，関連機関のレベル，個別的なプログラムのレベルのすべてを通じて一貫して親のもつべき役割と責任を示すことが重要である。図1はそれを表現したものである。一番大きな社会的メッセージのレベルでは，親権は，子どもの精神的なケアを行って心の発達を支える責任を果たすために社会から与えられている権利であることを提示する。児童相談所などの関連機関のレベルでは，責任を果たせなければ分離や親権の制限がなされることを示す。治療や援助機関のレベルでは，親としての権利を回復す

4－1　児童虐待　185

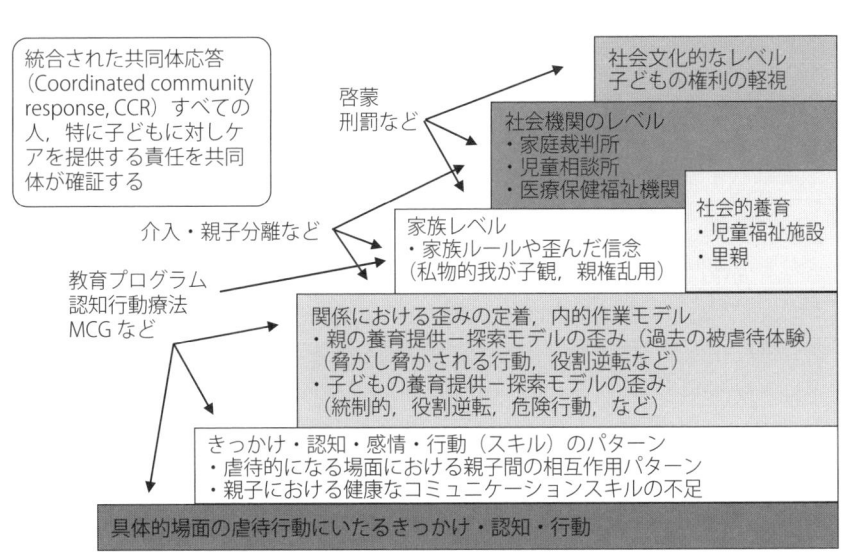

図1　虐待に対する統合的な働きかけ

るチャンスとして治療機関等の提供する養育スキルに関するプログラムを受けられることを示す。こうしたコミュニティ全体で機関やサービスが同一のメッセージのもとに連携して援助や措置を行うという考え方は，「協働的コミュニティ対応 Coordinated Community Response（CCR）」と呼ばれる。

> ポイント：虐待を生じてしまう親に説明責任，再犯防止責任，謝罪・賠償責任を果たすよう求める。これを通じて親としてやり直すチャンスを示すことは親にとっても助けになる。

Ⅴ　子どもへの対応

　虐待を受けた子どもは，「社会による子育て」を特に厚く行う必要のある子どもである。援助を大きく分ければ，虐待によるトラウマや喪失の作用の緩和のための対策（修復的接近）と，本来必要であるのに欠けていた養育を提供しながら成長を図る対応（回復的接近）に分けることができる。ただ，実際の援助の中で両者は重なり合っている。また，子どもの中のどのような側面に働きかけるかという観点から見ると，「安心感・安全感」「トラウマ」「アタッチメント」「解離」「喪

失感」「資源（リソース）」という観点から考えることができる。ここでは「危機介入」という視点から，初期対応についてのみ述べる。また長期的な援助は，「アタッチメント」「トラウマ」「解離」の項の内容がそのまま当てはまる。

1. 安全感，安心感の確保

　これからは脅かされることはないと感じてはじめて，子どもは回復の道を歩むことができる。しかし，「安全感，安心感の確保」は，簡単な課題ではない。例えば，一時保護所に保護して，身体的安全が確保されたとしても，「安全感」がすぐに生まれるわけではない。はじめての事態の中で，何が起こるかわからないという不安がむしろ高まっているのが普通である。一時保護所ではじめて出会う他の子どもや，一時保護所の職員に対して警戒心をもっても不思議はない。元気そうに見える場合も，過覚醒や解離によってそのように見えているかもしれず，内心は大きな不安を感じていると考えた方がよい。

　完全感，安心感は継続的な関わりの中で，徐々に感じられていくものと考え，子ども間関係を含む環境を落ち着いたものにする努力と，子どもの一時的言動に振り回されない一貫した姿勢を保つことが重要である。

2. 説明と情報収集

　子どもにとって，介入自体がトラウマ的体験となる恐れがある。虐待的な環境であっても，子どもにとっては，離れることを考えたこともない唯一の家庭であるのが普通である。保護する理由，予想される経過について，丁寧に，子どもの気持ちを敏感に感じ取りながら説明する。その丁寧さと敏感さは，子どもに，大人が自分（たち）のことを考えていることを伝えるための重要な要素である。多くの子どもへの対応に追われて説明が不十分になると，子どもにとって，何がいつ起きるかわからないという体験になり，保護や措置の過程で不安を募らせる結果となる。予測可能性，一貫性は，トラウマを引き起こさないための条件であり，アタッチメントの重要な性質でもある。

　虐待事例においては，きょうだいの死などショッキングな出来事が発生している場合がある。こうした「伝えにくい事実」をどのように伝えるか（真実告知の方針）を十分検討しながら進める必要がある。緊急介入の間には伝えず，長期的対応の課題としてもち越されていることもあり，安心できる環境が整わない場合

は，そのほうが望ましいことも多い。ただ，いずれは伝えなければならない重大な事実がある場合，どの時点で，誰が（どの機関が），どこで伝えるかについての見通しを立て，関係する諸機関の間で共通見解をもっておく。

初期対応では，子どもの目から見た虐待の実態，その他の過去の体験，子どもの成育全体をできるだけ詳しく知ることが重要である。初期の虐待対応の中でしか知りえない事実も多い。児童相談所での聞き取りが中心となるが，法的判断のための司法面接が必要となる場合もある。子どもの状況に合わせて複数回に分けて聞き取りを行うことがあるとしても，1人の担当者が，1つの流れの中で継続的に行うことが重要である。複数の人からくり返し尋ねられる体験は，子どもに強いストレスを与え，語りを混乱させる危険がある。ただし，施設入所の後に施設の立場から成育史，体験を改めて聞き取ることは別の意味で重要である。初期対応における聞き取りも，施設入所後の聞き取りも，大きな意味での「ライフストーリーワーク」の始まりである。子どもが自分の人生を理解し，整理することを援助する仕事は，社会による子育ての中の重要な要素である。今の聞き取りが，子どもが体験を整理し，理解していくプロセスになるように配慮すると，自ずと質のよい聞き取りになるはずである。

安心感の確保に始まる初期対応を適切に行うことは，トラウマの緩和，アタッチメントの阻害の緩和につながる。介入という関わりによって，子どもは，家庭からの分離を含む生活の大幅な変化を経験し，その過程が不適切であればそれ自体がショック体験となって解離も含むトラウマ的作用を及ぼす恐れがある。不安があまりに高まると，子どもは「シャットダウン」（見ない，聞かない，感じない）という対応をとるからである。虐待的環境の中ですでに子どもが行ってきたそうした反応が，くり返されることで強化されるのを避けなければならない。

虐待的環境で子どもがとってきた「シャットダウン」，あるいは麻痺や回避といった対応は，子どもの不安を覆い隠す働きがある。不安や恐怖に圧倒されないために子どもはそのような反応をすると考えれば当然ともいえる。そのために，「大丈夫」という印象を周囲に与えるかもしれない。そうした外見の印象に影響されないように気をつけながら，不安を表に出す子どもと同様に，そばに寄り添い，今の状況と今後の予定を丁寧に説明し，「大丈夫」というメッセージを伝え，安心感を高める対応をしていく。ここで述べたように，「大丈夫」というメッセージは，子どもが大人に向けるものではなく，大人が子どもに伝えるべきものであ

り，また関わりの結果実際に生まれる感覚でなければならない。

> ポイント：子どもに保護などの支援を行うには，子どもの気持ちを敏感に感じとりながら丁寧に説明を行うことが不可欠である。

3．長期的支援への移行

　虐待対応では，ある時点で，長期的支援の形が決定される。具体的には，児童養護施設への措置，在宅支援などである。里親委託も重要な選択肢だが，一時保護から直接里親委託が行われる例は少なく，低年齢児に限られるのが現状である。

　いずれの形をとるにせよ，前項と同じく，子どもへの丁寧な説明が重要である。親の子育てを支援するという観点だけでなく，社会の手で子どもを育てるという観点で子どもに関わる必要がある。子どもの視点から見ると，支援者が，自分のために関わってくれている大人の1人と見えることが必要である。

　虐待を受けた子どもが健康に育つための支援は，本書が扱う項目の全体を総合したものである。虐待を受けた体験を乗り越え，健康に育つために求められる要素には次のようなものがあり，それぞれの要素に働きかける支援や子育ては，すべて，虐待の影響の修復や，虐待の傷からの回復に貢献する。

　①安全感・安心感
　②安定したアタッチメントの形成，回復
　③エンパワメント（力づけ。持てる力，資源の強化）
　④社会的スキルの向上
　⑤解離の緩和，解消

Ⅵ　虐待の再発防止

　虐待対策では，再発防止が重要な課題の1つである。

　不適切な養育が問題化されたのちに，そのまま在宅支援に移行することで，あるいは保護，措置という過程を経たのちに家庭復帰することで，家庭での子育てへの支援が続けられる場合がある。このような場合，「見守り」という言葉が使われる。ここで言う「見守り」とは，いわゆる経過観察ではなく，積極的に子育て支援を続けることによって，不適切な養育の改善を図る支援を意味する。家庭

の子育ての支援と，社会の資源による子どもの養育によって，養育が適切なものになっていかねばならない。

虐待の再発は，こうした養育および養育支援が功を奏さなかったことを意味する。したがって，虐待が再発した場合には，そもそもの在宅支援や「見守り」が適切な選択であったのか，支援において欠けていた部分がなかったのかを十分検証しなければならない。

子どもにとって，社会が家庭の子育てに深く関わりながら，再び虐待となって現れることは，社会の支援への不信にもつながる体験である。

具体的には，諸機関の関わり，地域の子育て支援の資源の利用，教育・福祉の力による子どもの養育と，通常の社会の資源の関わりの総合力にかかっている。再発を未然に防ぐには，それぞれの機関や専門家が，再発を防ぐという目的を共有し，心配な状況が生じたときに抱え込まず，情報共有によって協働してことが必要である。

Ⅶ　意識しておくべき専門家側の課題

子育て専門家が虐待問題に対応するとき，共通して直面する課題がある。それらを理解し，阻害要因にならないように配慮することが必要である。その課題は，子育て専門家のメンタルヘルスの問題が強く表れた場合として理解できるので5－4を参照していただきたい。

Ⅷ　おわりに

以上のように児童虐待は養育者と子ども，あるいはその関係性におけるさまざまな要因を背景に生じるので，それらの要因に対して必要な支援を組み合わせて行うことが必要になる。支援者は虐待を生じて介入する親子に虐待（あるいはその裏にある子どもの権利）の説明と回復への道筋を示すことが重要である。例えば，養育者に対して，「虐待をやめなさい」と抽象的な言葉では通じないため，どのような行動が子どもにどのようなダメージを与え，それをどのように変えていくことが必要かをできるだけわかりやすく説明することが重要である。子どもに対しても，養育者が行った関わりに問題があったために今支援を受けているこ

とを伝えた上で，あなたが悪いのではないこと，自分の気持ちを大人に表現して助けてもらっていいこと，あなた自身の人生を整理し直し，親との関係についてどのようにするかを考えていっていいことなどを，丁寧に説明することが大事である。

参考文献

アレキサンダー・ブッチャー，他／小林美智子，他監修（2011）エビデンスに基づく子ども虐待の発生予防と防止介入―その実践とさらなるエビデンスの創出に向けて．明石書店．

アリス・ミラー／山下公子訳（2013）魂の殺人 新装版．新曜社．

メアリー・エドナ・ヘルファ，他編／子どもの虐待防止センター監修（2003）虐待された子ども．明石書店．

森田展彰（2003）虐待児童に関わる要因と親に対する介入・治療．（中谷瑾子，岩井宜子，中谷真樹編）児童虐待と現代の家族，pp.228-260，信山社．

日本弁護士連合会子どもの権利委員会編集（2012）子どもの虐待防止・法的実務マニュアル【第5版】．明石書店．

日本子ども家庭総合研究所編（2014）子ども虐待対応の手引き；平成25年8月厚生労働省の改正通知．有斐閣．

奥山真紀子，西澤 哲，森田展彰編著（2012）虐待を受けた子どものケア・治療．診断と治療社．

坂井聖二，西澤 哲，子どもの虐待防止センター監修（2013）子ども虐待への挑戦：医療，福祉，心理，司法の連携を目指して．誠信書房．

推薦図書

《修復的司法・加害者としての責任とその更生について》

ハワード・ゼア／森田ゆり訳（2008）責任と癒し―修復的正義の実践ガイド（LITTLE BOOK）．築地書館．

(森 茂起・森田展彰)

4-2

ドメスティック・バイオレンス

Ⅰ　はじめに

　子どもの問題や養育の問題の背景に，夫婦関係の問題，とくにドメスティック・バイオレンス（Domestic Violence：以下 DV）がある場合が少なくない。夫婦間のDV が根本にあって，その結果，子どもへの養育が不適切になるとともに，子育て専門家と家族の関わり方にさまざまの支障が生じることがある。つまり，DV の存在によって，社会からの援助の手が子どもに届きにくくなるということである。

　したがって，DV が子どもの育ちに与える影響は，子どもが両親間の DV を目撃することによる直接的な衝撃だけではなく，DV の家族関係全体への影響，家族の社会との関係への影響，子どもの社会との関係への影響など，直接的間接的に広範囲に及ぶ。DV の問題が存在するときにその問題を考慮しなければ，そもそも支援が困難になる恐れがある。ここでは，DV に関する基礎的知識を踏まえて，援助の方針を考えることにする。

Ⅱ　配偶者間暴力の定義と現状

　暴力には，容易に暴力的と理解できる身体的暴力や性暴力以外に，言葉で相手を貶める，脅迫・威圧，孤立させる，子どもを利用するなどの心理的な暴力や，経済的な暴力なども含まれる。身体的な暴力の有無よりも，パートナーの自由や権利を奪い，支配するところに DV 問題の本質がある。そうした行為をして問題と考えない DV 加害者には，社会全体にある男性優位な考え方や制度が影響している場合が多い。

2005年の調査（内閣府男女共同参画局，2005）によると，これまでに結婚したことのある人（2,328人）のうち，配偶者（事実婚や別居中の夫婦，元配偶者も含む）から「身体に対する暴行」，「精神的な嫌がらせや恐怖を感じるような脅迫」，「性的な行為の強要」のいずれかについて「何度もあった」という人は，女性10.6％，男性2.6％，一度でも受けたことがある人は，女性33.2％，男性17.4％となっており，決して珍しいことではないことがわかる。つまり，DVは，社会に広範に広がっている問題であり，子育てに関する専門機関や活動の中で必ず出会う問題と考える必要がある。

Ⅲ　暴力が被害者に与える影響

1．パートナーへの心身のダメージ

DVはそれを受けるパートナーの心身の健康を阻害する。以下に代表的な症状や問題をあげる。

①PTSD（Posttraumatic Stress Disorder）：DVは，トラウマ的作用による症状を引き起こす（2－4参照）。シェルターに保護されたDV被害者の35～45％がPTSDを生じていたことが報告されている。さまざまの被害の中でも特に高いと言ってよい数値である。

②抑うつ：シェルターに保護された被害者の30％がうつ病の診断基準を満たしていたことが報告されている。

③自尊心の低下：身体的暴力以上に言語的暴力，性暴力，経済的支配，孤立化，無視などさまざまな支配が，被害者の自己効力感を低下させる。それが仕事などの社会活動を制限するため，さらに自尊心が低下しやすい。

④アルコール・薬物の乱用や依存：DV被害を契機に，アルコールや薬物の乱用を生じやすい。日々の被害による苦痛から逃れるためにそれらを用いるからである。DV被害者の16％がアルコール問題を抱えていたという報告がある。

⑤身体的な健康問題：DVによる手足や肋骨の骨折，内出血，脳損傷などの深刻な外傷や，心理的な問題からくる身体症状（例：食欲低下，胃腸障害，呼吸困難，動悸，めまい，頭痛，倦怠感，睡眠障害，婦人科的な問題など）を生じることが多い。妊娠中にはDVを受けるリスクが高くなり，低出生体重児の出産にも関連している。

2．被害女性が逃げられなくなる心理

　DV 被害者を援助する場合に，最も難しい点の 1 つは被害を受けている女性がなかなか加害男性から離れることができないことである。被害女性が逃げられない心理は次のような要素からなっている。

①学習性無力感，自尊心の低下：くり返し暴力・支配を受ける結果，自尊心が低下し自己決定の力を失ってしまう。

②親しい関係の中で起きる加害者への複雑な感情：加害者への愛情を捨てきれなかったり，加害者の考えに巻き込まれたりすることで，加害者のことを「本当はいい人」「私が面倒をみてあげなければ」と考えてしまう。

③固定的な性別役割に関する問題：「夫は妻に支配的に振る舞うもの」という性役割に関する社会通念や，「暴力をふるわれていることを話すのは恥ずかしい」「離婚は世間体が悪い」というスティグマに縛られている。

④生活基盤を失うことへの不安：離婚などで経済的な自立や生活基盤全部を失うことへの不安。

⑤子どもに対する不安や罪悪感：「子どもの学校を変えたくない」「子どもの父親を奪うわけにはいかない」などの子どものへの気遣いや罪悪感など。

> ポイント：被害女性は，さまざまな心理的な要因から，逃げることが難しいので，その心理を十分理解して二次被害を与えない関わりを行うことが必要である。

Ⅳ　子どもや母子関係に与える影響

1．DV と児童虐待の関係

　父親が母子両方を虐待し，DV と児童虐待が重複することが少なくない。全米国家族の調査では，DV 加害男性 . の 53 〜 70％が，子どもをくり返し虐待していたと報告されている。シェルターの DV 被害女性の調査では，その 45 〜 70％が同居時に男性が子どもを虐待していたと答えている。

　また DV 男性が子どもへの暴力という形の直接的な虐待を行っていなくても，DV の目撃によるショックや，母子関係や家族関係の歪みが，子どもにとって大きなダメージとなる。特に重要なのは DV による母親機能の低下であり，これは

194　4　危機介入・危機対応

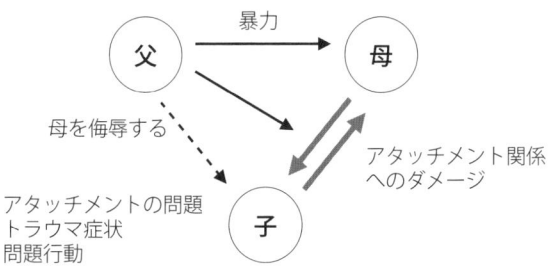

DVは母と子への直接影響のみでなく，母子関係，家族関係を壊すことで
子どもに多重のダメージを及ぼす

図1　DVが母子に与えるダメージ

DVによって母に心身の問題が生じることや，DV男性が子どもの前で母をさげ
すむことなどから生じる。つまり，DVは子どもに直接の衝撃を与えるととともに，安心感を与えてくれるはずの母子関係を破壊してしまうという二重のダメージを与える（図1参照）。母子関係のダメージが重度である場合，結果的に母の養育もネグレクトや虐待的な性格をもつに至る場合もある。母としてのDV被害女性の受けるダメージは表1のように広範に渡る。

2．DV家庭の子どもに見られる症状・特徴

　加害者と同居中のみでなく，分離後もトラウマ反応として，再体験，回避・麻痺，過覚醒を生じる（2－4参照）。暴力場面を遊びや日常で再現する場合もある。男子だと加害者側に同一化して，他の子どもや大人に破壊的な行動をとる場合が多く，女子の場合は危険な相手に近づき再被害を生じる場合が多い。また，「自分は悪い子だから，こういう状況におかれるんだ」「自分のせいでパパとママがけんかして別れた」などの自責的・自己否定的な考えをもちやすい。他者に対しても信頼できないと感じる。さらには「暴力がふるわれるのは，被害者が悪いからだ」「男は支配権を握り，女は服従すべき」などの暴力に関する歪んだ考えを受け継ぐ恐れがある。

ポイント：DVは，その目撃のみならず，母親機能の制限や歪み，暴力的な
　関係性の学習など，さまざまな経路で子どもにダメージを与える。

4-2　ドメスティック・バイオレンス　195

表1　DV が被害女性の母親機能に与えるダメージ（Bancroft［2004］, Baker ら［2004］をもとに作成）

・女性は，自分は親として不適格だと思う	虐待者から，母親失格であること，子どもの問題はおまえが原因だと言われている場合が多く，家の中に一貫したルールを作ることを加害男性に邪魔される。子どもは DV の影響により問題行動を学校・近隣で起こしがちで，結果的に自分はだめな親だという考えが強くなる。
・女性は子どもたち全員の，あるいは一部の子どもの尊敬を失う	子どもは，加害男性の言葉を受けて，母親のことを虐待されても当然の人間と考え，母親の権威を無視し，彼女が決めたきまりに従わない様子を見せる。
・女性は，虐待者が自分の行動を正当化するための言い逃れやこじつけを正しいと信じる	女性は，虐待は自分の責任だと思い，子どもへの影響を思って罪の意識にかられ，自分を責める。男性や少年は，家庭内で女性より多くの特権と権力をもって当然だと思う。
・女性は，虐待者のやり方に子育ての仕方を合わせ，自分の方針を変える	虐待者の権威主義的な育児を受け入れ，女性自身も，子どもに権威主義的態度で接したり，虐待者をイライラさせないために，年齢にあわない無理な要求を子どもにすることもある。逆に，子の苦痛を考え，必要なときに叱るなどのしつけができない場合もある。
・経済的・心理的な余裕を奪われて，子どものニーズを満たすことができなくなる	抑うつ，不安，不眠や経済的な虐待により，子どもの日々のニーズを充たすことができなくなる。見通しをもった方法がとれなくなり，その場にあわせる受け身的子育てを生じる。
・女性は，有害なサバイバル戦術を使うかもしれない	アルコールや薬物の乱用に陥ることや，母自身が子どもにつらくあたって，身体的，言語的暴力を行うこともある。自分が休息をとろうとして，子どもを不適切な人に預けてしまったり，家にいないようにするようになる。
・女性と子どもとの絆が弱まる	子どもは，母親が自分たちを保護せず加害男性を追い出さないので，母親に怒りをもつ可能性がある。苦しむ子どもを慰めることが加害男性の存在によってできない。母親に代わって子どものうちの1人が家族の世話役割を引き受ける。子どもは，母親が追い出されたり，家を去るかもしれないと思って，不安，喪失への恐怖を生じる。
・女性は，子どもの忠誠心獲得競争に巻き込まれる	加害男性は，自分はよい人で母親は悪い人のイメージを子どもにもたせようとする。加害男性は，別居の後の親権争いで，自分の家は素晴らしい生活を約束すると言い，子どもたちの支持をとりつけようとする。

V　援　助

1．援助のポイント

1）家庭における母親の暴力被害やトラウマの問題を見逃さないこと

196　4　危機介入・危機対応

表2　DV被害者への言葉かけ（宮地［2008］）より引用

被害者にかける望ましい言葉	被害者を傷つける言葉
・よくうちあけてくれましたね。 ・あなたの言うことを信じています。 ・あなたは一人ぼっちではありません。 ・暴力を受けているのは，あなたのせいではありません。 ・暴力を受けていい人なんて存在しません。 ・あなたは，暴力を受けてもしかたのないような人ではありません。 ・あなたがおかしいのではありません。 ・あなたの安全と健康が心配です。 ・いろいろとサポートを得ることができます。 ・ゆっくり考えて。自分で決めていいんですよ。 ・状況が変化したら，私（または関連機関）が情報を提供したり，力になります。	・それくらいのことはよくあることです。 ・なぜそんなにご主人を怒らせるんですか？ ・もっとうまく操縦すればいいのに。 ・あなたのどんな行為が暴力に結びついたのですか？ ・いつまでこんな状況に我慢しているつもりですか？ ・あなたが今の状況を変えようとしないのなら，これ以上私ができることはありません。 ・私ならそんな関係はさっさと清算してしまうでしょう。 ・なぜいつまでもそんな人と暮らしているのですか？

　子どもの問題において，子どもに向けられた直接の虐待のみでなく，夫婦間の関係や暴力の可能性を検討することがまずは重要である。暴力が発生していても，加害男性や被害母子がそれを「暴力」と認識できていない場合が多い。身体的暴力でなくても，心理的暴力，性暴力，ネグレクト，経済的暴力も「暴力」に入ることを伝える必要がある。

　2）安心感を助け，エンパワメントを行い，援助継続を図ること

　暴力被害によるトラウマをもつ場合，傷つきやすくなっていて，援助を自分から求めることが難しいことが多い。そこで，暴力被害体験をもつ母親に対して，安全感・安心感を保証し，大変な中を頑張ってきた本人の力をエンパワメントするとともに，電話相談や訪問看護などによって回復の場につなぐことが重要である。暴力を本人のせいにするような表現を用いたり，不用意にこまかく質問をする言葉かけは，被害者を傷つけて，二次性の被害を起こしてしまう可能性がある。表2は被害者への望ましい言葉かけと，避けるべき言葉かけを示している。

　3）具体的な支援を受けることを助ける援助

　具体的な支援につなげるには，心理的サポートだけでは不十分で，ケースワーク的な援助が必要である。DVの被害がある場合には，DV被害を扱っている援

4－2　ドメスティック・バイオレンス　197

表3　DV 被害母子の回復に必要な援助

> 1．DV や虐待の基本的な理解
> 2．虐待男性が "母親業" に与える影響や虐待男性が示してきた自己中心的で悪い役割モデルの影響を知り，男性への対処を検討する
> 3．母自身の個人的ケアを進める必要を示し，回復の方法（セルフケアの方法や専門的な治療）を提示する
> 4．親業についての必要事項を学ばせる
> 5．各発達段階にある子どもへの影響を理解する
> 6．子どもが DV をどのように考え・対処しているかについて知る
> 7．より長期的な問題への対応（暴力的に振る舞う子どもにいかに対処するか，母自身や子どものための，より専門的な支援をどこで得るかなど）

助機関への通報や保護についても考慮する必要がある。DV 防止法で，DV を受けている人を発見した者は，配偶者暴力相談支援センターまたは警察官に通報するように努めなければならないと定められ，その通報は守秘義務違反にならないことが保証されている。ただし，こうした通報は被害者の意向を判断した上で行うことも求められている。保護としては，被害者が加害者を引き離して欲しいと望む場合，裁判所による保護命令（接近禁止を 6 カ月間，加害者の退去を 2 カ月間強制的に行える）や刑事手続き（傷害や暴行として警察に届け出ること／ストーカー防止法の利用）や民事手続き（接近禁止等の仮処分の申請／調停離婚／裁判離婚）などがとられる。また，被害者の方がとりあえず逃げることを望む場合には，一時的に身を寄せる場所として，婦人相談所の一時保護所，民間のシェルターなどがある。さらに長期的な自立支援としては，住居や経済的支援や就労支援や，子育て支援などの制度・施設を，各事例のニーズに合わせて紹介する。

2．母子関係や子どもへの支援

　現在の日本の DV 相談では，加害男性から離れることにポイントが置かれているが，同居中や分離後も，母と子それぞれ，および母子関係のダメージを評価しながら援助することが必要である。表3には，母子関係の回復に必要な要素を示している。母は，自身の回復と，母子関係の回復の両方をバランスよく進めていくことが必要になる。DV とはどんなもので，それが母や子どもにどのような影響を及ぼすかを知らせ，その上で自身の回復と子どもの回復をどのように進めていくのか，子どもへの養育スキルについても知らせることが有用である。被害母

198   4　危機介入・危機対応

表4　DV被害後に母親が子どもと関わる際のポイント

1．子どもに安心を与える言葉をかけること	母がこれからも子どもの世話をし守っていくこと。これから何があっても決して見捨てないことを保証する。
2．暴力や別離は子どもの責任ではないことを示すこと	子どもは，自責的になっている可能性があり，これまでに起きたことは何ひとつ子どもの責任ではないことを保証する。
3．暴力やそれに伴う感情について話すことを恐れず，むしろ子どもに表現させることで回復を助けること	親としては思い出したくない気持ちもあるだろうが，むしろ過去を母子で話し合えるようになることが互いの回復につながる。子どもが望めばいつでも話に応じるつもりであることを子どもに知らせておく。また話が出たときには，どんな気持ちになったか尋ね，ありのままに受け止めること。
4．自分を傷つけない，前向きな対処ができるよう子どもを励ますこと	子どもが建設的で前向きな方法でストレスに対処できるよう子どもを援助すること。暴力，自傷，過度のゲームへののめり込みなどの不適切な対処から離れやすくする。
5．母自身がすばらしい自分になること	母自身が生き生きと新しい人生を歩み始めることが子どものよい見本となる。
6．しないほうがいいこと	・親が心の悩みを子どもに打ち明けたり，精神的な支えにするために，子どもを利用してはいけない。誰かに話したい必要があれば，励ましてくれる大人を探す ・子どもがまだ知らない過去のいやな出来事については無理に知らせない ・子どもの愛情をめぐって元配偶者と張り合わない ・子どもを加害男性に似ているなどと責めること

　子が男性から離れた後でもすぐに母子関係が安定しない場合が多く，むしろ抑え込まれてきた子どもの感情が噴き出して，母がそれに対応しきれないように感じる場合も多い。DVが与えた子どもへの関わり方を知ることが重要であり，その要点を表4に示した。

　DVは，その被害を受けている最中には，麻痺，感情抑制，抑うつなどとして現れることが多く，子どもも，おびえながら息をひそめて暮らす，あるいは自分の感情を抑えて母親を支えるといった状況になりやすい。そのため，加害男性から離れることによってはじめて，気分の大きな変動や怒りが現れる場合が多い。そうした感情に援助者が振り回され，「困った母親」「困った子ども」といった見方をすると，安定した援助関係が阻害される。母子の状態の中にあるDV被害への反応を理解し，気持ちの上では加害者から離れてからはじめてしんどさを感じることがあること，それは感じる力が回復してきたためであって，回復のしるしであることを伝えながら，援助関係を維持していく必要がある。加害者と離れた

表5　母子に対するコンカレントグループプログラムの各回のテーマ

回	母親グループ	子どものグループ
1	つながりを作る	お互いを知る
2	沈黙をやぶる	家族の中で起きた暴力について話す
3	多くの感情を大切にする	たくさんの気持ちを理解する
4	虐待にさらされた影響を知る	自分が経験した暴力について話す
5	母子の安全計画	私の安全計画
6	責任を理解する	責任を理解する
7	怒りを理解し，健全に表現するのを助ける	怒りの理解と表現
8	葛藤について理解し，問題解決を図る	問題解決のスキル
9	喪失を悼み，選択と変化を祝う	家族のよい変化や喪失を話す
10	サポートを得てつながり続けること	性的虐待の防止，セッション
11	母親と子どものセルフケアの重要性	自尊心
12	ここまで来たことを祝福する	お別れ

のだから自分が頑張って子どもを育てねばならないと自分を追い詰めたり，それができない自分を責めたりしないよう援助する。被害を受けた誰もが通る道と，自身の体験を相対化することも必要である。

　母子のダメージが重い場合には，それぞれに個人療法やグループ療法を行うことが有用である。その中には，母子関係に関する指導も含まれる。そうした場合，自身や子どもが治療を必要とする状態にある理解すること自体が，回復への一歩となる。治療方法の例としては，DV被害母子に対する親子交流療法（Parent-child interaction therapy：PCIT），母子に対する同時並行グループなどがある。後者は，DV男性から逃れてきた母と子（4〜16歳）が全12回の母グループと子グループに並行して参加するもので，表5のような内容を扱っている。

> ポイント：DV被害を受けた親子に対して，単に加害者から引き離すのみでなく，母子関係を再構築する支援が必要である。

VI　加害男性への介入

　加害男性については，本来，法的根拠に基づく更生プログラムを実施することが必要である。北米では，DV加害者に対し厳格に訴追を行い，DVコートとい

200 4 危機介入・危機対応

表6 ケアリングダッドの内容

目　標	回	各回のテーマ
Goal 1：男性をプログラムにつなげる	1	オリエンテーション
	2	父親の養育（ファザリング）を考える
	3	こうあってほしい状態と現状の違いを際立たせる
Goal 2：子ども中心の養育	4	子ども中心のファザリング
	5	子どもの言うことを聴く
	6	家族の一部としての父親の役割
	7	子どもへの適切な認識をもつことを難しくするのはなにかを明確にする
	8	子どもは，大人とどのように違っているか？
Goal 3：虐待／ネグレクトを認識し取り組む	9	不健康な，子どもを傷つける，虐待的な，ネグレクトとなるファザリング行動
	10	自分は子どものニードにどのように反応しているか？
	11	困難な状況における問題解決
	12	子どもの母との関係
	13	否認と矮小化を減らす
Goal 4：信頼を再構築し将来の計画を立てる	14	信頼の再構築と癒し
	15	しつけとは何か？
	16	まとめ

う特別な裁判で刑罰の代替や収監中において加害者更正プログラムを受けさせる体制が組まれている。そうしたプログラムでは，認知行動療法の手法を用いて，暴力や支配を肯定する偏った信念を変え，責任を自覚させる内容となっている。日本ではまだ法的整備が進んでいないために，加害者の自由意思にゆだねられているところに課題があるが，いくつかの民間機関がすでにこうしたプログラムを開始している。カナダ・オンタリオ州で開発されたケアリング・ダッド（Caring Dad）というプログラムでは，配偶者やその他のパートナーとの関係を変えることのみでなく，DV 加害男性が父親としてやり直すのを助けることを目的としている（表6）。こうした男性は，男女関係や親子関係において自分の方に特権的に物事を決め，相手を従わせることができるという歪んだ認識がある場合が多く，それに気づかせて変えることは難しい場合も多いが，単に被害を受けた女性や子どもを加害男性から切り離してしまうだけでは，そうした考えをもつ男性は減らないことになる。児童福祉機関と DV 対応機関および刑事施設が連携を組みなが

ら，男性に対する再教育を行っていくことが重要であろう。

> ポイント：DV 加害男性には，自分の暴力を認め，暴力を用いないコミュニ
> ケーションの方法を学ぶ働きかけを行うことが必要である。

Ⅶ　おわりに

　DV 事例で子どもがいる場合には，被害女性と子どもの 2 人の被害者がいて，DV の被害女性は親としては十分な養育ができていない場合も多い。このような状況で児童の援助と，母の DV 被害への援助の 2 つをどのようにすり合わせていくか迷う場合は少なくない。また児童福祉機関と DV 被害援助機関の連携もまだ十分とはいえず，「夫婦関係に児童相談所は関与しない」などという主張もされがちである。しかし，離婚そのものの是非は別として，家族関係全体の状況に子どもは大きな影響を受けているのであり，包括的かつ継続的な援助がされなければ，子どもは DV 男性から逃げ出した後にも感情的な混乱や対人関係のもち方にダメージを残し，その一部は長じて加害者になることもある。日本での子ども虐待としての DV に対する支援はもっと改善していく必要があるといえる。その点で現場の児童の支援者は困ることも多いと思われるが，DV が関係している事例があれば，地域の DV 被害支援の人と話し合うなどして，事例に応じた対応を工夫してほしい。ひとつ難しくなりやすい面は，児童を見ている側が被害女性に対して否定的な感情をもってしまう点である。例えば，DV や児童虐待の状況が継続しているのに，母親が家を出たり，離婚することに積極的でないように見えると，被害者でもある母を責めてしまいがちになる。ケースの状況にもよるが，そのような対応は母を追いつめ，その結果子どもがよけいピンチになる可能性がある。親子関係に絶対的なパワー（権力，物事を決定する力）の差があるのと同様に，DV 加害男性と被害女性の間にも大きなパワーの差があり，それが上記したような暴力から逃げられない状況になっていることを認識して，母を責めるのではなく，自己決定する力を強められるような働きかけが必要といえる。こういう場合こそ，母の支援者と子どもの支援者が役割分担しつつ，密に連絡をとり合っていくことが有効であると思われる。

参考文献／推薦図書

《DV の全般的な知識や被害者支援》

内閣府男女共同参画局（2005）配偶者からの暴力相談の手引き【改訂版】：配偶者から
の暴力の特性の理解と被害者への適切な対応のために．内閣府男女共同参画局．

宮路尚子（2008）医療現場における DV 被害者への対応ハンドブック．明石書房．

尾崎礼子（2005）DV 被害者支援ハンドブック：サバイバーとともに．朱鷺書房．

平川和子（2005）DV の早期発見と的確な対応．治療，87(12); 3227-3232.

石井朝子（2005）DV 被害者の精神保健．治療，87(12); 3233-3238.

《DV が子どもに与える影響とそれに対する対応》

日本子ども家庭総合研究所編（2005）子ども虐待対応の手引き：第13章7 配偶者から
の暴力のある家庭への支援のあり方．pp.351-354，有斐閣．

ランディ・バンクロフト，他／幾島幸子訳（2004）DV にさらされる子どもたち―加害
者としての親が家族機能に及ぼす影響．金剛出版．

Baker, L.L., Cunningham, A.J., (2004) Helping children thrive: Supporting woman abuse
survivors as mother. Center for Children & Families in the Justice System. (http://
www.lfcc.on.ca/HCT_SWASM.pdf からダウンロードできる)

（森田展彰）

4-3

災害・事故など突然の危機

I　はじめに

　子どもの養育，教育の現場において発生する危機的出来事はさまざまある。災害・事故はその代表である。学校や施設の中で起こる事件，事故も存在する。子どもの死がそれらの中で発生することさえある。子どもが起こす事件も危機対応が必要な出来事である。さらには，教師や職員といった子どもを援助する立場の者が事件を起こすこともある。残念なことに，援助者が起こす子どもの虐待も発生しうる。自殺も危機対応の必要な出来事である（日本心理臨床学会，2010）。

　多くの危機的事態は，不意に襲いかかる出来事によって生じる。天災にせよ人災にせよ，日常的な生活の中に突然降りかかってくる。したがって，それは「例外的」で「特殊」な出来事とみなされやすい。本書のようなマニュアルには，かつてであれば「災害」の項目はなく，日常的な養育，教育の課題のみが述べられたことだろう。「防災教育」や「防災対策」があったとしても，それは本来の養育や教育の課題というよりは，必要上置かれている特殊な活動と位置づけられていただろう。

　災害が，養育や教育を考える際に必要な重要項目として取り入れられたのは，阪神淡路大震災以降の「心のケア」の展開によると思われる。その後，自然災害，事故，そして凶悪犯罪といった出来事が学校を巻き込んで起こるたびに，災害をめぐる支援の必要性が認識されてきた。その理由は，必ずしも災害の増加や深刻化ではない。過去にも大災害は発生していたが，従来は防災対策としてのみ扱われていた。災害に起因する「心の危機（トラウマ）」への対策を養育や教育の中に位置づける理論的枠組がなかったからである。

204　4　危機介入・危機対応

　惨事ストレス研究や，トラウマ研究において，トラウマ反応は「異常な事態における正常な反応」とされる。トラウマ性の症状は，ある限界を越えたストレスに対して，生き延びようとする心身の反応が生み出すものである。この理解は，「自分が弱い」という自責感などの誤った理解を防ぐために重要である。ただ，災害は，数少ない人のみが体験するまれな出来事という意味での「異常」な事態ではない。災害は普通考えているほどまれな出来事ではなく，私たちが人生で何らかの形で必ず出会う出来事であり，「常に備えなければならない」事態である。

　ここでは，突然起こるそうした危機的出来事に際して養育・教育専門家が取るべき，あるいは取りうる対策を考えたい。

Ⅱ　危機介入・危機対応の意義

　危機に際する養育的，教育的支援の必要性を，いくつかの要素に分けて述べる（要素は窪田［2010］によるものを一部改変）。

1）子どもは危機的な出来事に遭遇するとさまざまな反応を示す

　子どもは，事態を把握するための知識や理解力が大人に比べて低いために，危機に対して強い不安や恐怖を感じやすい。子どもが危機によってPTSDを発症する率は大人より高いと言われている。しかし子どもの反応は，「まとまりのないまたは興奮した行動」といった表現が診断基準に見られるように，捉えにくい傾向がある。自分の状態を言葉で伝えることが難しいことも理解されにくい要因となる。決して「子どもだから大丈夫」「元気そうだから大丈夫」と思わず，ケア対策を考える必要がある。特に目立った反応が見られない場合は，回避や麻痺，表現の抑制によってそう見えている可能性があり，それ自体子どもの反応と捉える必要があるかもしれない。大人たち自身が不安に襲われていたり，あるいは危機的事態への対応に忙殺されたりして子どもに対応するゆとりがないことも見すごされる背景となる。

2）適切な時期に適切な対応を行えば大半の健康な子どもの反応は収束可能である

　急性期の反応は，むしろあって当然であり，異常な事態に対する正常な反応と考えられる。まずは，出来事の発生の瞬間に大人が適切に子どもを守ることができ，安全の確保と安心感の回復がなされれば，急性期の反応が穏やかになり，比較的容易に反応が収束する。

３）適切な時期に適切な対応がなされないと，反応の長期化・重篤化の危険性がある

逆に言えば，そうした経過をたどれない場合に起こるのが，PTSDを含むストレス障害であり，さらにはアタッチメントの阻害や，トラウマ的作用が絡み合ったより長期的，重篤な健康阻害である。強い恐怖のために，出来事の瞬間からしばらくの間に「意識のシャットダウン」（見ない，聞かない，感じない状態）が生じると，後に影響が出やすいと言われている。

４）専門的・継続的なケアにつなぐ必要性のある児童生徒を早期に発見する必要がある

特別なケアが必要な子どもには，出来事によるショックが強かった場合と，出来事の前から何らかの脆弱性を抱えていた場合がある。トラウマ的な作用は，くり返されることでその作用が蓄積し，限度を超えたときにPTSDなどとして表に現れる。過去にショック体験があったために，出来事に際して強い反応が出たのかもしれない。そうした場合は，過去のストレス要因による影響も含めて，継続的にケアを提供して回復を図る必要がある。

５）子どもに関わる組織が機能不全に陥っている場合，不十分・不適切な対応がなされ，結果として反応が増幅されるという悪循環に陥る危険がある

災害・事件に襲われると，養育や教育を担う組織自体が機能しなくなる恐れがある。そうした場合，組織内で何とかしようとするのではなく，外から援助を得ることが必須である。災害の定義に，「地域の自助能力の限界を越えて外からの援助を必要とする事態」というものがある。組織にとっても当てはまる定義である。

Ⅲ　危機における大人の役割

危機的事態において子どもに関わる大人の役割を「アタッチメント対象」と「モデル」という視点から理解しておくとよい。

アタッチメントの重要なポイントは，子どもの不安が高まったときに，大人（養育者）が安心感をもたらす対象となることである。とすれば，大きな不安をもたらす災害という事態こそ，アタッチメントの役割が重要となるときであり，さらにアタッチメントが形成される機会でもある。子どもに大変な事態が起こったときに，そばにいてやり，安心感を回復させる役割を果たすことで，子どもとその

大人の間にアタッチメント関係が形成される。その意味で，養育や教育の場で子どもに接する大人のすべてが，その役割を果たすことができる。学校を災害が襲ったが，先生がいてくれたので安心だった，という体験は，子どもの安心感を大きく向上させる。最も重要なアタッチメント対象である親との関係にとっても，災害や事故は，正の方向にも負の方向にも大きく変化が起こりうる機会である。親子のアタッチメント関係を促進させるよう，親の安心感を高めたり適切な対応法をアドバイスしたりすることが専門家の役割である。

　子どもは，災害時の大人の行動を見て学ぶ。危機的事態においては，不安とともに周囲への注意が高まり，災害時の出来事のあれこれが心に刻みつけられやすい。災害時の大人の振る舞いは，子どもの心に長く残ると考えられる。大人が落ち着いて適切に行動する姿は，伝えようとしなくとも，自ずと子どもに伝わる。「今こそ適切な大人の役割を果たすべきとき」と考えて行動するとよい。逆に，ストレスによる怒り，あせりなどによる大人間の衝突も，子どもに強い印象を残すであろう。養育，教育の視点から見ると，災害時の適切な行動は，普段の何倍もの時間の養育，教育に匹敵する効果があるはずである。

ポイント：危機は大人の役割を子どもに示すとき。

Ⅳ　危機からの回復過程

　災害事故が発生すると，発生からの時間によって対処の課題が変化していく。危機的事態の大きな流れの中で，今どの時期にあるのかを意識しておくとよい。時期を意識することで，対応方法が明確になり，次の対応への準備が可能になる。また，「予想不能」の感覚が軽減されれば，援助者自身のストレスの低減や回復にもつながる。

1．発生時

　直接の危険がなくなるまでを指し，危機が発生した瞬間から数時間程度が普通である。子どもにとって「守られる」体験となることが何よりの対処である。恐怖体験ができるだけ軽度かつ短期に終わるような対応が必要である。このときの大人の姿は，モデリング機能として重要である。大人が落ち着いて行動している姿は，子どもにとってこれ以上ない安全のメッセージである。

2．急性期

発生から1～2週間程度の期間は急性期にあたる。ここでも「安全感」「安心感」の確保が第1の課題である。それを前提として，長期的な生活や活動のめどがある程度立つことが課題である。大災害の場合は，避難所の整備がこの間に行われる。また，危機対応のための組織や人の配置が行われる。

危険が去ると，可能な限り早く，「心理教育」と呼ばれる対応を行う。出来事に関する知識を，特に心理的影響の側面に焦点を当てて伝えることである。例えば地震についての知識と情報を伝えるなど，出来事の内容に即して情報を伝えることも含まれる。何があったのかを知ることは，最終的な安心に向かうための一歩である。逆に言えば，安心させるために事実に反する内容を伝えるのは望ましくない。「安心させるために言っている」と子どもが思えば，想像に基づいて，かえって不安が高まる恐れがある。心理教育は，回復の過程で必要に応じて継続的に行う対応である。集団全体に対して行うだけでなく，間違った理解が見られた場合に，個別に行う必要がある。

心理教育の目的の第1は，「正常化」（ノーマライゼーション）である。危機から生じているさまざまの心身の反応は，回復のための自然な反応であるという理解を伝える。心身が危機に対して自分を守ろうとしていると理解することが，自己効力感を高める。第2は，反応に応じた対処法の伝達である。リラックスと集中の使い分けと切り替えは1つのポイントとなる。集中しなければならない場面の後には，過度の興奮や緊張につながらないよう，リラックス状態に導く働きかけを行う。今は「集中のとき」，今は「リラックスのとき」と，こども自身がその違いを感じることができるよう伝えていくとよい。

3．余波期

約2週間後から，通常の生活が回復されるまでである。危険は過ぎ去ってもう安全である，という感覚を得ることが目標となる。正しい情報に基づいて安全であることが伝わること，生活の回復を通して安全感が得られること，その両者が必要である。子どもは，さまざまの局面で不安を経験する。そのつど察知して，思いを理解し共有することができれば，問題の悪化にはつながらない。不安があっても大人の助けによって安心することができるという体験は，むしろ後まで続く安心感の基礎となる。危機からの時間の経過とともに，子どもの置かれた状況の

208   4   危機介入・危機対応

個人差が大きくなるので，子どもの状況を理解しながらの対応が必要になる。

4．長期的過程

　日常生活が回復してからの過程では，すでに行っている個別対応の継続と，個別対応の必要な個人を見出すための対応が必要である。

　個人への専門的支援は，日常を取り戻した後にむしろ必要性が高まる。日常が回復するまでに持続したストレスの結果，うつ症状が発生する場合がある。日常生活を回復してから PTSD 症状が顕在化することがある。この場合，必ずしもそのときはじめて症状が発生しているわけではない。症状があっても，異常な状況の中で気づかれていなかったり，いずれなくなると考えて意識から遠ざけていたものが，生活が落ち着いてはじめて苦痛や問題として感じられることが多い。

　危機対応のための努力がバーンアウトの問題を生む恐れがある。被災者，被害者だけでなく，援助専門家にも疲れが蓄積している危険がある。職場や支援活動の中で疲労の有無をチェックして，より重篤な問題を生まないよう予防する必要がある。この場合も，心理教育によって，疲労が蓄積して当然であるという「正常化」（ノーマライゼーション）を行いながらの支援が求められる。

> ポイント：危機発生からの時間的経過に応じたニーズを把握しながら支援する。

Ⅴ　喪失体験からの回復

　危機を生む出来事には，喪失体験を伴う場合がある。家族，友人などの死を伴う場合，ストレスからの回復という視点とは異なった支援が必要である。愛する人の喪失を受け入れ，もはやこの世にない人として心の中におさめていく回復過程は，悲嘆過程あるいは喪の仕事という言葉で表されている。この2つの言葉は異なった起源をもつが，現在の研究や実践においては区別されずに用いられることが多い。

　悲嘆過程も喪の仕事も，苦しい過程ではあっても，私たちが避けることのできない人生の一部である。通常は，一定期間でその過程を終え，新しい人生を歩み始める。しかし，危機的な出来事とともに喪失が体験されると，通常の悲嘆が困難になり，体験を整理したり乗り越えたりできないまま悲嘆過程が長期化する恐れがある。事件の内容から必然的に生じる「過去のものにしてはならない」という思いがその

過程を妨げることもある。出来事の経験を過去のものにしないことと，喪失による悲嘆を乗り越えて新しい人生を生きることという，両立しがたいものを両立させる困難な課題に私たちは直面する。その過程を，何らかの方法で簡単にしたり，速くしたりすることは不可能である。支援者にできることは，不必要な複雑化を避けることによって，本来必要な悲嘆過程が進むよう支えることである。

　喪失体験からの回復にとって，悲嘆過程と並んで，生活の再建がもう1つの課題である。死別によって変わってしまった生活を立て直し，家事や仕事を通常の形に戻していく，あるいは新しい形を作り上げていく過程である。悲嘆過程と生活の再建は，喪失の直後から常に並行して存在する。実際，死別の直後から食事や家事，あるいは仕事の再建が必要である。悲嘆の中にありながらも生活再建に取り組んでいかねばならないことが負担となって，悲嘆過程が進まなくなる恐れがある。したがって，例えば買い物や片づけといった日常生活の援助も，悲嘆過程の複雑化を防ぐために重要な援助である。

> ポイント：悲嘆過程を複雑化させないために，生活援助が重要。

Ⅵ　予防対策

　「防災教育」は，学校においても福祉施設においても広く行われている。自然災害に対する防災対策は，生命の危険や物質的損害を低減するだけでなく，心理的影響も軽減する。あらかじめ災害を想定して対策を作成し，訓練を行うことで，災害に襲われたときに即座にその行動に移ることができる。何らかの対処法をもっていると，恐怖に圧倒される危険が少なくなり，回復を容易なものとする。また，教員や職員は，訓練によってはじめて，災害時の対応を即座に行うことができる。先に述べた2つの大人の役割，つまり，子どもに安心感を提供するアタッチメント対象となること，そして迅速に対処している大人というよいモデルを提供すること，のいずれを果たす上でも予防対策は重要である。

Ⅶ　組織内に原因がある場合の対策

　暴力，事故，自殺といった事件が，子どもが生活する場の中で発生することが

ある。教員，職員等の大人の行為によって発生する場合もあれば，子どもの行為によって発生する場合もある。

　外部に原因がある場合とは違った意味で深刻な事態である。組織の責任が問われる出来事であり，司法の関わりを必要とする場合さえある。こうした事態では，組織の機能不全を伴う可能性が高い。機能不全があるために事件が発生することもあれば，事件の発生によって機能不全に陥ることもある。したがって，組織内部で発生した危機的事態には外部からの介入が必要である。組織に問題がある場合には，隠ぺいしようとする力が働き，事態を悪化させる恐れがある。外部の組織や専門家を受け入れて，ともに問題に対処することが望ましく，もし背景に組織上の問題があるのであれば，根本的に見直し改善する機会と捉えて取り組むべきである。

Ⅷ　おわりに

　突然の危機は，個人，集団，社会など，どのレベルでも大きな影響を残す。危機からの回復体験から生まれたものは，そうとはわからない形で私たちの習慣や文化のすみずみにいきわたっているのではないだろうか。日本は，災害大国であるために苦難に耐え忍ぶことに長けていると言われる。それは一面で文化の強みである。しかし他方で，苦しみを人に伝えることに長けていないという弱みがその裏面にある。危機からの回復が短期的に成功したように見えて，実は何か重要な課題を回避していることもある。危機が生み出したものに常に注意を払い，重大な歪みが発生しないようにすることが求められる。

参考文献

窪田由紀（2010）学校における事件・事故（1）　緊急支援．（日本心理臨床学会監修／支援活動プロジェクト委員会編）危機への心理支援学，p.85，遠見書房．

マーガレット・シュトレーベ，他編（2014）死別体験：研究と介入の最前線．森　茂起・森　年恵訳，誠信書房．

日本心理臨床学会監修／支援活動プロジェクト委員会編（2010）危機への心理支援学．遠見書房．

（森　茂起）

5

援助者・援助チームのあり方

5−1

子どもへの接し方の練習

Ⅰ　はじめに

　この章では，子どもとのよい関係を作るための関わり方について概説した上で，簡単な練習方法を示す。

　模範的な関わり方を日常生活で常にできるわけがないが，1日に5分でもいいので子どもに対して使ってみよう。また，この関わり方は職場における大人同士のよい関係を構築するにも役立つ。

Ⅱ　よい関係を作る基本的な考え

　子どもとのよい関係を作るために大切なポイントは，まず，子どもに安心感・安全感を与えることである。そのためには子どもの表出するメッセージを注意深く読み取る，子どもの話をよく聞く，子どもの表情・行動について文脈からその意味を読み取ることである。そして，子どもの気持ちを受け止めた上で，子どもを否定しない言い方で関わることである。また，時には一緒に遊び，楽しむことでよい関係の時間を蓄積する。逆に子どもとの齟齬が起こる関係，子どもが心を開かなくなる関わり方，「ちぇっ，どうせ大人はわかってくれない」という言葉が子どもから聞かれるときは，大人中心の養育行動である場合が多い。

　大人中心の養育行動とは，子どもの話を丁寧に聞かず，子どもの気持ちや考えを理解しない，あるいは理解しようとしないこと，そして，一方的に大人の考えを押しつけること，さらに，大人の都合のよいように子どもをコントロールしようとすることである。つい気づかずに大人中心の養育行動をしていることがある。

自身の関わり方を再考してみよう。

Ⅲ　子どもをコントロールできない職員・教員は失格か？

　児童養護施設の職員や学校教員といった立場では，子どもを上手くコントロールしなければならない，できなければ職員・教員として失格と考える人もいる。弱者である子どもはすべてコントロールされるべきものであり，大人は力で支配しなければならないという考え方，つまり，信頼関係を構築することなく，支配関係のみで子どもと関わることは望ましいことではない。もちろん，大人の社会で生きていく子どもたちに社会の中で生きる方法を教えることは必要である。しかし，自律を促し，健やかな成長を支援するのであれば，まず相手の言葉に耳を傾け，相手を受け入れる関係を構築しなければ，どんな言葉も相手の心に響かない。逆に反発をまねくことになるとともに，子どもの自己決定力の育成を阻み，自律を妨げるだけである。

　とりわけ，虐待を受けた子どもは支配関係によってコントロールされることを嫌う。これまで，大人から散々，言うことをきかされてきて，時には怖い目に遭わされ，自分の考えや気持ち，存在すら無視されてきた子どもたちである。大人の言うことは，とてつもなく怖いことなのである。

　まずは，子どもとの関係を構築することから始めよう。子どもの気持ちを理解しようとすると子どもも大人の気持ちを理解しようとしてくれるはずである。支配関係の中で育ってきた子どもと新たな関わり方である相互尊重の関係性を構築するのは時間がかかる。

> ポイント：相手との関係性構築を無視した強いコントロールは不要である。

Ⅳ　関わり方の基本

　子どもの健やかな成長を促す関わり方は以下の通りである。
・子どもの精神的な安心感・安全感を優先する。そのためには子どもの気持ちを受容し，人格を尊重する必要がある。

5－1　子どもへの接し方の練習　215

・子どもの自己決定を尊重する。それにより，自己決定力を高めるとともに，自
　己決定したことへの責任についても学習でき，自発性・自尊感情を高めること
　にもなる。
・「いま・ここ」にいて相手と向き合う。
　一方，子どもの健やかな成長を阻む関わり方は以下の通りである。
・条件づけ承認：勉強できるからよい子，お手伝いするからよい子。
・子どもの気持ちを無視する。
・子どものいいなりになる。
　子どもを受容することは，子どものいいなりになることとは異なる。

V　関係構築のための関わり方とその練習

　関係構築のための関わり方については，非言語的によるコミュニケーションと
言語的コミュニケーションの視点から考える必要がある。以下にその概要と，そ
れに対応した練習方法（Practice）を示す。

1．非言語によるコミュニケーション
　非言語によるコミュニケーションは，大切なメッセージの手段である。
1）非言語によるメッセージを受け取る
　相手の表情，視線，座り方，腕や足の置き方，身体全体の緊張具合，人との距
離，身体接触の程度，声の大きさや柔らかさから，相手の状況について理解しよ
う。⇒Practice（1）
2）非言語による表出
　自身がどのような非言語メッセージを出しているのか，振り返ってみよう。自
分自身がリラックスしている方が子どもは安心感を抱く。⇒Practice（2）

2．言語的コミュニケーション
　首尾一貫した関わり方をすることが重要である。ある日は怒鳴り，ある日は優
しい口調になる，養育者の気分がよいときは，子どもの要求を聴き入れ，気分が
悪いときは要求を聴かないといった一貫しない関わり方は子どもを混乱させる。
その上で，聴く・伝える方法を以下のように工夫しよう。

216　5　援助者・援助チームのあり方

１）聴く（傾聴）コツ

相手の話に耳を傾ける，相手に合わせる：うなずく・語尾を繰り返す，相手の気持ちや言いたいことを違う言葉で言い換える。⇒Practice（3）

２）相手に通じやすい話し方のコツ

①抽象的な内容ではなく具体的な内容を話す。

［例１］具体的にほめる

○：「お皿を上手に洗ってくれてありがとう。とっても助かるわ。ありがとう。」

×：「言うこときいて，いい子ね。」

［例２］具体的な行動を示す

○：「何時までに宿題をやりなさい。」

×：「早く勉強しなさい。」

②その場で言う。「今・ここ」で相手に向き合い，以前のことを持ち出して文句を言わない。

○：「今日は８時までにお風呂に入りなさい。」

×：「昨日もおとといもお風呂に入りなさいと言ったときに言うこと聞かなかったけれども，今日も言うこと聞かないし，いつもぐずぐずしてるんだから。」

③人格は否定せずに尊重するが，行動についてはフィードバックする。

○：「部屋が散らかっているから，片づけよう。」

×：「おまえは，まったくだらしないやつだ。」

④私（Ｉ）メッセージを使う。

「私」を主語にして言うと相手を傷つけることなく相手にフィードバックできる。また，養育者の気持ちも相手に伝えることができる。「私は○○して欲しいな」「あなたが○○なことをすると私は悲しいな」「私から見ると，○○なように見えるよ」などの言い方である。

○：「あなたが遅くまで帰って来なくて，私はとても心配だったわ。」（私メッセージ）

×：「あなた，よく今頃平気で帰って来られるわね。」（あなたメッセージ）

×：「そんな子はどこにもいないわよ。」（世間メッセージ）

⑤子どもの気持ちを受け取った上で応答する。

子どもの気持ちを受け取った上で応答することで，子どもは「わかってもらえ

5－1 子どもへの接し方の練習 **217**

[Practice（1） 非言語のメッセージによるやりとり]
　２人１組で向かい合って座り，非言語のメッセージに注意を向け，相手の感情を読み取る練習を行う。
①伝え役：次の感情を適当な順番にて無言で演じる。
　伝える感情：a. 暗く沈んでいる，b. 明るく楽しい，c. いらいらしている，d. 拒否感，e. 落ち着かない
②読み取り役：よく観察し，メッセージを言葉で「あなたは，今，○○な気持ちなのですね」と返す。
③伝え役：当たっていればうなずき，次の感情を演じる。もし，間違っていれば，それを無言で伝え，もう一度，同じ感情を無言で伝える。
④すべて終了したら役割を交代して同じように行う。
⑤２人で感じたこと，気づいたことなどを自由に話し合う。

[Practice（2） リラクセーション]
　リラクセーションの方法には，呼吸法，自律訓練法，アロマセラピー，ストレッチング，入浴などある。
　ここでは，呼吸法を練習してみよう。
①自分の一番くつろぐ姿勢で椅子に座る。
②深呼吸をゆっくり３回する。
　鼻から息を吸う（ゆっくり１，２，３，４，５）。お腹，胸を膨らませる。
　鼻から息を吐く（ゆっくり１，２，３，４，５，６，７）。お腹をペチャンコにする。
③ゆっくり閉眼する。
④再び深呼吸を３回行う。

[Practice（3） 傾聴]
　（１）聴いてもらえない実習
①話し役は３分間，「近頃，楽しかったこと」「近頃，嫌だったこと」など，テーマを設定して話す。
②聴き役の人は，相手の話を聴かないように横を向いたり，頭をかいたり，目をそらしたり，聴いていない態度を示す。
③役割を交代する。
④２人で感じたこと，気づいたことなどを自由に話し合う。
　（２）聴き役に聴いてもらう実習もすると比較できる。

た」という気持ちとともに養育者・援助者に対する信頼感が高まる。逆に子どもの気持ちを否定する言い方は子どもとの信頼関係を阻害する。⇒ Practice（4）
　[気持ちを受け取った関わり方の例]
　状況：子どもが就寝時に泣き，ぐずぐず言って養育者のそばから離れない。
　○：「寂しいんだね。そばにいるから大丈夫。」「一緒にいたいんだね。すぐに

行くから待っててね。」

×：「いつまでもうるさいなあ，時間だから早く寝なさい。」

[気持ちを否定する関わり方の例]

（a）決め付ける：「そこがあなたの悪いところよ」

（b）すぐに忠告する：「今のうちに宿題をやってしまったら」

（c）すぐになぐさめる：「まあこんなことはよくあることだよ」

（d）話題を変える：「食事のときは楽しい話をしましょう」

（e）心を読む：「あなたは私をこまらせようとしているのね」

（f）恥をかかせる：「あなたにはうんざりよ」

（g）脅かす：「ちゃんとしないとお小遣いはなしね」

3．年少児の場合

　言葉を十分に使えない年少児に対しては，子どもの行動や気持ちに合わせることで同調を促すことや，気持ちを言語化するといった方法で，子どもとの関係性を促進する。

　1）子どもに合わせる

　①子どもの行動や気持ちに合わせる。

　ブロックで遊んでいる子どもがいれば，その行動や気持ちをそのまま表現する。例えば，実況中継のように「（Aちゃんは）黄色のブロックの上に赤いブロックを重ねております。次は，青いブロックをのせてタワーを作っています」「さあ次は何をするんでしょう。おおっともう一段ブロックをつみあげるようです！」と子どもの行動を表現する。また，「笑顔で嬉しそうね」など，子どもの気持ちもそのまま表現する。

　②動き・姿勢・言葉を合わせる：マネをする。

　[例1]「赤ちゃんにミルクをあげているのね。お母さんもこのお人形さんにミルクをあげようっと。」

　[例2] 子どもが体を前後に揺すったら，養育者も真似て，同じ行動をする。

　③子どもの言葉に相づちをうつ。

　④オウム返しをする。

　[例] 子ども：「幼稚園で砂山，作ったんだ。」

　　　　養育者・援助者：「そう，砂山を作ったのね」

5-1 子どもへの接し方の練習　219

[Practice（4）　気持ちを否定する]

以下のロールプレイを行う。

①養育者・援助者役：「早く，宿題やっちゃいなさい。」

②子ども役：「疲れてるんだ。」

③養育者・援助者役：「たっぷり昼寝したんだから，疲れているわけないでしょ。」

④子ども役：「（大きな声で）だって疲れてるんだ。」

⑤養育者・援助者役：「何言っているの。いつもそういって勉強しないのだから。」

⑥子ども役：「（泣きわめいて）違うよ。本当に疲れているんだ。いつも，僕の言うこと信じてくれないんだから，もういいよ。」

⑦役割を交代する。

⑧2人で感じたこと，気づいたことなどを自由に話し合う。

[Practice（5）　問題行動への関わり]

以下のロールプレイを行う。

①養育者・援助者役：「耳を指でつまみなさい。」

②子ども役：「いやだよ。」

③養育者・援助者役は脅かしたり，しかりつけたり，下手に出たり，ありとあらゆる手段で言うことをきかせようとしてみる。

④子ども役は絶対に従うことなく，親に抵抗し，親をからかう。

⑤役割を交代する。

⑥2人で感じたこと，気づいたことなどを自由に話し合う。

---

⑤ほめる：できれば具体的にほめる。

[例]「お皿をきれいに片づけられてすばらしいわ。」「飛行機に上手く色を塗ったね。」

2）問題行動を起こしているときに受け流す

よい（やって欲しい）行動には合わせ，よくない（やって欲しくない）行動は受け流す。そのことで，よくない（やって欲しい）行動とよい（やって欲しくない）行動に対する対応の違いを子どもにわからせる。受け流せない危険な行為は別扱い。きっぱりと制止する。毅然とした態度で臨む。⇒ Practice（5）

言うことをきかせようと養育者が頑張れば頑張るほど，子ども役の立場では，心地よさを感じて，抵抗することに高揚感が得られたのではないだろうか。

よい行動は褒め，望ましくない行動については受け流すという方法を取ることは，小学生低学年くらいまでには特に効果的である。そうした行動修正の関わりを調整する一方で，一緒に楽しむ時間を作り，関係構築を行うことが重要である。

VI おわりに

　年少者でも中高生でも関わり方の基本は同じである。これまでの子どもに対する見方をひとまず，脇に置いて，子どもがどんな気持ちなのか，問題行動にはどのようなメッセージがあるのか，子どもの目線で考え，関わることが基本である。見方を変え，関わり方を変えることで子どもの新たな側面を発見できるはずである。子どもの状態に寄り添い，子どもの成長を促すのが養育者・支援者の任務である。また，相手の視点でものを考え，関わるスキルは，子どもだけでなく大人同士のよりよい対人関係構築につながる。

参考文献

川瀬正裕，松本真理子，川瀬三弥子（2007）これからの心の援助―役に立つカウンセリングの基礎と技法．ナカニシヤ出版．

（徳山美知代）

5－2

援助者のメンタルヘルス：
二次的外傷性ストレス

Ⅰ　はじめに

　本書が対象としている子どもを支えるさまざまの専門機関では，落ち着きのなさ，暴力行動，暴言，あるいは逆に引きこもりといった子どもたちへの対応に追われている。それらの問題の背景には，子どもを取り巻く環境の全般的変化，不適切な養育，発達障害などの要因があり，それらが重複して関わっている場合や，背後にトラウマ性の問題があることも多い。こうした状況の中で，援助者のメンタルヘルスに十分配慮することがますます必要になっている。

Ⅱ　子どものもつ問題性と処遇の困難さ

　子どもの問題について専門的な知識に基づいて理解し，対応するのと同じく援助者側の負担についても知識に基づいて対応する必要がある。個人的努力で一定期間頑張れたとしても，もし休職や退職をせざるをえないほどの消耗に至れば，子どもにとって見捨てられ体験になる。

　援助者のメンタルヘルスは，上司や同僚からの情緒的，技術的なサポートによって大きく軽減される。子どものケアに関する共通認識が活動現場にあれば，個人としても集団としてもストレスへの耐性が強くなる。いわゆるレジリエンス（復元力）が高くなるとも表現できる。そのため，研修によって理解を共有していくこと，職員間の風通しをよくし，チーム援助のできる関係を作っておくことが必要である。

　共通理解のもとで，メンタルヘルス対策を行っていくための基礎となる視点を

222　5　援助者・援助チームのあり方

紹介する。

Ⅲ　二次的外傷性ストレス・二次受傷

　外傷（トラウマ）を受けた被害者のケアを行う援助者が，被害者と同様の外傷性ストレス反応を示すことがある。例えば，虐待を受けた子どもの援助者が，子どもの体験を聴き，子どもの恐怖，不安，怒りなどを受け止めるうちに，自分自身が不安に襲われたり，恐怖を感じたりする。この場合のストレスを，二次的外傷性ストレス，その結果起こる外傷（トラウマ）を二次受傷と呼ぶ。外傷を受けた人を支えることにより生じるストレスであり，その結果としての傷つきである。二次的であっても症状は PTSD 症状と同様であり，再体験，回避，過覚醒という中核症状から，それに付随する燃え尽き，あるいは自己感や世界観の変容などまでがある。

　子どもに親身になって関わるうちに，どんよりした疲れがとれない，眠れない，小さな物音に敏感になる，人と会いたくない，仲間や家族とのよい関係を保てなくなった，自分の仕事に自信がなくなった，今までのように前向きに考えられなくなった，子どもが話した内容がくり返し思い出される，あるいは悪夢となるなどの現象が起こるかもしれない，その際，二次受傷として，仕事の性質と関係づけて理解することが重要である。

　とりわけ，性的な被害体験などの重篤な外傷体験について聞く立場にある人，外傷に対する専門的知識や治療スキルが不足する人に二次受傷が生じやすい。子どものケアにあたる児童養護施設職員や教員は，虐待を受けた子どもに日常的に関わらなければならず，二次受傷を負う可能性が高いにもかかわらず，知識不足のためにそれと気づかないまま症状を抱え，頑張り不足と考えて自分を追い込む危険がある。

Ⅳ　バーンアウト（燃え尽き）現象

　学校や児童養護施設では，職員のバーンアウトが問題化している。現在，教員も含め，あらゆる対人援助職において，業務の負担が高くなり，就労時間，待遇の根本的な改善が待たれている。しかし改善が進まない現状では，バーンアウト

の危険性を認識して，予防に努める必要がある。

　児童相談所や児童養護施設においては，虐待を受けた子どもの増加に伴い困難事例が増加しているにもかかわらず，それに応じて必要な人員配置がいまだ不足していることから，職員が疲弊しやすくなっている。現在進められている，児童養護施設の小規模化は，十分な人員配置増を伴わなければ，職員の負担増を招く恐れもある。より家族的な環境を作ることで，子どもとより密着した関係になるがゆえの負担にも配慮しなければならない。学校教育においても，教師の負担は増え続けている。家庭の養育力の低下を受けた，しつけを含む養育機能が学校に期待されるとともに，親からの苦情への対応が増加していることもバーンアウトの背景にある。

　バーンアウトしやすい人の特徴として，「共感的，人間的，繊細，献身的，理想的な志向が強い」とされている。これらは子どもを育てる専門職に本来必要な資質である。熱心で優秀な援助者がバーンアウトしやすい傾向がうかがえる。援助者はバーンアウトを生じやすい勤務体制，勤務内容であることを理解し，心身の不調が起こりやすいことを受け入れ，早期に適切な対処をとることが望まれる。頑張っているうちに解決すると考えたり，頑張れない自分の力不足と自分を責めたりしているとすれば，その状態自体が，疲弊から生じたうつ状態に由来するかもしれない。

　バーンアウトと二次受傷は混同されやすいが，前者が疲弊の結果，徐々に現れるのに対して，後者は突然現れるところに違いがある。そして，二次受傷にともなう無力感や困惑，孤立無援感は，現実の状況に必ずしも対応していない。仕事環境が十分整っていたとしても，外傷を抱えた子どもと接することで起こりうる現象である。また，バーンアウトは，長期にわたるうつ症状などにつながる危険があるのに対し，二次受傷は，早期に理解を修正して，適切に対応すれば症状が回復しやすい。

V　逆転移（外傷性逆転移）

　援助者側に起こる現象を説明するもう１つの用語に逆転移がある。実際上は，二次的外傷性ストレスと重なって起こると考えられる。もともと心理療法の分野で用いられ始めたものだが，対人援助全般にとっても，また虐待という問題への

対応にとっても意味のある概念である。

逆転移とは，援助対象である子どもや家庭がもっている問題が，援助者の中に引き起こす感情のことである。関わるなかで，日常生活では体験しないような，怒り，苛立ち，悲しみなどの否定的な感情や，いつもの自分の反応を越えた共感や同情といった感情を感じる場合がある。それは，虐待を引き起こしていたり，虐待の中で発生したりする親と子の感情が，援助者を刺激して引き起こすものと考えられる。二次的外傷性ストレスと異なるところは，援助者が無意識的に受けとめながらまだ理解できていないテーマが逆転移として現れると考えるところである。例えば，援助者が子どもが外に表していない怒りを感じとりながら，それを自覚していないことで,怒りを子どもや他者に感じることがある。逆に言えば，なぜ自分は怒りを感じてしまうのかと，逆転移感情について考えることで，それを引き起こしている子どもの問題の理解につながることになる。

Ⅵ　メンタルヘルス向上のために

1．チーム，組織としての対応

メンタルヘルス向上のためには，まず組織としての対応が必要である。特殊な専門的対応の前に，健康な職場環境を維持することが前提となる。ストレスのかかる業務は，「二次的外傷性ストレス」「バーンアウト」「逆転移」といった要素が絡み合うことで，職場全体に不健全な空気をもたらしやすい。批判的な言葉の増加，問題の個人責任化，情報の風通しの悪さなどによって，個人に負担がかかり，問題が深刻化する。肯定的評価（エンパワメント），責任と情報の共有によって，そうした流れを防止する必要がある。

メンタルヘルス向上を考えるための１つの指標として，離職率，休職率が重要である。それらが高い場合，あるいは悪化した場合は，メンタルヘルス向上のための対策が必要となる。そのために日々の業務の見直しと，意義の確認が役立つ。量的な軽減だけでなく,本書が扱っている諸問題の観点から,援助の意義を見直し,「役立つ」という見通しをもって活動できることがメンタルヘルス向上につながる。

2．セルフケア

身体の不調と同じく，予防と早期対応が最も経済的な対策である。予防のため

には，自己感（自分の状態を感じ取ること）を大切にし，普段からリラックス感を感じながら生活するのがよい。

　子どもや他者の力を信じ，肩の力を抜くとよい。常に完璧にやろうとする気持ちはストレスを高める。完璧を求める傾向が背後にあるのであれば，そういった自分自身の傾向を理解し，考え方・信念を変えていくことを目指す。そういう気持ちの変化は，自分も子どもと同じように，仲間に「助けて」と素直にシグナルを出せることにつながる。

　近年のメンタルヘルスに関する議論では，いわゆるスピリチュアルな側面が重視されている。それは，心身の働きを総合，統合するより高次な力が人間にはあることを意味する。そうした自己調整の力が自分にあると考えることで，自己感が高まり，自然とストレスの深刻化の予防につながる。運動，ヨガ，ダンス，自然体験，音楽体験などが，スピリチュアルな側面を育てるために推奨されている。

3. 心理職の活用

　児童養護施設では心理療法担当職員として，学校にはスクールカウンセラーとして，心理専門職が配置されている。心理職の役割には職員・教員のメンタルヘルスケアも含まれており，職場でのメンタルヘルス対策を企画する役割をもつ。心理職を中心として研修会を企画し，メンタルヘルスに関する考え方や言葉を共有し，予防策を講じることができる。

　二次的外傷性ストレスは，心理職に話すことで軽減されるだろう。虐待を受けた子どもにとって話すことが回復に通じるのと同様である。気軽に話をする場として心理職を活用していきたい。また，心理職との面接は，個人的な辛さを話す場にとどまらず，子どもへの対応方法についてコンサルテーションを受ける場として利用できる。専門職間の連携の1つとして，心理職を活用することが望ましい。

　心理職側から言えば，施設でも学校でも，職員や教員と立ち話などを通して気軽に話ができる関係を形成していくことが，職員のメンタルヘルス向上につながる。

4. 心理職自身のメンタルヘルス

　メンタルヘルスを扱う心理職自身も時に疲弊し，二次受傷する。また，児童養護施設も学校も，心理職が1人に限られることが多く，現場での仲間作りが難しい場合が多い。心理職もまた，研修会への参加やスーパーバイザーの活用などを

通してネットワークをもつことで，疲弊することなく，適切な援助を継続することができる。こうした交流や指導は，1人で抱えこまず，連携によって問題に対処することを意味する。「1人にならない」ことが望ましい形と考えて積極的に参加するようにしたい。

心理職の働き方は，心理職個人や職場の特性によって幅があり，もっぱら個人面接を行なう形態から，生活場面に広く関わる形態までがある。個人面接を中心におく場合も，決められた面接時間以外の交流が重要である。日常的な交流には，心理職が自らの仕事に不全感や無力感をもつことを防ぐ働きがある。

> ポイント：研修会やスーパーバイズを受けること，心理職の位置づけや役割の理解が心理職の疲弊を予防する。

Ⅶ　おわりに

専門職のメンタルヘルスには，仕事の内容，働き方，連携関係，組織など，多くの要素が関係しており，またそれらを映す鏡であるともいえる。専門職のそれぞれが生き生きと働ける環境が生まれていれば，援助対象となる子どもや親に対してもよい援助が提供できていると考えられる。

それら全体の背景として，社会における仕事の位置づけも重要である。重要な職務にもかかわらず，社会からの評価が十分でない状況は，働き甲斐を阻害し，ひいてはメンタルヘルスを阻害する。援助者の実状を社会の多くの人に理解してもらうことが，問題の解決にも，貢献度の向上にもつながる。それを考えると，広報活動，活動報告の機会も重要であり，例えば活動成果をまとめて関係学会で発表することが推奨される。

参考文献

ハドノール・スタム編／小西聖子，金田ユリ子訳（2003）二次的外傷性ストレス─臨床家，研究者，教育者のためのセルフケアの問題．誠信書房.

伊藤嘉余子（2007）児童養護施設におけるレジデンシャルワーク─施設職員の職場環境とストレス．明石書店.

（徳山美知代）

5-3

ケース会議・スーパービジョン・コンサルテーション

Ⅰ　はじめに

　施設指導員，保育士，教員，心理士，CW など，どの専門職であっても，子どもと関わっている専門家は，単独でその業務をまっとうすることはできない。経験が乏しい場合に指導を受ける必要があるだけでなく，たとえ豊かな経験をもった専門家であっても「複数の目で見る」「チームで対応する」ことが基本である。対人援助職が本質的にもっている性質と考えられる。

　「複数の目で見る」という指針は，複数の職員が関わることだけを意味しない。専門職の一集団が単独で実践することにも限界がある。複数で対応していたとしても，外の人の目を加える，あるいは複数のチームで考えるなど，外部と共同で業務に携わらなければならない。個人にせよ，集団にせよ，「単独」ではなく，外に開かれた形で実践することが基本である。

　「ケース会議」「スーパービジョン」「コンサルテーション」はすべて，1 人あるいは単独チームで抱え込まず，複数の目で理解するための仕組みである。

　「ケース会議」は，単独チーム内で行われることも，チームの外のメンバーと共同で行われることもある。多くの場合複数の領域に渡る専門家が参加するが，時には，「教員」「心理士」「ケースワーカー」といった 1 つの専門職の内部で行われることもある。

　「スーパービジョン」は，ある専門家が，同じ専門領域で経験と知識のある指導的立場の専門家から助言や指導を受けることである。一対一の関係で行われる場合もあれば，複数の専門家が参加するグループスーパービジョンもある。

　「コンサルテーション」はスーパービジョンと混同されやすいが，異なる専門

228　5　援助者・援助チームのあり方

領域の専門家が知識を提供することである。ここでは，そのそれぞれの意義と，有効な実施法について述べる。

Ⅱ　ケース会議

　教育，福祉，医療などの対人援助領域では，「ケース会議」あるいは「事例検討会」といった名称の会議がもたれる。特定の子ども，あるいは家族について情報を共有し，考え，方針を定めるための会議である。アセスメントと方針設定が基本的な目的である。ある子どもについて，複数の目で見ることで，理解が深まる，見えなかった対策が見える，他の人の過去の経験を生かすことができる，など，さまざまの有益な結果が得られる。

　しかし，時としてケース会議が有効に働かない場合がある。それはなぜだろうか。望ましい会議のもち方を示すために，ケース会議を有効に働かなくするいくつかの状況を考えてみよう。

1）発言者が固定されているケース会議

　常に，2，3の中心人物だけが発言する会議は，生産的な議論を生まない。権威的な上下関係があると，経験の浅い参加者，若い参加者，何らかの理由で立場の弱い参加者などは発言しにくい，まずは，内容を云々するよりも，多くの人が発言することを会議の目標にしたい。

2）議論の仕方がわからないケース会議

　発言を心がけたとしても，そこから有益な議論が生まれないと，参加者の会議に対する意欲が低下する。その結果再び発言が少なくなる。発言を意義のある議論につなげる展開の仕方がわからないために会議が沈滞する場合がある。「よい質問」「よいコメント」をする参加者の力が重要になる。発言をよく聞き，質問ないしコメントをするには，集中力，思考力，発想力が必要である。会議をそれらの力を鍛える場と各自が捉えて，意識して育てていく必要がある。会議だけでなく，あらゆる活動において役立つ力でもある。

3）参加者の知識に限界があるケース会議

　ケースの内容について専門的な知識がないと理解ができない場合がある。そうした場合には，スーパーバイザー等の参加が重要である。ただし，スーパーバイザーは，専門知識や経験に基づいて発言するが，権威者ではない。専門家に頼り

ながら依存しない姿勢が必要である。

4）資料の理解に追われるケース会議

ケース会議は，参加者が主体的にケースの内容を考え，自分なりの理解を形成し，それを意見としてメンバーに投げかけることによって進行する。ケース提示をするメンバーが多くの資料や情報を提示しすぎるために，資料を理解することで精いっぱいになる場合がある。資料は少なめに，追加情報は，質問や議論に応じて提出する形のほうが，参加者の発想が生まれやすい。メンバーの見解が，ケース提示者のもつ情報から見て間違っている場合は，「……という情報があるのでそれは違う」と発言すればよい。その際に，「それならはじめに情報を提供しておいてほしい」という不満を返さないことが大切である。「間違ってはいけないので，できるだけの情報がほしい」という姿勢になると，できるだけ多くの情報を用意しなければならないという思いが発表者に生じる。情報に圧倒されると，情報は多くても発想の乏しい会議になって，実りが少なくなる。

提示された情報に基づいて意見が活発の交わされ，それらの意見を踏まえてさらに情報が加わってケース理解が進むというプロセスは，実は，ケースワークや心理療法のプロセスと同じである。あらゆる事例の理解は，理解していくプロセスが進んでいることが重要であって，ある確定した「正解」に到達することが目的ではない。

> ポイント：ケース会議を1つの実践と捉え，会議の質を高める技量を磨こう。

Ⅲ　コンサルテーション

チーム援助では，専門職がその専門分野の知識を他の専門職に提供し，共有していくことが必須である。教師は教育の専門家，児童養護施設のケアワーカーは養護の専門家，心理士やスクールカウンセラーは心理学の専門家，ケースワーカーは福祉の専門家である。こうしたそれぞれ異なった立場と専門領域にある者が，知識や理解を提供することを，コンサルテーションと言う。専門的な知識を提供する側をコンサルタント，受ける側をコンサルティと呼ぶ。

例えば，心理士は，コンサルタントとして心理・社会的な側面から教師，ケアワーカー，ソーシャルワーカーに知識を提供する場合と，逆に，コンサルティと

してそれらの専門家から必要な情報を提供される場合がある。1回の話し合いの中で双方向の関わりがあることもある。チーム援助においてはこういった相互コンサルタントが常に行われている。

コンサルテーションは，次項のスーパービジョンと異なり，異なった領域の専門家同士として，対等の立場で協議する関係である。相互尊重の人間関係が確立されてはじめて安心して互いに相談ができる。教師が個人的な悩みをスクールカウンセラーに相談する場合は，個人カウンセリングとしてコンサルテーションから区別する必要がある。この両者が混同され，同時間内に混じり合うと，立場の混乱を招き，コンサルテーションとしてもカウンセリングとしてもうまく機能しなくなる恐れがある。

Ⅳ　スーパービジョン

スーパービジョンは，対人援助実践家の訓練，養成，実践にとって本来欠かせない。心理療法の訓練においては，スーパービジョンを受けることが必須の課程になっている。しかし，福祉や教育の領域においては，制度として必ずしも定着していない。必要に応じて個人指導を受けることはあっても，スーパービジョンとして継続的に個人指導を受けながら実践を行うことは少ないと思われる。

スーパービジョンは，一般的な指導法，治療法，援助法について学ぶ機会ではない。何らかの個別の援助実践について，その実践の進行の過程で，共同援助者として指導を行うことである。つまり，スーパービジョンを行うもの（バイザー）と受けるもの（バイジー）という援助チームの共同によって援助を行うのである。

援助実践の技量は，机上の学習では獲得に限界があり，実際に関わる中で身についていく。1つの事例を継続的な指導を受けながら担当すること，これがスーパービジョンの基本的形態である。1回のみの実践指導をスーパービジョンと呼ぶこともあるが，例外的な形であり，基本はスーパーバイザーとスーパーバイジーが実践過程を共にすることを意味する。

ケース会議と同じく，スーパービジョンを有益なものとすることにも困難が伴う。そして，その困難が，スーパービジョンが広く浸透しない理由かもしれない。まず，学ぶものと指導者が継続的に深く関わるところに難しさがある。支配的関係が発生する素地にもなるし，両者の考え方や感性の相違から不調に終わること

もある。養育，教育，治療の中で起こりうる困難は，スーパービジョンでも起こりうる。養育や教育のように，１つの技法などに集約できない複合的な実践については，たとえバイザーであっても未経験な事態が頻繁に発生する。子どもの現状は毎年変わり続けており，経験豊かであってもバイザーの考えが現状に合わないこともある。したがって，バイザー自身が学び続ける姿勢をもちながら，事例を自らの事例と同じように理解しつつ，バイジーの個性と抱える困難を理解し，適切な援助が実現できるよう進めなければならない。共に考える姿勢をもち続けるには，高度な技量を要する。

　スーパーバイザーという制度は，本来その分野におけるスーパーバイザーの資格を定めた上で，資格の規程に則って運営されることが望ましい。しかし，その種の制度が整っている実践領域はまだ少数であり，必要に応じ，事情に応じ，各領域で試行的に行われているのが実際であろう。その現状を考えると，バイザーとバイジーが，スーパーバイザー制度の成熟という課題にともに取り組んでいると自覚しておくことも必要だろう。

> **ポイント：スーパーバイザー制度の発展によって子育て専門職の成長を図る。**

V　おわりに

　以上の記述では，どちらかと言うと難しさばかりを強調したきらいがある。難しい点を認識してそれを回避すると自然とよい形が実現できると考えたからである。

　難しさを認識した上で，最初に述べた，養育，教育，治療という対人援助は，個人では担えないことを，最後にもう一度確認しておきたい。「複数の目で理解する」制度が必要なのはそのためである。これらの実践は，個人を取り巻く環境に支えられてはじめて可能であり，その環境の中には，人的環境が大きな位置を占める。援助するということは，援助対象の何らかの困難や問題を一部引き受けることである。その役割を個人で担っていると，次第に負担が募り，援助者の精神的健康が脅かされる。引き受けたものをともに担うことのできる器が背後に必要である。ここで述べた「ケース会議」「コンサルテーション」「スーパービジョ

ン」は，その器を制度化したものと考えられる。ケース会議に参加するものは，提示されるケースを心で受け止め，それについて考える。それは直接援助している者の仕事の一部を引き受けることである。スーパーバイザーはさらに大きな部分を引き受ける。どの形態にせよ，参加者の役割は，事例についてともに考える人，ともに担う人になること，援助に対する共同責任者という立場になることなのである。

　この意味で，どの形態においても起こりうる有効に働かない例，そしておそらくその最大の例がある。それは，担当者に批判が集中して，責任は1人の担当者，あるいは1つのチームにあるというメッセージを残して終わる場合である。

参考文献

平木典子（2012）心理臨床スーパービジョン．金剛出版．

（森　茂起）

5-4

チーム援助：
学校教育と児童福祉の連携

Ⅰ　はじめに

　ここでは，チーム援助の例として，学校教育と児童福祉の連携について述べる。この2つの領域は，子どもを守り育てる専門領域の代表であり，さまざまの活動において協働したり連携したりする必要がある。ところが，それぞれの専門家が育つ過程や，活動が基づく法的背景，社会的背景に基本的な相違があるため，時に協働，連携に困難が生じることがある。

　1つの例として，近年問題化した「居所不明児童」問題がある。学校に登校できないまま「不登校」として扱われていた子どもが，安全・生存が確認されないまま行方不明となっていた現象である。この要因の1つは，学校は教育の領域にあり，子どもの生活の安定や充足を守る福祉の領域とは異なるため，居所不明児童（である可能性）を見落としていたことにある。学校という1つの実践の場にも複数の専門的視点が必要であることを示す例である。

　医療，行政，警察などさらに多くの専門領域のそれぞれの間，あるいは複数の専門領域の協働といった形でチーム援助が存在する。ここに述べる内容は，数多いそうしたチーム援助の一例である。

Ⅱ　チーム援助の事例

　不適切な養育を受けた子ども，不適切な成育環境にある子どもを，「社会による子育て」によって育てるという本書の趣旨からして，児童養護施設と学校の連携は典型的な実践である。児童養護施設で暮らす子どもは，施設と学校を生活の

場としており，その両者の環境からの刺激を受けながら育っていく。両者が連携してチーム援助を行うことで，子どもの生活環境全体を安心感・安全感のある環境とし，子どもの回復や治療を目指すことができる。

例えば次のような男児の事例がある（以下A男）。

A男は，家庭の事情により小学校入学時より不登校にあった。家庭内ではDVがあり，その場面を目撃している。DVを含む家庭の状況が「虐待」「ネグレクト」に相当すること，現在の状況での登校が難しく，「教育ネグレクト」の状況にあることから，4年生（9歳）から児童養護施設に入所した。先に居所不明児童に触れた際に述べたように，不登校状態を，教育上の課題として学校が対応していくか，福祉上の課題として保護するかの判断を適切に行わねばならない。従来は，不登校児に対して強い登校刺激を与えることは不登校からの回復にとって妨げとなると考える傾向があった。しかし，その結果，長期的に不登校が続き，家庭状況から見て登校に至る可能性が低いと判断される場合，その状態を放置することは，家庭だけでなく，社会が「教育ネグレクト」を引き起こすこととなる。A男の場合，登校経験に乏しいことから学校不適応が危惧された。そこで，A男にかかわる複数の機関が連携し，教育を受けられるようにサポートすること，つまり児童養護施設のみに依存することなく，社会に責任を依拠した支援を行わなければならない。

入所が決定した直後からケアワーカーが学校の副校長に連絡をとり，守秘義務を確認した上で，A男の状態を話し，支援会議を学校内にて開催することを要請した。支援会議には関係する機関から子どもに関わる幅広いメンバーが出席した。

学校からは校長，副校長，担任教諭，養護教諭，スクールカウンセラー，きこえとことばの教室指導員（学校に併設），児童養護施設からは施設長，担当ケアワーカー，心理療法担当職員，児童相談所からは児童福祉司，児童心理司が出席した。

第1回会議で，各担当者がA男の状況について報告を行った。児童相談所の児童福祉司からは，家族，生育環境，入所に至る経緯が説明され，対人関係上の問題や学校登校に関する問題が生じることの懸念の表明と，学校への協力依頼がなされた。児童心理司からの報告で，A男には衝動性の高さ，自尊感情の低さ，注意獲得行動が見られるものの，穏やかさ，素直な面も見られ，現在の生活で安心しつつ，自信をもてる経験が増えれば成長するであろうという予想が述べられた。施設からは，生活におけるA男の状態と，衝動性の高さはあるが，個別のゆっく

りした関わりを好むという情報が提供された。学校からは，Ａ男が保健室に行くことが多く，「いじめられる」といった表現が見られ，不登校になるのではないかと心配しているという情報が提供された。

こうした情報から，Ａ男には，自尊感情や自己効力感の基盤となる安定した場と人間関係がこれまで不足してきたことを共有した。また，集団内での経験不足による不安，緊張が高いと考えられた。まずは，核となる援助者との間に肯定的な対人関係を形成することを当面の目標として，役割の確認を行った。養護教諭とスクールカウンセラーは聞き役となり，保健室や相談室がＡ男にとって安心できる場所として機能するよう努める。スクールカウンセラーは定期的な面接を行い，関係性を構築するとともにＡ男の状態の把握を行い，担任やケアワーカーと情報を共有しながらサポートする。副校長は調整係として，話し合いの場の設定などを行うこと，担任と担当ケアワーカーの連絡方法を確認した。

その後，月１回の会議を継続して開催し，それぞれの立場から情報を提供し，課題を明確にした上で，援助方法と役割を確認していった。その結果，Ａ男は不登校に陥ることなく登校を継続することができた。１年後には，学校で支えてくれる友人もでき，落ち着いて学習に取り組めるようになった。そのため，次年度は各学期に１回の頻度で連携会議を開催することにした。Ａ男の対人関係上の課題などが減少し，順調に学校生活を送っていることが確認されたため，連携会議を中心とする２年間の援助は終了した。

この過程から見えることは，不適切な成育環境からＡ男がさまざまの課題を抱えていたとしても，不登校状態は現在の環境から引き起こされているものであり，環境さえ整い，支援が得られれば登校可能な状態にあったことである。もし問題をＡ男の不登校という個人的問題と捉えて，学校からの働きかけだけで対処していれば，教育上，福祉上，Ａ男にとって極めて不利な結果をもたらしたと思われる。

Ⅲ　チーム援助の方針

上記の事例に基づきながら，チーム援助の方針を以下に述べる。ただし，当然ながら，事例や地域の特性に合わせて柔軟に工夫することが望ましい。

1．チーム援助の構成員

学校内でのチーム援助では，通常，担任教師，スクールカウンセラー，養護教諭，教育相談教諭など(事例によっては特別教育の教師，クラブ活動担当教師など)が構成員となる。保護者がチーム援助のメンバーとして参加可能であれば，保護者に出席の意志確認をした上で出席を依頼する。保護者とともに，子どもに関わる大人全体が協力して援助する姿勢が生まれること，家庭での情報を共有できること，保護者に対するコンサルテーションができるといった点で保護者の参加は有用である。

児童養護施設の子どもの場合には，保護者の役割を担う者として，児童相談所および施設の担当者，関係者が出席することで情報を共有できる。先の事例のように，児童相談所の児童福祉司・児童心理司と心理担当職員がチーム援助の構成員となることで，細かな説明と課題の共有が明確となり，子どもに対する理解が促進される。

また，学校，特別支援学級（学校）の指導員，児童相談所，児童養護施設といった広域な援助資源が参加することで，子どもの理解と適切な援助が促進され，子どもの生活圏がより安心感・安全感の高いものとなる。

> ポイント：広域の援助資源・児童相談所の職員参加が児童理解を促進する。

2．相互尊重の精神

チーム援助者同士は，対等の立場で，相互尊重の人間関係をベースに活動し，相互に相談する。会議では，できる限り専門用語は使わず，わかりやすい表現をする，専門用語を使う場合は説明を加えるといった工夫が必要である。見方や方針の相違はあって当然であり，だからこそ会議や話し合いが必要になるが，相手を攻撃するような言い方をしないことが鉄則である。相手の言い方に対して否定するのではなく，「私からはこのように見えます。私は〜だと思います」といった私を主語にした言い方や，「こういうことですね」と相手の言いたいことを確認する話し方をすると，肯定的な関係を作りやすくなる。

3．関係者会議の招集方法

関係者会議の招集は，上記事例のように，養育者の役割を担う施設のケアワーカーが学校管理職である副校長に相談することから始まるのが望ましい。その上

で児童相談所にも会議の設定依頼を行い，同時に会議への参加依頼をする。会議開催が決定したら，日程調整をケアワーカーが行う。

こうした広範な会議を招集するにあたり，多忙を極める学校との調整が時に困難に見えるかもしれない。しかし，上記事例の副校長は「ケアワーカーさんが養育の専門家なので話がしやすいし，心理療法担当職員も含めて施設全体で取り組んでくれるので助かる」と述べていた。子どもの課題や養育方法を理解することは，学校の指導にとっても有用なことなので，まずは学校に相談することから出発するとよい。事情によってチーム援助が難しい場合もあるが，働きかけることで後の連携につながることもある。ひとつひとつの試みを，連携関係を形成するための一歩と考えて進みたい。また，学校側は，チーム援助によって子どもへの援助がより有効なものとなり，後の援助の苦労が軽減されると考えて積極的に関わることが望ましい。

4．開始時期と継続性

学校現場では，子どもが問題行動を起こしたときに保護者に対して注意や指導を行っていることが多い。そのため，保護者が「学校から呼び出される」という印象をもちやすい。そうなると，学校に対して防衛的，否定的な姿勢が生まれてしまう。上記事例のように，問題行動が起こる前に関係者会議を設定し，児童理解と課題に対する対応方法を明確にしておくことで，問題行動のみに焦点が当たることなく，児童を各側面から捉えることができる。問題への対処ではなく，子どもの成長の促進という観点で会議の内容を設定できる利点は大きい。また，子どもの状態がある程度，安定するまで継続することによって，子どもの変化に合った対応ができる。

5．会議の内容

話し合いの内容の工夫によって会議ははるかに有意義なものとなる。会議を設定したものの，今ひとつ有効性が感じられないために，継続できないことがあっては残念である。以下に，会議を有効なものとするためにポイントとなる留意点を述べる。

1）問題状況の具体的な把握

・具体的，観察可能な状況を言語化する。「授業中に落ち着きがない」ではな

く，「授業中に立ち歩く」「授業中に私語が多い」のように，具体的場面が思い浮かぶ表現が望ましい。さらに，「昨日は……という行動があった」と具体的なエピソードを用いることが有効である。子どもの実情を参加者が実感をもって共有することが後の協力や工夫につながる。

・優先順位をつける。いくつかの側面に問題がある場合にどの面が一番心配なのかを整理する。

2）アセスメント

上記事例では，児童相談所の児童福祉司，児童心理司が成育過程や心理判定の結果を詳細に報告した。それに基づいて必要な援助や援助方法を示唆したことが，A男に対する共通理解と適切な援助に結びついた。このように，児童を理解するためのアセスメントがなされることで，適切な援助方針や援助方法を決定することができる。アセスメントの際には，子どもの能力，学習，心理・社会面，進路面，健康面についての情報，子どもの問題に影響を与えていると思われる環境要因，子どもやグループへの職員や教員の関わりについて検討する。特に児童養護施設の児童には，アタッチメントとトラウマの視点から援助方法を検討する（本書第1部参照）。

3）援助目標・援助方法の設定と援助における役割分担

アセスメントし，いくつかの側面に問題がある場合にどの面が一番心配なのか，優先順位をつけて援助目標を整理する。

4）連携方法の確認

学校と施設間の連絡方法をどのようにするのか，あらかじめ確認しておくことでスムーズに連携がとれる。担任とケアワーカー，スクールカウンセラーと施設の心理療法担当職員，学校内職員同士の連絡方法を設定するとよい。

5）援助の実践と評価

初回にそれぞれの役割分担と援助方法を設定する。その方針に基づきながら，継続的にそれぞれの立場から子どもの状態を報告し，援助目標，援助方法，役割分担の確認と修正を行う作業をくり返す。継続的な確認と修正が必須である。「必要に応じて開催」という形にすると，先延ばしされ，問題が深刻化してから「問題対処型」の会議を開かざるを得なくなる。定期的に会議を設定し，目に見える必要が生じる前に確認と修正をしていくことがチーム援助の基本である。

Ⅳ　守秘義務の扱い

　チーム援助でしばしば問題となるのは，守秘義務の扱いである。会議だけでなく援助全般に関わる問題なので，ここで改めてまとめておく。

　例えば，心理職は守秘義務のもとに子どもとの面接を行うため，そこで得られた情報をどこまで他の専門職と共有するかが問題となる。スクールカウンセラーも同様である。教員や職員も，「先生だけに話す」という条件つきで子どもから重要な事実を打ち明けられる場合がある。子どもからの信頼があるしるしなので，それ自体は望ましいことである。しかし，重要な事実を１人だけで抱えておくことが必ずしも援助的とはいえない。

　ここで，考えておくべきポイントがいくつかある。まず，個人的な悩みを話すことで，気持ちや考えを整理し，子どもが自分の力で解決の道を見つけていくことができる場合，その内容を他と共有する必要はない。ただし，「内容は今のところ言えないが，大切なことについて話している」という大枠の理解は共有しておく必要がある。

　しかし，個人間の話し合いに留めておいては解決が難しい事態は珍しくない。子どもが，例えば恥の感覚や他の援助者への信頼感の不足から，言ってほしくないと主張する場合，秘密にしておくよりもよい解決法があることを子どもに伝える責任がある。例えば，「いじめのことについては，学校の先生に相談した方が解決できるので『……』といういい方で相談してもいいかな」と子どもに伝え，話す内容について確認してから情報を共有するとよい。危機対応においてはこのようにして外的な援助をすることが先決である場合が多い。信頼関係に問題があって伝えてほしくないと子どもが主張する場合は，信頼関係を改善するような対策が必要である。打ち明けられた援助者が子どもに同情するあまり，他の援助者に対して不信感を抱き，積極的に秘密を共有すると，子どもをますます孤立した状態に追いやる危険がある。「子どもが大事な話をしているが，話しても援助してもらえないと感じている」ことを共有して，関係の改善方法を共同で探っていくことが必要である。

　現在，スクールカウンセラーが得た情報に関しては，学校全体での守秘義務とする教育委員会が多い。学校内では情報を共有して対策を考えていくという方針

である。しかし，その場合も，情報を共有する際には，守秘義務の対象であることを明示して扱わねばならない。例えば，知り得た個人情報，家族関係などを，援助のためではなく雑談として話すことは厳禁である。会議の中で守秘義務を確認した上で，ケースの解決に必要な内容について，必要性に応じて開示して検討しなくてはならない。

　児童養護施設では，児童相談所から送られてくる児童票が子どもの個人情報の基礎となる。児童相談所から送られてくる書類だけでは，子どもが実際に体験した過程が明らかにはならないことが通常であり，ケアワーカーが児童福祉司に質問して得た情報や養育者とのやりとりを通して得た情報から，徐々に養育者の生育環境や課題に関する情報を把握できるようになる。そして，日常生活や心理面接を通して，養育過程環境や虐待に関する体験を子どもが話すことで，子どもの背景が明確に見えてくる。

　これらの知り得た情報に関しては，児童養護施設内と児童相談所とで共有する内容であり，外部に個人情報が漏れることのないように守秘性は保たれなければならない。

　これらを前提とした上で，子どものことを理解し，支援するチーム援助では，子どもの背景と子どもの苦しみに関する共通理解が必要である。そのため，例えば上記の事例のように，児童相談所の児童福祉司や児童心理司がチームの成員として関わり，子どもの家庭環境や生育過程を詳細に説明することで，子どもの問題行動への理解も高まり，適切な援助に結びつく。学校内の守秘義務を遵守した上で，子どもの理解を高めるための情報を提供することが確実なチーム援助に結びつく。

　守秘義務に関する姿勢を共有することは，援助的な環境を生み出すことでもあると考えて取り組むことが，よいチーム援助の基本である。

> ポイント：適切な援助を行うために詳細な情報の共有が有用であるが，外部には漏らさない。

V　おわりに

　児童養護施設に入るなど，大きな環境変化があった場合，子どもの問題行動が

起こる前に，チーム援助体制を構築しよう。そのことで，援助的な環境を生み出し，子どもの強みを引き出せる。また，チーム内での守秘義務を順守し，メンバー相互を尊重する関わり方で情報を共有しよう。そういったチーム援助によって，子どもの生活圏全体が安全感・安心感のあるものとなる。

推薦図書

石隈利紀（1999）学校心理学―教師・スクールカウンセラー・保護者のチームによる心理教育的援助サービス．誠信書房．

岡本正子，二井仁美，森　実（2009）教員のための子ども虐待理解と対応―学校は日々のケアと予防の力をもっている．生活書院．

（徳山美知代）

あとがき

　本書の校正がほぼ終わった2016年の夏, 私はFICEという国際学会に参加した。

　FICE の 正 式 名 は, 英 語 名 で International Federation for Educative Communities という。日本語に訳せば,「教育的コミュニティ国際連盟」である。英語の頭文字とFICEという略称が一致しないのは, 1948年の創立時, フランス語名称, Fédération Internationale des Communautés Educatives で出発したからである。教育と文化を通して戦争のない世界を目指す国際機関, ユネスコ UNESCO（国際連合教育科学文化機関）の後援を受けて設立された。FICEの本部は, スイスのドイツ語圏にある小さな町トローゲン Trogen に置かれたが, 当時, 平和, 福祉, 健康といった領域の国際組織はフランス語圏に置かれるのが普通だったので, フランス語名が自然な選択だったと思われる。ユネスコ自体1946年に設立されたばかりで, FICE も, 理想高く掲げられたユネスコの理念のもと,「教育的コミュニティ」の国際的発展を願って設立されたのだろう。

　FICE の名前に含まれる「教育的コミュニティ」とは, 子どもを育てる社会を意味している。まさに本書が扱おうとした領域の実践家のための国際学会なのである。「コミュニティ」という言葉が, 大きな意味での社会だけでなく, 施設や地域社会の実践的子育て力を念頭に置き, 実際, 創設以来, 施設養育を重要な主題としてきた点も, 本書の内容と一致している。そして FICE で頻繁に用いられる用語が, 本書で触れたソーシャル・ペダゴジーである。

　スイスで設立され, 次第にヨーロッパ大陸に広がったこの学会は, 歴史的にヨーロッパ大陸に発展してきたソーシャル・ペダゴジー social pedagogy（国ごとで呼び名は異なるが, 全体を総称して英語名で表記する）を背景に活動してきた。そのため, 近年までは, イギリス, カナダ, アメリカ合衆国, オーストラリアといった英語圏には, 特に関心のある個人以外には知られていなかった。他方, 英語圏には CYC：Child and Youth Care（子ども・若者ケア）という名称を使った実践や組織がある。その発展を受け, さらに国際的ネットワークを形成する

ため，3年前にCYC世界会議第1回大会がカナダで開催された。今回の大会は，FICE大会とCYC会議の合同大会として開催され，社会による子育てのためのネットワークを世界的に拡大することを目指していた。紛争地域や貧困問題を抱えるアフリカ，あるいはアジア領域からの多くの参加は，FICE前回大会には見られなかった現象だった。

　大陸で発展したソーシャル・ペダゴジー，英語圏で用いられるチャイルド・アンド・ユース・ケアの対象とする範囲は，福祉だけでもなく教育だけでもなく，その両方にまたがりながら中間に広がる，「社会による子育て」である。年齢で言えば，十分なアイデンティティをもった成人となるまで，つまり20代半ばの「若者（ヤング・アダルト）」までをその活動対象としているのも特徴である。その領域の活動が，現在の新たな課題に対応しながら発展していかなければ，今後の世界の安定と平和に深刻な問題が発生する，という理解が今回の学会では共有されていた。

　子どもが遭遇するさまざまの困難を理解し，その影響を緩和し，すでに困難な成育史を抱えている子どもの育ちを支えるという本書の主題は，世界が共有する主題である。FICE参加中にあらためてそのことを体感した。また，その課題を達成するために必要な知識や実践の領域を，本書がほとんどカバーできていることを再確認することもできた。子ども・若者を対象とする実践課題を統合するこのような視点は，日本ではまだ十分共有されていない。言うまでもなく，教育という領域，児童福祉という領域は存在するし，すぐれた実践が行われている。しかし，それぞれの領域の境界を越えて，「社会による子育て」という枠組みで捉え，課題を共有しながら連携していくことが今後いっそう求められるに違いない。まえがきにも述べたように，そのような問題意識をもって本書は編集された。

　本書の源は，10年以上前に私も協力して兵庫県子ども家庭センター（児童相談所）が作成した『被虐待児施設処遇マニュアル』にある。兵庫県内の福祉施設に配布するために作成された小冊子だった。経緯は忘れたが，本書執筆に参加された徳山，森田両氏にお見せしたところ，気に入ってくださり，関東の実践のために参照していただいた。その経験を語り合ううち，その内容をさらに充実させて出版したいという思いで一致し，本書の企画が始まった。

　しかし，執筆者を募って企画を立てるところまではよかったのだが，完成までに思わぬ歳月がたってしまった。その責任の大半は，学事その他で思うように時

間を割けなかった私自身にある。この場をお借りして，執筆者の方々と編集部におわびしたい。ただ，扱う主題に関する社会状況や問題意識が変化し続け，本書の最終的な姿がなかなか見えてこなかったこともひとつの要因である。最終的な構成や章立てについて，何度も見直しをしなければならなかった。先に紹介したFICE の前回大会への参加から得た新たな発想を盛り込みたいという思いも生まれた。本書の中にソーシャル・ペダゴジーという言葉が登場することになったのも，今後必要性が高まるという判断から「解離」の章を追加したのも，FICE 参加等，最近の情報収集によるものである。

　本書を手に取られた実践家は，ぜひ「社会による子育て」という視点で自らの実践を見直し，そのために必要な要素を日々の活動に見出していただきたい。そして，自身の実践領域が，「子どもの育ちを支える」という世界的な課題の一翼を担っていることを感じていただきたい。実のところ，現在の対人援助職の業務は厳しく，負担が大きい。本来は，はるかに大きな財源が政策的に投資され，日々充実して活動できる体制を築くことが最優先課題である。しかし，与えられた現在の条件の中でよい実践を行うこともまた現場の課題である。その課題に応えるために本書が提供しようとしたものを切り詰めて言えば，2 つの「視野」である。第 1 の視野は，知識と技術に支えられた日々の実践の見通しである。本書に盛られた知見によって見通しが得られ，実践の質向上とともに，行き詰まりによる負担が少なくなることを願っている。第 2 は，世界的な視野で自らの実践を捉えることである。活動の意味，意義をそうした大きな視野で再確認することで，日々の消耗を防ぐ一助になるとともに，大きな方向を実践家が共有することが可能になるだろう。

　最後に，長く出版を待っていただいた本書の各執筆者と，見事なタイミングで励ましと後押しの言葉をくださることで，さらに遅れることを防いでくださった岩崎学術出版社編集部の小寺美都子さんに深く感謝します。

　2016 年 9 月 10 日

著者を代表して　森　茂起

索 引

あ行

愛着→アタッチメント　56
アイデンティティ　28, 29, 35, 36, 40, 41, 44,
　243
　否定的―　41
アウトリーチ　168
赤ちゃん部屋のお化け　154
悪夢　65, 67, 222
アスペルガー症候群　83, 85
アセスメント　31, 69, 97, 128, 132-137, 139,
　141, 151, 152, 182, 228, 238
アタッチメント（愛着）　30, 36, 41, 54-63,
　67, 77, 79, 80, 89, 92, 93, 103, 114-122,
　132-134, 146, 155, 157-159, 165, 167, 168,
　171-173, 181, 183, 185-188, 205, 206, 209
　―障害　60, 116
　―パターン　58, 59, 62
　―欲求　55, 57-59, 60, 62, 63, 172, 173
　未組織型―　59, 60
アダルトチルドレン　165
アディクション→依存
アルコール・薬物依存症　157, 159
アルコール依存症　192, 195
安 心 感　55, 59, 62, 67, 77, 78, 94, 102-104,
　114, 115, 118-122, 124, 126-128, 133, 136,
　139, 140, 146, 150, 152, 170, 171, 172, 173,
　174, 185, 186, 187, 188, 194, 196, 204, 205,
　206, 207, 209, 213, 214, 215, 234, 236, 241
　―の輪　55, 171, 172, 173
安 全 感　36, 37, 41, 42, 77, 94, 102, 104, 114,
　115, 117, 119, 121, 122, 126, 128, 133, 148,
　152, 181, 185, 186, 188, 196, 207, 213, 234,
　236, 241
安全基地　61, 118, 128, 156, 172

安定型→Bタイプ
アンビバレント型→Cタイプ
怒りのコントロール　127, 146
いじめ　48, 73, 91, 93, 132, 138, 181, 235, 239
異常な事態における正常な反応　204
依存（アディクション）　159, 165
依存性　48, 67
一時保護　183, 186, 188, 197
インクルージョン　41
インターネット　48, 93, 134, 147
Aタイプ（回避型）　58, 59, 62, 155
エリクソン　36, 40, 43, 44, 181
エンパワメント　30, 102, 103, 125, 188, 196,
　224

か行

外傷性逆転移　223
外発的動機　52
回避型→Aタイプ
回避・麻痺　65, 66, 67, 68, 194
解 離　67, 68, 70, 73-75, 96-104, 181, 185,
　186-188
解離性障害　60, 73, 97
解離性同一性障害　68, 101
加害者　70, 144, 150-152, 183, 184, 191, 193,
　194, 197-199
過覚醒　65-67, 72, 73, 186, 194, 222
核家族化　124, 167
学習環境　108, 109
学習障害（LD）　83, 85
学習性無力感　193
学習理論　84, 86
学童保育　124, 126
学校教育　110, 124, 131-142, 233
環境療法　117, 130

感情　97
感情調整　75, 77
感情麻痺　67
管理職　112, 141, 236
記憶　97
記憶障害　67
気分　97
基本的信頼感　36, 37
虐待　15-17, 22, 48, 59, 66-71, 73, 76, 77, 92,
　　93, 98, 122, 133, 137, 154, 155, 157, 159,
　　160, 162, 163, 165, 171, 179-190, 193, 194,
　　195, 197, 199-201, 203, 214, 222-225, 234,
　　240
　　――の世代間連鎖　111, 155
逆転移　223, 224
ギャンブル障害　159
急性ストレス障害　65
教育ネグレクト　234
強化　45, 46, 47-53, 85, 86, 187, 188
強化子　45, 46, 52
協働的コミュニティ対応　166, 185
居所不明児童　131, 233, 234
グループアプローチ　124-130, 132
ゲーム　46-49, 91, 134, 198
更生プログラム　199
行動化　62, 67, 85, 121, 162
　　性的な――　67
行動観察　69, 135, 138
行動分析　121
行動理論　45, 46, 53, 84, 86, 89
広汎性発達障害　82, 83, 85
国際児童年　16
心の危機　81, 203
子育ち環境　27
子育て困難　25, 29
子育てひろば　168, 170
子ども虐待防止法　182
子どもの権利条約　16
子どもの社会化　26
子どもの貧困　131
コミュニティーアプローチ　126
互立　23, 94

孤立無援感　66
こんにちは赤ちゃん事業　170

さ行

サークル・オブ・セキュリティ・プログラム
　　→ COS プログラム
罪責感　66
再体験　65, 67, 71, 78, 194, 222
在宅支援　182, 188, 189
再統合（家族の）　117
里親　77, 114, 116, 122, 188
産後うつ　57, 169, 170
惨事ストレス　204
Cタイプ（アンビバレント型）　58, 59, 155
ジーナー　60
自己感　37, 103, 222, 225
自己肯定感　94, 146
自己効力感　30, 103, 137, 192, 207, 235
自己受容　103
自己調整　103
自己理解　103
自殺　203, 209
自責感　70, 94, 204
持続エクスポージャー療法（PE）　75, 76, 78
自尊感情　94, 137, 146, 215, 234, 235
しつけ　26, 38, 42, 54, 86, 162, 181, 195, 200
児童の権利宣言　16
児童福祉施設　21, 114, 124
児童福祉法　17, 18, 21
支配・被支配関係　147
自閉症　83, 85-87
　　――スペクトラム→ ASD
死別　209, 210
社会的スキル→ソーシャルスキル
社会的養護　17, 29, 171
シャットダウン　187, 205
守秘義務　151, 182, 197, 234, 239-241
小規模化　108, 110, 223
少子化　25, 27, 29, 124, 167, 169
情緒障害児短期治療施設　126
情動調整　37
自立　23, 29, 94, 95, 108, 109, 132, 144, 145,

152, 193

自立支援　23, 197

自律性　37, 38, 41, 42, 89, 137

人権　15-23
　生きる権利　16, 19, 22
　参加する権利　16, 19, 22, 23
　成長する権利　16, 17, 19, 22, 23, 131
　守られる権利　16, 17, 19, 22

親族　116, 157, 168

身体感覚　97, 103, 104

身体的虐待　70, 179, 180

心的外傷後ストレス障害→PTSD

心的外傷体験→トラウマ体験

心理教育　75, 76, 169, 207, 208

心理職　128, 225, 226, 239

心理的虐待　179, 180

心理療法　71, 76, 128, 151, 225, 229, 230, 234, 237

スーパーバイザー　225, 228, 230-232

スクールカウンセラー　141, 225, 229, 230, 234-236, 238, 239

スクールソーシャルワーカー　141

ストレス　42, 69, 97, 98, 100, 181, 204-206,
　アタッチメントと―　55, 58-60, 115, 116
　親の―　157, 162, 169
　トラウマティック・―　64
　二次的外傷性―　151, 221-226

ストレンジ・シチュエーション法　58, 59

スピリチュアル　225

スポーツ　28, 43, 104, 109

スモールステップの原理　50-52

生育史　155, 174

性化行動　147, 148

性教育　91-95, 145-152

正常化　79, 207, 208

精神主義　104

成長する権利　16, 17, 19

性的虐待　70, 73, 93, 145, 179, 180, 199

正当化　79, 100, 195

性被害　144, 147

世界人権宣言　16

セカンドステップ　127

喪失体験　61, 181, 208, 209

ソーシャル・ペダゴジー　28, 29, 124, 242-244

ソーシャルスキル（社会的スキル）　128, 135, 145, 188

育つ環境　107

た行

第1次集団　19

第1次反抗期　38, 42

タイムアウト法　99

脱抑制型対人交流障害　60

試し行為　46

探索　55, 58, 61, 118, 119, 172, 173, 175, 183
　―行動　118, 119
　―欲求　55, 173

単純性トラウマ　69

父親　157

注意欠如多動性障害（注意欠陥／多動性障害）
　→ADHD

注目獲得行動　119

Dタイプ（無秩序型）　58, 60

低出生体重児　192

電話相談　157, 169, 196

トイレットトレーニング　38

同一化　31, 154, 194

動機　52

動機づけ面接　160

ドメスティック・バイオレンス→DV

トラウマ　30, 60, 64-80, 102, 114, 115, 117, 119, 121, 126, 151, 159, 165, 185-187, 192, 194-196, 204, 205, 221, 222, 238
　―体験（心的外傷体験）　65, 68, 69, 77, 78, 80, 115, 159, 181
　複雑性―　68, 69, 70, 71

トラウマ評価　72

トラウマフォーカスト認知行動療法→TF-CBT

な行

内的作業モデル　116, 155, 156, 165

内発的動機　52

索 引 249

ナラティヴ・エクスポージャー療法→ NET
二次受傷　222, 223
二次性の被害　196
乳児院　61, 115
認知行動療法　75, 76, 162, 163, 165, 200
認知処理療法→ CPT
ネグレクト　15, 48, 92, 122, 133, 137, 179, 180, 194, 196, 200, 234
ノーマライゼーション　207, 208

は行

バーンアウト　208, 222-224
剥奪　54
恥　38, 70, 126, 137, 193, 218, 239
罰　39, 46, 49, 50
発達障害　82-90, 94, 95, 134, 135, 136, 149, 165, 181, 221
発達性トラウマ障害　69
反応性アタッチメント障害　60
Bタイプ（安定型）　58, 59, 155
引きこもり　67, 74, 116, 221
非行　67
悲嘆過程　208, 209
悲嘆反応　61
敏感性　59, 89, 116-118, 155, 162
複雑性トラウマ　68, 69, 70, 71
物理的環境　3, 107, 108
不適切な養育　15, 19, 96, 97, 111, 114, 119, 121, 126, 127, 137, 153, 154, 157, 160, 164, 165, 171, 175, 188, 221, 233
不登校　92, 142, 233-235
プライバシー　93
プライベートゾーン　145, 146, 149
フラッシュバック　65, 74, 151
フルバリュー　139
ペアレンティングプログラム　162
ベビーシッター　116, 181
保育所　19, 20, 124, 126, 153, 157, 170, 181
包括的性教育　145-152
包容　111, 112, 142
包容力　111, 112
ボウルビィ　54, 60

他に特定されない極度のストレス障害　69
保健教諭　141
保健師　169
保護要因　61, 116, 168
ポストトラウマティック・プレイ　65, 79
ポストトラウマティック・プレイセラピー　75

ま～や行

マタニティ・ブルーズ　169
見守り　188, 189
ミュルダール夫妻　25, 26
無秩序型→ Dタイプ　58, 60
無力感　30, 94, 98, 126, 193, 223, 226
モデリング　108, 109, 206
喪の仕事　208
薬物依存症　192, 195
役割逆転　61, 154-156
有能感　39, 40
養育環境　20, 59, 108-111, 132, 134, 137, 170
幼稚園　19, 20, 71, 124, 126, 153, 218
抑うつ　73, 168, 192, 195, 198

ら～わ行

ライフストーリーワーク　187
ラウマティック・ストレス　65
離人感　68, 75
リスク要因　168, 180, 182
リラクセーション　75, 77, 104, 163, 217
レジリエンス　221
ワーク・ライフ・バランス　169

A～Z

ACBL-R　71, 73
ADHD（注意欠如多動性障害）　83, 85
ASD（自閉症スペクトラム）　83, 85
CAPS-C　69, 72
COS（サークル・オブ・セキュリティ）プログラム　171-175
CPT（認知処理療法）　75, 76
DICA　69, 72
DSM-5　60, 71, 75, 82, 83

DV（ドメスティック・バイオレンス） 157,
　161, 164, 181, 183, 184, 191-201, 234
EMDR　75, 76
HOME（環境査定のための家庭観察）　108,
　110
ICD-10　60, 83
LD →学習障害
NET（ナラティヴ・エクスポージャー療法）
　　75, 76
PE →持続エクスポージャー療法
PTSD（心的外傷後ストレス障害）　64, 115,
　151, 159, 165, 181, 192, 204, 205, 208, 222
SPELL　86-89
TF-CBT（トラウマフォーカスト認知行動療
　法）　75, 76
TSCC　71, 73, 97

【編著者紹介】

森　茂起（もり　しげゆき）

1984 年京都大学大学院教育学研究科博士後期課程退学。1998 年博士(教育学)。臨床心理士。甲南大学文学部専任講師，助教授を経て，1997 年より同学部教授。

主要著書：『トラウマの発見』（講談社，2005 年），『〈戦争の子ども〉を考える』（平凡社，2012 年，編著），『自伝的記憶と心理療法』（平凡社，2013 年，編著），『ナラティヴ・エクスポージャー・セラピー』（金剛出版，2010 年，共訳），『死別体験―研究と介入の最前線』（誠信書房，2014 年，共訳），他。

【執筆者紹介】

菊池春樹（きくち　はるき）

1997 年筑波大学第 2 学群人間学類卒業。児童精神科クリニック勤務を経て，2011 年同大学大学院博士課程修了。博士（ヒューマン・ケア科学）。2013 年より東京成徳大学応用心理学部助教。

主要著書：『わかりやすい犯罪心理学』（文化書房博文社，2010 年，共著），『ここだけはおさえたい学校臨床心理学』（文化書房博文社，2012 年，共著），他。

北川　恵（きたがわ　めぐみ）

1998 年京都大学大学院教育学研究科臨床教育学専攻博士後期課程単位取得退学。2001 年京都大学博士(教育学)。臨床心理士。四天王寺国際仏教大学（現：四天王寺大学）専任講師，准教授を経て，2008 年より甲南大学文学部准教授，2012 年より教授。

主要著書：『アタッチメント―生涯にわたる絆』（ミネルヴァ書房，2005 年，共著），『アタッチメントと臨床領域』（ミネルヴァ書房，2007 年，共著），『アタッチメントの実践と応用―医療・福祉・教育・司法現場からの報告』（誠信書房，2012 年，共著），他。

徳山美知代（とくやま　みちよ）

2009 年筑波大学大学院人間総合科学研究科ヒューマン・ケア科学専攻社会精神保健分野博士課程修了。博士（学術）。臨床心理士。児童養護施設非常勤心理療法担当職員・私立・公立中学校スクールカウンセラー，茨城キリスト教大学等非常勤講師を経て，2011 年より静岡福祉大学教授。

主要著書：『子どもの発達・アセスメントと養育・支援プラン』（明石書店，2013 年，共著），『わかりやすい犯罪心理学』（文化書房博文社，2010 年，共著），他。

森田展彰（もりた　のぶあき）

1989 年筑波大学医学専門学群卒業。1993 年同大学大学院博士課程修了。医学博士。筑波大学助教，講師を経て，2010 年から同大学医学医療系准教授。

主要著書：『中高生のためのメンタル系サバイバルガイド』（日本評論社，2012 年，共著），『アタッチメントの実践と応用―医療・福祉・教育・司法現場からの報告』（誠信書房，2012 年，共著），『虐待を受けた子どものケア・治療』（診断と治療社，2012 年，共同編著），他。

「社会による子育て」実践ハンドブック
──教育・福祉・地域で支える子どもの育ち──

ISBN978-4-7533-1110-1

編著者

森　茂起

2016 年 10 月 27 日　第 1 刷

印刷・製本　（株）太平印刷

発行所　（株）岩崎学術出版社　〒 101-0052　東京都千代田区神田小川町 2-6-12
発行者　杉田啓三
電話 03（5577）6817　FAX 03（5577）6837
©2016　岩崎学術出版社
乱丁・落丁本はおとりかえいたします　検印省略

子どもの精神医学入門セミナー

傳田健三・氏家　武・齋藤卓弥編著

児童思春期患者の急増に対応すべく，DSM5に則り，児童思春期精神医学の基本と最新のトピックスについて，スペシャリストが平易に書き下ろした。　A5判並製 240 頁 本体 2,600 円

子どもの精神療法
臨床における自由さを求めて

川畑友二著

著者の臨床的工夫の一つ「家族－遊戯療法」の症例等を基に，治療における「自由さ」と，その意義，自由を目指す道のりについてを示す。　A 5 判並製 208 頁 本体 2,500 円

思春期の臨床
小倉清著作集・2

小倉　清著

みじめな自分ととことん付き合う覚悟が治療者にあるのかを見極めなければ患者は動けない──思春期青年期患者治療の基本的考え方を示す。　A 5 判 248 頁 本体 4,500 円

児童精神科ケース集
小倉清著作集・別巻 1

小倉　清著

長年の臨床を一望にするケースを現在の視点からのコメントを付して集成。さらに小此木啓吾によるスーパービジョンも掲載した。　A 5 判並製 272 頁 本体 2,800 円

乳幼児虐待のアセスメントと支援

青木　豊編著

死亡率が高くその後の発達に多大な影響を与える乳幼児虐待のアセスメントに必要な視点と方法，様々な支援・治療プログラムの実際について解説。　A5 判並製 216 頁 本体 2,700 円

ライブ講義 発達障害の診断と支援

内山登紀夫著

発達障害を診断する際に必要な診断概念，心理学・発達心理学の知識，発達歴のとり方等を，現場で役立つ形で示す。正確な診断と適切な支援のために。A5 判並製 208 頁 本体 2,500 円

発達障害の薬物療法
ASD，ADHD，複雑性 PTSD への少量処方

杉山登志郎著

発達障害やトラウマをめぐる理解と診断の混乱から生じてしまう多剤・大量処方に警鐘を鳴らす，正確な診断のもとに行う少量処方のすすめ。　A5 判並製 140 頁 本体 2,400 円

この本体価格に消費税が加算されます。定価は変わることがあります。

必携 児童精神医学
はじめて学ぶ子どものこころの診療ハンドブック

R・グッドマン，S・スコット著
氏家武，原田謙，吉田敬子監訳

臨床経験と最新の科学的研究からの知見がみごとに融合し，臨床実践へのヒントと示唆に富む，児童精神医学の新しいスタンダード。　B5判336頁 本体5,000円

新版 子どもの治療相談面接

D.W. ウィニコット著
橋本雅雄，大矢泰士監訳

神経症からスキゾイド，反社会的傾向まで多彩な21の症例を取り扱うウィニコットの治療技法と臨床感覚が，臨場感豊かに再現される。　A5判並製400頁 本体4,800円

母子臨床の精神力動
精神分析・発達心理学から子育て支援へ

ジョーン・ラファエル‐レフ編
木部則雄監訳

ビオンやウィニコットを初めとする乳幼児精神医学の必読論文から発達心理学の実証研究まで。母子関係を理解し支援するための実践的な知恵に満ちた論文集。A5判400頁 本体6,600円

解離の構造
私の変容と〈むすび〉の治療論

柴山雅俊著

解離性障害は症候の多彩さから，誤診されることが多い。本書は豊富な症例を示し，読者の解離の症候学や病態への理解を助ける。A5判272頁 本体3,500円

思春期の意味に向き合う
成長を支える治療や支援のために

水島広子著

思春期患者と接する基本は「思春期という『役割の変化』」の意味をふまえたものであってほしい。思春期を支える際の基本姿勢をわかりやすく示す。　四六判200頁 本体2,000円

実践入門 思春期の心理療法
こころの発達を促すために

細澤 仁著

思春期の心は移ろいやすく捉え難く，心理療法には思春期固有の難しさがある。その困難を味わい，心理療法的に扱っていくための実践のヒント。　四六判並製192頁 本体2,000円

子どものこころが育つ心理教育授業のつくり方
スクールカウンセラーと教師が協働する実践マニュアル
下山晴彦監修
松丸未来・鴛渕るわ・堤　亜美著

スクールカウンセラーと教師が協働し行う心理教育授業の実施方法を，イラストをふんだんに使い，授業の流れに沿って具体的に示した1冊。　B5判並製160頁 本体2,500円

この本体価格に消費税が加算されます。定価は変わることがあります。

治療者と家族のための **境界性パーソナリティ障害治療ガイド** 黒田章史著	BPD治療の基本は患者の心理社会的機能を高める反復トレーニングを，家族とともに行うことである。「治す」ための知識と技術を纏め上げた1冊。　A5判並製 232頁 本体 2,300円
セクシュアル・マイノリティ への心理的支援 同性愛，性同一性障害を理解する 針間克己・平田俊明編著	同性愛，両性愛，性同一性障害など，偏見に晒されやすいセクシュアル・マイノリティの人たちを理解し，受け止め，支えるための1冊。　A5判並製 248頁 本体 2,700円
産後メンタルヘルス援助の考え方と実践 地域で支える子育てのスタート 西園マーハ文著	産後の不安定な母親に対応し，親子を支える際に必要な考え方・視点・方法を平易に述べる。様々なフィールドで産後の親子に関わる専門家に役立つ1冊。A5判並製 224頁 本体 2,500円
実践満載 **発達に課題のある子の 保育の手だて** 佐藤曉著	発達障害のある子は園での支援が必要である。その子の困り感を軽減できる保育の手だての具体的方法を分かりやすく解説した。　　A5変形 120頁 本体 1,800円
発達障害のある子の保育の手だて 保育園・幼稚園・家庭の実践から 佐藤 曉・小西淳子著	保育者が困っている時，子どもはもっと困っている―。子どもが抱く「困り感」を軽減し，穏やかな園生活を保障するためのヒント集。　A5判並製 168頁 本体 1,700円
実践 ひきこもり回復支援プログラム アウトリーチ型支援と集団精神療法 宮西照夫著	8割は仲間と居場所を得て成長し，1年半後には，復学やアルバイト等，外界に踏み出して行けるように。支援に携わるすべての人に役立つ実践書。A5判並製 184頁 本体 2,300円
レジリエンス：人生の危機を 乗り越えるための科学と10の処方箋 S・M・サウスウィック，他著 森下愛訳，西大輔，森下博文監訳	レジリエンスとは何か，身につけるためにはどのような実践が有効なのかを，サバイバーのインタビューと最新の研究成果から具体的に示す1冊。　A5判並製 324頁 本体 3,000円

この本体価格に消費税が加算されます。定価は変わることがあります。